Rösner · Produkt-Manager

Hans Jürgen Rösner

Produkt-Manager

Konzept, Integration und Einsatz-Kontrollverfahren

Walter de Gruyter · Berlin · New York · 1979

Dr. Hans Jürgen Rösner
Hochschule der Bundeswehr Hamburg,
Fachbereich Wirtschafts- und Organisationswissenschaften

Mit 33 Abbildungen

Meiner lieben Frau
INA

CIP-Kurztitelaufnahme der Deutschen Bibliothek

Rösner, Hans Jürgen:
Produkt-Manager: Konzept, Integration u. Einsatz-Kontrollverfahren / Hans Jürgen Rösner. –
Berlin, New York: de Gruyter, 1979.
ISBN 3-11-07780-9

 Printed in Germany. – Satz: IBV Lichtsatz KG, Berlin. – Druck: Hildebrand, Berlin. – Bindung: Wübben & Co., Berlin.

Vorwort

Obwohl das Konzept des Produkt-Managements nun schon seit einigen Jahrzehnten erfolgreich im Einsatz ist, hat es sich in der Bundesrepublik Deutschland (noch) nicht in dem Umfange durchsetzen können, wie es seiner Bedeutung für eine moderne, marketingorientierte Unternehmensführung entsprechen würde. Dies mag daran liegen, daß dieses Managementkonzept erst relativ spät nach dem Zweiten Weltkrieg mit dem Vordringen von Tochtergesellschaften amerikanischer Großunternehmen auf die europäischen Märkte zu uns gekommen ist und dann in den Gründerjahren der Bundesrepublik – häufig ohne ausreichende Vorbereitung und ohne diesem in vielerlei Hinsicht anspruchsvollen Konzept Genüge getan zu haben (oder tun zu wollen) – von deutschen Unternehmen naiv kopiert wurde. Der Mißerfolg war jedoch damit bereits vorprogrammiert: Die Markterfordernisse in „merry old Europe" unterscheiden sich eben beträchtlich von denen in den Vereinigten Staaten und dementsprechend müssen auch amerikanische Marketingtechniken differenziert angewendet werden, wenn ihr Einsatz den gewünschten Erfolg haben soll. Aus diesen Gründen erweist es sich als notwendig, zu Beginn dieses Buches eine Analyse der Führungstechnik *Produkt-Management* vorzunehmen und dabei auch die unterschiedlichen organisatorischen Ausprägungen aufzuzeigen.

Der zweite große Gliederungsabschnitt ist den Möglichkeiten der Integration des Produkt-Managers in bereits bestehende Unternehmensorganisationen zugeordnet, denn eben dies scheint offensichtlich das größte Problem für Unternehmen zu sein, die bisher noch keine oder nur sehr wenig Erfahrungen mit dem erfolgreichen Einsatz von Produkt-Managern gemacht haben. Dies zeigt sich bereits in der verwirrenden Vielfalt bezüglich Aufgabensynthese, Stellenbezeichnung und organisatorischer Einordnung derjenigen Positionen, auf denen sich Produkt-Manager in der Unternehmenspraxis finden. Der Verfasser wurde dabei immer wieder von dem Einfallsreichtum (oder sollte man sagen: von der Konzeptionslosigkeit?) überrascht, mit dem diese neue Führungstechnik auf die jeweiligen Bedürfnisse zugeschneidert worden ist. Nun mag es zwar für den Wissenschaftler betrüblich sein, daß sich eine analytisch „reine" Konzeption in der Praxis kaum finden läßt, doch beweist dies immerhin zweierlei: zum einen die große instrumentale Flexibilität, mit der Produkt-Manager eingesetzt werden können, zugleich aber auch die Notwendigkeit einer wissenschaftlich kritischen Beurteilung der verschiedenen Erscheinungsformen und ihre Rückführung auf die jeweiligen theoretischen Grundkonzepte. Dieser Aufgabe ist der zweite Teil der Arbeit gewidmet.

Dieses Angebot, das sich sowohl an wissenschaftliche Forschung und Lehre als auch an Manager der Unternehmenspraxis richtet, wäre dem Verfasser indes ohne kritische Anregungen und Informationshilfen nicht möglich gewesen. Fairerweise möchte ich daher insbesondere Herrn Prof. Dr. Helmut Wagner von der Universität Münster, Herrn Helmut Bögler von der Interelect Unternehmensberatung GmbH, Herrn Dr. Ulric Kotthoff, Herrn Schumacher von der Günter Wagner Pelikan-Werke GmbH sowie den nachfolgend aufgeführten Unternehmen meinen Dank für die freundliche Unterstützung aussprechen.

Deinhard & Co KGaA
Deutsche Philips GmbH – Herrn Grützmacher und Herrn Hoyskens
Deutsche Unilever GmbH
3M Deutschland GmbH – Herrn Dr. Erhardt
Henkel KGaA
Johnson Wax GmbH
Karl-Ernst Wolff (BDU) Managementberatung
Nattermann Arzneimittel GmbH – Herrn Dr. Maeding
OMRON Europe GmbH – Herrn Mechel
PA Management Consultants GmbH – Herrn Pries
Procter & Gamble Co, Cincinnati (Ohio)
Schulte & Dieckhoff GmbH
Schwartauer Werke GmbH & Co – Herrn Dr. Verheyen
Vereinigte CEWE COLOR Betriebe – Herrn Rothärmel

Ein besonderes Dankeschön gebührt aber auch Frau Rita Hufenbach, ohne deren Fleiß und persönlichen Einsatz das Manuskript gewiß nicht so bald zustande gekommen wäre.

Hamburg, im November 1978 Hans Jürgen Rösner

Inhalt

Verzeichnis der Abbildungen

I. Produkt-Management als Konzept

1. Grundidee und Weiterentwicklung

Nach der Überwindung der mit den Kriegsfolgen verbundenen bloßen „Versorgungswirtschaft" hat der rasch voranschreitende technische Fortschritt, der ja mit einer – für damalige Verhältnisse – enormen Kaufkrafterhöhung einherging, ständige Umschichtungen in den Präferenzen der Nachfrager bewirkt[1]. Die sich abzeichnende Saturierung der Absatzmärkte, insbesondere auf dem Konsumgütersektor, der Übergang vom Verkäufer- zum Käufermarkt, hat daher in der Bundesrepublik Deutschland ebenso wie in ganz Westeuropa viele Unternehmen mit ungewohnten Markterfordernissen konfrontiert und zu einer Intensivierung des Wettbewerbs – nicht zuletzt auch durch die enge Wirtschaftsverflechtung innerhalb der EG – geführt. Angesichts dieser veränderten Marktbedingungen sahen sich viele Unternehmen dazu veranlaßt, ihre bisherige Führungskonzeption zu überdenken, denn nicht mehr wie bisher stand die Produktion und Abnehmerversorgung im Vordergrund, sondern der Absatz, die „Vermarktung" des Gutes, entwickelte sich zum eigentlichen Schwerpunkt der unternehmerischen Aktivitäten. Diese verstärkte Ausrichtung auf eine „marktorientierte Unternehmensführung"[2] hat ihre Ursachen nicht allein in der steigenden Marktsättigung und dem zunehmenden Konkurrenzdruck in einer „affluent society" (*Galbraith*), sondern die mit dem raschen Unternehmenswachstum verbundenen organisatorischen Konsequenzen und die zunehmende Produktdiversifikation erforderten ein neues Management-Konzept, um den dringenden Erfordernissen einer Dezentralisation und Delegation von Verantwortung innerhalb des Unternehmens gerecht werden zu können[3].
Eine der organisatorischen Möglichkeiten zur Bewältigung dieser anstehenden Neuorientierung ist neben anderen im Rahmen der modernen Wissenschaft

[1] „In our economy, particularly since 1945, rapid technological advancement and high levels of income have induced such frequent shifts in customer preferences for products that the management of products over their lifecycle is becoming one of the high priority managerial concerns."
Robert M. Fulmer, Reading 4: Product Management: Panacea Or Pandora's Box (i. f. z.: „Panacea Or Pandora's Box"). In: Systems, Analysis, Management: A book for readings. Ed. by D. J. Cleland and W. R. Davies. New York, Toronto, London 1969, S. 203.

[2] *Manfred Hüttner*, Produkt-Management. In: „Wirtschaftsdienst", 46. Jg., Mai 1966, S. 277.

[3] Vgl.: *Günter A. Andresen*, Artikel Product-Management. In: Management-Enzyklopädie, Band 4, München 1971, S. 1201 f.

vom „Marketing" entwickelten (absatzpolitischen) Instrumenten und Aktivitäten der Produkt-Manager[4].

Das Unternehmen, welches den Einsatz von Produkt-Managern wenn schon nicht erfunden, so doch gewiß am konsequentesten und erfolgreichsten durchgesetzt hat, ist der amerikanische Waschmittelkonzern *Procter & Gamble*. Seinen Ruf als „bestmanaged business enterprise in America"[5] verdankt es wesentlich seinem Organisationsprinzip, die Betreuung eines jeden Produktes einem allein zuständigen Produkt- bzw. Brand-Manager (für eine Produktgruppe) anzuvertrauen. Die „brand-group" als kleinste organisatorische Einheit sollte Kristallisationspunkt für alle kreativen Impulse und zugleich Koordinationszentrum der resultierenden produktspezifischen Aktivitäten sein. Das neue Konzept erwies sich schon bald als durchschlagend erfolgreich: Nachdem im Januar 1928 der erste Produkt-Manager (für *Camay*-Seife) eingesetzt worden war[6], hatte sich das sogenannte Brand-Management bereits drei Jahre später zu einem festen Bestandteil der Unternehmensorganisation entwickelt. Die Konzerne *Libby* und *General Electric* folgten alsbald nach, und in der Dekade von 1950 bis 1960 vollzog sich dann auf breiter Front die Einführung dieses organisatorischen Novums in der amerikanischen Konsumgüterindustrie[7].

Auch in den westeuropäischen Tochtergesellschaften wurden vereinzelt bereits in den 50er Jahren Produkt-Manager eingesetzt, doch vollzog sich hier die Entwicklung, durch die Nachwirkungen der Kriegswirtschaft bedingt, ungleich langsamer. Erst 1963 übernahm ein deutsches Unternehmen die neue Organisationsform[8]. Überhaupt läßt sich sagen, daß die Institutionalisierung von Produkt-Managern in Deutschland keineswegs rege Aufnahmebereitschaft fand. Zum Teil wurde das neue System als „zu amerikanisch" empfunden und stieß schon von daher auf zunächst unüberwindliche Vorurteile; zum Teil waren die deutschen Unternehmen aber auch noch nicht so auf das Marketing bezogen organisatorisch ausgerichtet, daß Produkt-Manager mit Erfolg hätten eingesetzt werden können, und entsprechend prompt eintretende Fehlschläge ließen danach weitere Experimentierfreudigkeit erst gar nicht aufkommen. In der Anwendung des Konzepts waren nämlich längst nicht alle Unternehmen so erfolgreich wie *Procter & Gamble*; denn wohl nur selten ist eine Organisationsform so häufig und so gründlich mißverstanden worden wie das

[4] Siehe dazu: *Heribert Meffert*, Artikel Marketing. In: Management-Enzyklopädie, Band 4, München 1971, S. 409f.

[5] P & G: what explains its success? In: „Printer's Ink", 1962, Sept. 28th, S. 30.

[6] Ebenda, S. 31.

[7] *Robert M. Fulmer, Lothar Brunner*, An Analysis of U. S. And German Practice of Product Management. In: „Management International Review", Jg. 1968, Heft 2/3, S. 25ff. (zitiert: S. 25).

[8] Ebenda, S. 26.

Produkt-Management. Die Hauptursache dafür liegt in seinem operationalen Charakter: es wird als Werkzeug der Unternehmensleitung angesehen, das je nach Bedarf und Gusto variiert und differenziert eingesetzt werden kann. Häufig wird dabei übersehen, daß der Begriff des Produkt-Managements auch durchaus normative Züge trägt. Managen heißt „analysieren, planen, organisieren, führen, anleiten und kontrollieren". Das Produkt-Management besteht also in der auf ein Produkt bezogenen Ausübung dieser Aktivitäten[9]. Jede Stellenbeschreibung, die diesem Charakter des Managements nicht gerecht wird, sollte infolgedessen auch nicht als Produkt-Management bezeichnet werden – oder, wie *Fulmer* es ausdrückt, „a produkt manager must manage something; if he does not exercise The managerial functions of planning, direction, and control in relation to the entire scope of a product's immediate existence, he is something less than a product manager and should be appropriately renamed[10]".

2. Aufgaben und Tätigkeitsbereiche des Produkt-Managers

2.1 Vorbemerkung

Die Aufgaben des Produkt-Managements umfassen alle auf ein Produkt bezogene Aktivitäten, die der Begriff des Managens beinhaltet. *Buskirk* drückt das in seiner tätigkeitsbezogenen Definition des Konzepts so aus: „the planning, direction, and control of all phases of the life cycle of products, including the creation or discovery of ideas for new products, the screening of such ideas, the coordination of the work of research und physical development of products, their packaging and branding, their introduction on the market, their market development, their modification, the discovery of new uses for them, their repair and servicing, and their deletion[11]."

Daraus ergeben sich im wesentlichen 3 große Tätigkeitsbereiche, nämlich der:

- Bereich der Produktstrategie
- Bereich der innerbetrieblichen Koordination und Kooperation
- Bereich der außerbetrieblichen Koordination und Kooperation[12].

[9] Vgl.: *Günter A. Andresen*, Artikel Product-Management, S. 1202.
[10] *Robert M. Fulmer*, Panacea Or Pandora's Box. S. 30.
[11] *Richard Buskirk*, Principles of Marketing. New York 1961, S. 623.
[12] Dazu ausführlich: *Günter A. Andresen*, Artikel Product-Management. S. 1208f.

2.2 Aufgaben im Bereich der Produktstrategie

Für das Produkt-Management ist der Bereich und die Zusammensetzung der von der Unternehmung angebotenen Produkte (das „product-mix") von größter Bedeutung. Hier ist eine Unterscheidung nach drei Gesichtspunkten notwendig:[13]

(1) Die Breite der Produktpalette, d. h. die Vielfalt der verschiedenen zum Verkauf angebotenen Produkte (z. B.: Kindernahrung, Windeln, Waschmittel).

(2) Die Tiefe des „product-mix", entsprechend der Anzahl der innerhalb einer Gruppe ähnlicher Produkte angebotenen Waren (z. B.: verschiedene Waschmittel).

(3) Die Zusammensetzung des „product-mix", d. h. die Ähnlichkeit der Produkte untereinander hinsichtlich ihrer Verwendbarkeit, ihrer Beanspruchung des Verkaufs- und Verteilungsapparates („distribution channels") oder ihrer produktionstechnischen Erfordernisse.

Entsprechend der gegenwärtigen und der geplanten zukünftigen Komposition des „product-mix" obliegt dem Produkt-Management im strategischen Bereich die Einstellung von Produkt-, Projekt-, Marketing und Budgetplänen, die Kontrolle von Soll- und Ist-Daten während der laufenden Planungsperiode und die Zusammenfassung und Kommentierung der erzielten Ergebnisse in regelmäßigen Konsultationen mit der Unternehmensführung bzw. mit dem Marketing-Leiter. Die Bedeutung dieser fortlaufenden Ergebnisfeststellungen besteht darin, daß sie eine Entscheidungsgrundlage über Fortführung oder Abbruch einer Produktstrategie bieten und andererseits – wie in späteren Kapiteln noch gezeigt werden wird – als Beurteilungsmaßstäbe für den Erfolg des Produkt-Managements gelten können. Ein weiterer Punkt, der allerdings in seiner Bedeutung häufig unterschätzt wird, ist die Zeitspanne, die von der Produktidee bis zur Markteinführung des fertigen Produktes benötigt wird, und der Kapitalaufwand, der in der Zwischenzeit erforderlich ist. Auch in dieser Hinsicht sind die fortlaufenden Ergebnisfeststellungen auf den einzelnen Etappen bei der Durchführung der strategischen Planung zur Kontrolle des Timings und des Kapitalaufwandes eine wichtige Aufgabe des Produkt-Managements.

Am Anfang einer jeden Strategie steht jedoch die Kreativität. Bevor Planung einsetzen kann, müssen Produktideen entdeckt und weiterentwickelt werden. In den nachfolgenden Abbildungen ist anhand von Beispielen aus der amerika-

[13] Vgl.: *Philip Law, Charles Weinberg, Peter Doyle, Kenneth Simmonds*, Product-Management. London, New York, Evanston, San Francisco 1974, S. 185.

nischen Industrie dargestellt, wie der aufzuwendende Zeit- und Kapitalaufwand sich von der Produktidee bis zur Markteinführung entwickelt.

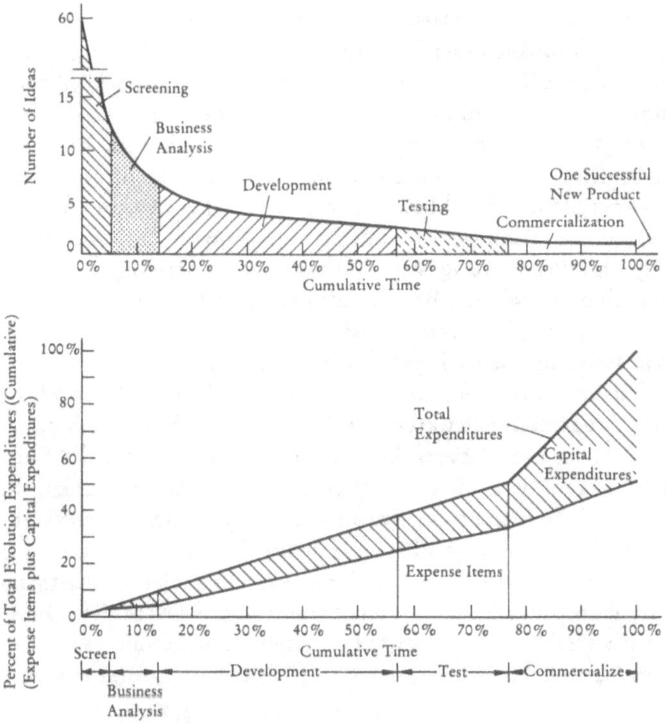

Quelle: *Eberhard E. Scheuing*, New Product Management. Hinsdale/Illinois 1974, S. 63.

Abb. 1: Der Evolutionsprozeß für ein neues Produkt

Erläuterung: Die beiden obenstehenden Abbildungen sollen verdeutlichen, wie sich im Zeitablauf die Ausfilterung von Produktideen bis zur schließlichen Markteinführung des fertigen Produktes vollzieht und wie sich – entgegengesetzt hierzu – der für den Evolutionsprozeß notwendige Kapitalaufwand entwickelt. An die mathematische Genauigkeit der jeweiligen Angaben sollte bei der Betrachtung allerdings kein allzu strenger Maßstab angelegt werden, dazu sind die jeweiligen technischen Gegebenheiten und produktspezifischen Erfordernisse viel zu differenziert; es lassen sich aber doch immerhin einige allgemeingültige Gesetzmäßigkeiten aufzeigen, wie es im folgenden durch die ausführliche Darstellung und Erläuterung der einzelnen Phasen des Evolutionsprozesses geschehen soll.

Phase 1: Screening

Der nur unter Schwierigkeiten adäquat in die deutsche Sprache übertragbare Begriff „Screening“ (von „screen“ = Projektionsfläche) beschreibt das zunächst noch ganz unsystematische Erfassen kreativer Impulse für die Konzipierung neuer Produkte (aber auch für Produktinnovationen!) und das daran anschließende „Projizieren“ dieser Produktideen in den konkreten Handlungsrahmen der Unternehmung.

Das Problem der Ausschöpfung des kreativen Potentials einer Unternehmung ist organisatorisch nicht gerade leicht zu bewältigen, doch lohnt der Versuch. Welche Bedeutung der Erschließung von noch ungenutztem „human capital“ zukommt, zeigen allein schon die Erfolge einiger Unternehmen mit der Sammlung und Prämierung von Verbesserungsvorschlägen durch die Betriebsbelegschaft nach dem Briefkastensystem. Organisatorisch kann dieses wenig systematische Verfahren sicherlich nicht befriedigen, doch zeigt es immerhin die steigende Sensitivität des Top-Managements für das anstehende Problem. Lösungen finden sich in gleicher Vielfalt, wie Unternehmen unterschiedliche Organisationstrukturen aufweisen – das Produkt-Management ist indes auch hier ein brauchbarer Ansatz; denn es ist ja gerade die Funktion des Produkt-Managers, jene erfinderischen Initiativen auszustrahlen, die ansonsten den eigentlichen Kern der Pesönlichkeit des Unternehmers ausmachen. Der Produkt-Manager ist ja nicht nur Koordinator für die konvergierenden produktbezogenen Aktivitäten, sondern zugleich auch ein Ausstrahlungszentrum für neue Impulse. In der Unternehmenspraxis übt er diese Funktion zumeist als Vorsitzender eines Teams von Mitgliedern aus den verschiedenen Bereichen des Unternehmens aus, das sich z. B. etwa wie folgt zusammensetzen kann:

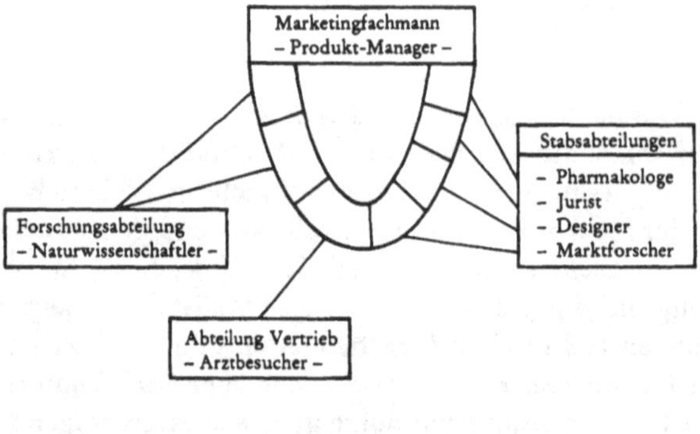

Abb. 2. Das Screening-Team. Ein Beispiel aus der Pharmabranche

In diesem Team werden dann (z. B. durch die Methode des „Brainstorming"[14]) alle Denkanstöße für Produktkonzeptionen zunächst noch ganz unsystematisch zusammengetragen und dann in einem zweiten Schritt gesichtet und hinsichtlich ihrer Durchführbarkeit ausgewertet. Die Zusammensetzung des Teams kann – je nach Art der anstehenden Probleme – entsprechend geändert werden, jedoch handelt es sich per se zumeist um eine ständige organisatorische Einrichtung, die nicht etwa ad hoc gebildet und wieder aufgelöst wird.
Wie Abbildung 1 zeigt, ist diese erste Phase des Screening mit relativ geringem Zeit- und Kapitalaufwand zu bestreiten.

Phase 2: Business Analysis
Nachdem aus der Vielzahl der ursprünglichen Vorschläge bereits durch die erste Phase des Screening realisierbare Produktideen herausgefiltert worden sind, entwirft der Produkt-Manager in groben Umrissen eine Musterlösung für die spätere Produkt- und Marketingkonzeption. Dazu stellt sich ihm die Aufgabe, unter Zuhilfenahme z. B. eigener oder fremder Marktforschungsabteilungen den „relevanten Markt" für das – potentielle – neue Produkt abzugrenzen und zu analysieren. Daran anschließend erläutert er gegenüber dem Marketing-Leiter bzw. der Unternehmensführung die Ergebnisse seiner Analyse und gibt eine Beurteilung der Marktchancen ab. Auch dies kann wieder als Screening-Prozeß bezeichnet werden: Der Produkt-Manager muß erfolgversprechende Produktideen der Unternehmensleitung vorstellen und die Realisierung durchzusetzen versuchen, indem er seine Produkt- und Marketingkonzeptionen durch günstige Umsatz- und Gewinnprognosen möglichst vorteilhaft „verkauft". Diese ist eine wichtige Funktion des Produkt-Managers. Denn gerade das „etablierte" Top-Management kennzeichnet häufig eine gewisse Risikoscheu – eine Zurückhaltung gegenüber Änderungen mit ungewissen Folgen –, und die Einführung eines neuen Produktes stellt naturgemäß

[14] Bei der Methode des Brainstorming wird einem Team von etwa 5–12 Mitgliedern ein bestimmtes Problem zur Lösung vorgegeben, wichtig ist dabei eine möglichst eng abgegrenzte, konkretisierbare Fragestellung, auf die sich Antworten ohne langwieriges Nachdenken und exaktes Nachrechnen finden lassen. Die Impulsivität hat auf jeden Fall Vorrang. Daher gelten für Brainstorming-Sitzungen auch einige feste Regeln:
1. Jede Idee, jeder Lösungsansatz, mag er zunächst auch noch so „verrückt" oder „kostspielig" klingen, wird aufgenommen, Quantität geht vor Qualität; denn um so größer ist die Wahrscheinlichkeit, unter der Vielfalt der Vorschläge einen brauchbaren Ansatz zu finden.
2. Niemand hat Anspruch auf „seine" Idee, jede Anregung wird gemeinsam aufgenommen und verarbeitet.
3. Kritik an Beiträgen ist absolut unerwünscht, denn sie hemmt die Impulsivität. Eine Auswertung „machbarer" Vorschläge kann zu einem späteren Zeitpunkt erfolgen.

Wolfgang Hummer, Artikel Brainstorming. In: Management-Enzyklopädie, Band 1, S. 1216 ff.
Ch. H. Clark, Brainstorming. 2. Auflage, München 1967.

ein beträchtliches unternehmerisches Wagnis dar. Diese Barriere zu überwinden helfen, ist ein wesentlicher Beitrag des Produkt-Managers für die zukünftigen Wachstumschancen seines Unternehmens, denn häufig genug gilt: „People pay lip-service to new products, but any actual suggestions meet a negative reaction. It is either too unexiting, or so exiting it frightens the management to death. There ist a tendency to fall between two stools. A product concept that is entirely new may yield big profits but involves considerable risks[15]."

Phase 3: Development
Mit dem Beginn der Entwicklungsphase steigt der Kapital- und Zeitaufwand außerordentlich stark an, denn jetzt werden betriebliche Ressourcen in größerem Umfange als bisher für die techniche Umsetzung der „Reißbrettkonzeption" in die Praxis gebunden. Zugleich muß der Produkt-Manager nun auch entsprechende Marketingmaßnahmen festlegen, deren Durchführung vorbereiten und überwachen.

Phase 4: Testing
In dieser Phase ist die versuchsweise produktionstechnische Fertigstellung abgelaufen, und das fertige Produkt wird nun zunächst auf einem Testmarkt eingeführt. Dies ist zugleich auch die entscheidende „Nagelprobe" für die Bewährung der Marketingkonzeption, denn wie Abbildung 1 zeigt, steigt der Kapitalaufwand noch einmal steil an, wenn der Produktionsapparat nun endgültig auf das neue Produkt umgestellt wird; auch werden nun höhere Werbe- und Vertriebsausgaben anfallen, so daß der Testmarkteinführung häufig eine große praktische Bedeutung zukommt.

Phase 5: Commercialization
Mit der endgültigen Markteinführung sind die Tätigkeiten des Produkt-Managers in Verbindung mit dem Evolutionsprozeß abgeschlossen, und der zweite Abschnitt im Rahmen der Produktstrategie beginnt: die Betreuung etablierter Produkte. Es stellt sich ihm nun die Aufgabe, eine Überwachungstätigkeit auszuüben, indem er den Kapitalaufwand für den Evolutionsprozeß ermittelt und überprüft, ob sich die antizipierte Umsatz- und Gewinnentwicklung für das Produkt auch tatsächlich einstellt oder ob signifikante Abweichungen eintreten. Ist dies der Fall, so unterrichtet er den Marketing-Leiter bzw. die Unternehmensführung und leitet in Absprache adäquate Gegenmaßnahmen ein. Der Verantwortungsbereich sowie auch der mögliche Handlungsspielraum sind – gerade was die Betreuung etablierter Produkte betrifft – entsprechend der jeweiligen organisatorischen Einordnung höchst un-

[15] *Philip Law, Charles Weinberg, Peter Doyle, Kenneth Simmonds,* Product-Management. S. 30.

terschiedlich, so daß auf dieses Tätigkeitsfeld des Produkt-Managers in späteren Kapiteln noch einmal ausführlich zurückgekommen werden wird.

2.3 Aufgaben im Bereich der innerbetrieblichen und außerbetrieblichen Koordination und Kooperation

Der Bereich der innerbetrieblichen Koordinationsaufgaben des Produkt-Managements umfaßt alle diejenigen Maßnahmen, die sich aus der Umsetzung der Produktidee auf die einzelnen Stufen der strategischen Planung in die unternehmerische Praxis ergeben, wenn nämlich eine Abstimmung mit den einzelnen innerbetrieblichen Funktions- oder auch Dienstleistungsbereichen (Service-Bereichen) vorgenommen werden muß[16].
Der Umfang der hier anfallenden Aufgaben und die zu ihrer Lösung zur Verfügung stehenden Durchsetzungsmöglichkeiten werden eng durch die spezifischen Erfordernisse des betreffenden Produktes vorbestimmt und sind zudem vom organisatorischen Aufbau der Unternehmenshierarchie bzw. von der Eingliederung des Produkt-Managements in dieselbe abhängig und können hier nur exemplarische dargestellt werden. Wenn es in späteren Kapiteln darum gehen wird, die Ausformung der Kompetenzen und Tätigkeitsbereiche in verschiedenen Arten der Unternehmensorganisation transparent zu machen, wird der hier bereits berührte Problemkreis noch mehrfach ausführlich angesprochen.
Grundsätzlich hat das Produkt-Management im innerbetrieblichen Bereich die Aufgabe, die produktspezifischen Erfordernisse mit den Möglichkeiten der Funktions- und Service-Bereiche in Einklang zu bringen, wobei in der Regel durch das Vorhandensein mehrerer eigenständiger Produkte und Produktgruppen eine rege Konkurrenz unter den zuständigen Managern um die Verteilung der betrieblichen Ressourcen vorhanden sein dürfte. Es besteht somit ein eng verflochtenes Netz gegenseitiger Abhängigkeiten, das eine jeweils genau umrissene Abgrenzung von Kompetenz und Verantwortlichkeit erfordert, wie im folgenden an einzelnen Beispielen gezeigt werden wird.
So liefert z. B. die betriebsinterne Abteilung für Forschung und Entwicklung durch neue Produktideen die Anregungen, den „Nährboden" für die Arbeit des Produkt-Managements; bleiben kreative Neuerungen aus, so können nur bereits vorhandene Produkte weiterbetreut werden, der „Nachwuchs" fehlt. Aber nicht nur bei der Lieferung neuer Produktideen, sondern auch für Vor-

[16] Dazu ausführlich: *Jürgen Wild*, Product-Management. Ziele, Kompetenzen und Arbeitstechniken des Produktmanagers. 2. Auflage, München 1973, S. 77ff.

schläge zur Produktverbesserung ist die Zusammenarbeit mit der Forschungsabteilung für das Produkt-Management eminent wichtig.
Ähnliches gilt für die danach anstehende Koordination der Produktideen (und Produktänderungsvorschläge) mit den produktionstechnischen Möglichkeiten. Hier ist vor allem der technische und kapazitätsmäßige Aufwand für die Herstellung des Gutes mit der Produktionsabteilung abzusprechen, wobei das Produkt-Management nicht nur die Kostenentwicklung im Griff behalten muß, sondern zudem eine Konkurrenzsituation bei der Aufteilung der (im allgemeinen) knappen Produktionskapazitäten vorhanden ist und dementsprechend „make oder buy“-Entscheidungen getroffen werden müssen.
Von der erfolgreichen Zusammenarbeit mit der Finanzabteilung ist es abhängig, ob das Produkt-Management die notwendigen Geldmittel zugeteilt bekommt, um die geplante Produktstrategie überhaupt durchsetzen zu können. Das vom Produkt-Management eingereichte Budget muß von der Finanzabteilung genehmigt werden und sich gegen die Budgetforderungen für andere Produkte behaupten. Zahlreiche Daten aus dem betrieblichen Rechnungswesen bilden die Grundlage, so daß die Datenbeschaffung auch hier reibungslos vonstatten gehen muß.
Ein weiterer möglicher Konfliktfall kann sich aus mangelnder Abstimmung von Unternehmens- und Produktstrategie ergeben, indem nämlich im Rahmen eines angestrebten Gesamtgewinns für die Unternehmung den einzelnen Produkten und Produktgruppen die Erzielung entsprechender Teilgewinne vorgeschrieben wird. Diese „verordnete“ Vorgabe von Gewinnzielen kann im Widerspruch zu der vom Produkt-Manager ausgearbeiteten Absatzstrategie stehen, so daß er sich zu Änderungen gezwungen sehen kann, für deren Folgen er dann – zumeist – einstehen muß, obwohl seinen ursprünglichen Intentionen nicht entsprochen worden ist. Ähnlich häufig auftretende Probleme ergeben sich auch durch die Aufteilung der Belastung durch die Fixkosten und Gemeinkosten auf die einzelnen Produkte. Die hieraus resultierenden Hindernise für eine wirkungsvolle Erfolgsbeurteilung des Produkt-Managements sind im dritten Teil der vorliegenden Arbeit Hauptgegenstand der Untersuchung. Insgesamt läßt sich hierzu vorab feststellen, daß mit steigender Gewinnverantwortlichkeit der Produkt-Manager die „Konfliktträchtigkeit“ der Zusammenarbeit mit der Finanzabteilung ebenfalls zunimmt.
Als letztes wollen wir uns nunmehr noch der ebenfalls problembeladenen Beziehung zwischen Produkt-Management und der Verkaufs- bzw. Distributionabteilung des Unternehmens zuwenden.
Das Problem liegt auf der Hand: Der Erfolg oder Mißerfolg eines Produktes unmittelbar am Markt, am „point of purchase“, ist dem Produkt-Management von seiten der Vertriebsorganisation und der Verkaufsorgane weitgehend der Kontrolle entzogen. Die Engpaßfaktoren „selling-time“ und „selling-capacity“ müssen unter den verschiedenen Produkten aufgeteilt werden, wobei

über den Erfolg der gesamten Produktstrategie häufig indirekt gleich mit entschieden wird. An dieser „Verkaufsschwelle" und „Vertriebsschwelle" kann auch die beste Vorarbeit schließlich scheitern. Ein weiteres Problem kann sich auch hier wieder aus einer mangelnden Konsistenz der Zielvorgaben ergeben, strebt die Verkaufsabteilung nämlich eine eher langfristig orientierte Maximierung der Umsätze des Gesamtunternehmens oder etwa der Erreichung eines möglichst großen Marktanteils für alle Produkte an, wogegen der Produkt-Manager gemäß seinem vorgelegten Budget und seiner erfolgsabhängigen Stellung im Unternehmen eher auf kurzfristig erreichbare Erfolge abzielt, so ist der Konflikt akut[17]. Es zeigt sich, welche Bedeutung auch in diesem Fall einer Koordination der Zielvorstellungen und Absatzstrategien sowie der widerspruchsfreien Regelung von Aufgaben und Kompetenz zur Ermöglichung einer reibungslosen Kooperation zukommt. Einige Lösungsvorschläge zu diesem Problemkreis werden im dritten Hauptteil ausführlich dargestellt.

Im Bereich der außerbetrieblichen Koordination und Kooperation präsentiert der Produkt-Manager auf seinem begrenzten Spektrum die Interessen der Gesamtunternehmung gegenüber Dritten. Dies betrifft vor allem die Zusammenarbeit mit externen Dienstleistungsunternehmen, wie z. B. Werbeagenturen, Nachrichtendiensten und Marktforschungsinstituten.

Die Hauptfunktion des Produkt-Managers in dieser Tätigkeit besteht in der Gewährleistung wirksamer Kontrolle der Kosten „im Außenbereich" und in der Überwachung des fristgerechten Einsatzes und Ablaufs der mit Externen verbundenen produktbezogenen Aktivitäten.

Je nach unternehmensspezifischen Erfordernissen kann sich der Bereich dieser außerbetrieblichen Tätigkeiten auch auf eine intensive Kontaktpflege mit bestimmten Kundenkreisen ausdehnen, obwohl dies ansonsten zumeist den Vertriebs- und Verkaufsorganen überlassen bleibt. Steht ein Unternehmen jedoch einigen wenigen Großabnehmern gegenüber oder läßt die Beschaffenheit des Produktes eine besonders qualifizierte Beratung als wünschenswert erscheinen, so können – wie Beispiele später zeigen werden – Produkt-Manager auch in diesem Bereich Aufgaben übernehmen.

[17] Ebenda, S. 78f.

3. Die Instrumente des Produkt-Managements

3.1 Technische Hilfsinstrumente

3.1.1 Das Management-Informations-System (MIS)

Das Produkt-Management bedarf zur Bewältigung der viele funktionale Bereiche betreffenden Aktivitäten, mit denen der Lebenszyklus des von ihm zu betreuenden Produktes verbunden ist, umfassender Informationen. Gerade das Wissen um die vielschichtigen Verknüpfungen „seines" Produktes mit dem Gesamtunternehmen ist es, was das Produkt-Management auszeichnet bzw. auszeichnen sollte[18].

Dieses Wissen erfordert einen ständigen Kommunikationsprozeß mit den Informationsquellen. Unter dem MIS versteht man nun denjenigen Teil dieses Prozesses, der Informationen beinhaltet, welche sich in klare Regeln fassen und damit formalisieren lassen, und deren Aufbau und Struktur bekannt ist, wie etwa bei einer Bilanz oder einer Gewinn- und Verlustrechnung. Diesen formalisierbaren Teil bezeichnet der Kybernetiker als Informationssystem[19].

Geht die Formalisierbarkeit innerhalb des Kommunikationsprozesses so weit, daß dieser mechanisiert oder sogar automatisiert werden kann, so entsteht innerhalb des MIS ein computerorientiertes Management-Informations-System, ein sogenanntes CMIS[20].

Ein Beispiel für die Aufgaben, die ein MIS oder CMIS übernehmen kann: Hat die Unternehmensleitung im Rahmen der strategischen Planung eine Zielsetzung beispielsweise für Gewinn oder Umsatz vorgegeben, so ergibt sich daraus für das auf der mittleren Führungsebene befindliche Produkt-Management die Aufgabe, die Zielsetzung mit produktpolitischen Maßnahmen auszufüllen und die Zielerreichung sicherzustellen[21]. Ein erster Wirkungsbereich des MIS und CMIS besteht darin, alle vorhandenen Informationen für die Planung zu liefern und formalisierbare Prozesse innerhalb der Einzelpläne zu übernehmen[22].

Schon hier wird eine wichtige Voraussetzung für den Einsatz eines Informationssystems deutlich: Verantwortlichkeit und Einflußsphären innerhalb der

[18] Dazu ausführlich: *Theo Lutz*, Artikel Management-Informationssystem (MIS). In: Management-Enzyklopädie, Band 4, München 1971, S. 297.

[19] Ebenda, S. 298f.

[20] Ebenda, S. 299f.

[21] Vgl.: *Warren F. McFarlan*, Problems in planning the information system. In: „Harvard Business Review (HBR)", Band 49 (1971), March–April, S. 86.

[22] *Theo Lutz*, Artikel Management-Informationssystem. S. 301.

Unternehmensorganisation müssen klar abgegrenzt sein. Es muß genau festgelegt werden, wem welche Informationen zu welcher Zeit zur Verfügung stehen[23].

Bei der Durchführung und Kontrolle der geplanten Maßnahmen dient das Informationssystem dem Manager, indem es (neu) auftretende Veränderungen in der Datenkonstellation aufzeigt, so daß eine Abweichung von Plan- und Ist-Wert für den Manager sofort feststellbar und leichter korrigierbar wird. Das System kann dabei so konstruiert sein, daß es Planabweichungen selbständig meldet (Bringsystem) oder aber auf Abruf liefert (Holsystem)[24].

Hat der Manager beispielsweise eine Umsatzsteigerung von 50% für das von ihm betreute, noch „junge" Produkt innerhalb eines Jahres angestrebt, so kann ihm das System automatisch monatlich Umsatzstatistiken liefern, die den Manager erkennen lassen, ob das anvisierte Ziel bereits erreichbar erscheint oder noch weitere verkaufsfördernde Maßnahmen ergriffen werden müssen.

Auf zweierlei Art sind der Anwendung eines Informationssystems allerdings Grenzen gesetzt: erstens muß der Manager häufig „echt" unternehmerische Entscheidungen intuitiv oder auf Grund persönlicher Erfahrungen treffen, bei denen ihn das System nicht sehr unterstützen kann, und zweitens ist jedes MIS und besonders jedes CMIS nur so gut wie die Qualität der Daten, die vom betrieblichen Rechnungswesen (und anderen Abteilungen) geliefert werden und die Grundlage der Managementinformationen bilden. Dadurch, daß Daten im wesentlichen aus der unteren operierenden Ebene der unternehmensorganisatorischen Hierarchie und aus den verschiedensten Teilbereichen der Unternehmung entstammen, ist der erfolgreiche Einsatz des Informationssystems abhängig von der organisatorischen Reife dieser Ebene und von deren Neigung zur Kooperation mit dem Produkt-Manager. Dies ist in der Praxis eine der größten Behinderungen für den Aufbau und Einsatzerfolg von MIS und CMIS[25].

3.1.2 Die Activity-Check-List

Von der Produktidee bis zur Markteinführung ist es ein langer Weg, der über viele Prüfungen, Kontrollen und Modifikationen der Grundkonzeption des Produktes führt[26]. Jedoch, selbst, wenn das Produkt alle Hürden hinter sich

[23] Dazu ausführlich: *Donald F. Cox* und *Robert Good*, How to Build a Marketing Information System. In: „HBR", Band 45 (1967), Nr. 3, S. 149f.

[24] Vgl.: *Theo Lutz*, Artikel Management-Informationssystem. S. 307.

[25] Ebenda, S. 304.

[26] Ein ausführliches Beispiel für ein „Work Flow and Systems Chart for Management of New Products" findet sich bei: *Lee Adler*, Systems Approach to Marketing. In: „HBR", Band 45 (1967), Nr. 3, S. 108f.

hat und erfolgreich auf dem Markt ist, verlangt es eine stetige Betreuung und Überwachung durch das Produkt-Management. Nicht nur, daß es dabei auf eine sorgfältige Durchführung aller, vielfach miteinander verknüpfter Aufgaben und Tätigkeiten ankommt, sondern es gilt ebenfalls, Konkurrenten, die ein ähnliches Produkt für die Markteinführung vorbereiten, zeitlich zuvorzukommen und eventuell einen Wettbewerbsvorsprung zu erlangen.

Schnelligkeit und sorgfältige Durchführung sind nur auf der Grundlage einer genauen Planung möglich. Die Activity-Check-List ist ein Instrument für den Manager, das den Weg des von ihm zu betreuenden Produktes von der Ideenfindung bis zur Markteinführung vorzeichnet und ihn über alle vorzunehmenden Maßnahmen unterrichtet.

Es würde den Rahmen dieser Arbeit sprengen, alle vielfältig miteinander verflochtenen Aktivitäten und Stationen innerhalb des Produktzyklus einzeln wiedergeben zu wollen, die eine komplette Check-List enthalten müßte, eine kurze Darstellung der wichtigsten Maßnahmenbündel mag daher genügen[27].

(1) *Aktivitäten im Rahmen der strategischen Produktplanung*

Als „strategisch" gilt hier gewöhnlich ein Planungshorizont von fünf Jahren. Innerhalb dieses Zeitraumes ist die Umsatz- und Gewinnentwicklung für das Produkt so zu gestalten, daß die antizipierten anteilsmäßigen Gemeinkosten und die (tatsächlich anfallenden) Kosten für Forschung und Entwicklung über die Erlöse wieder hereinkommen („Pay-Off-Periode") und eine angemessene Durchschnittsrendite für den gesamten Zeitraum erzielt wird. Obwohl an der schließlichen Entscheidungsfindung selber zumeist nicht verantwortlich beteiligt (Ausnahme: der PM als Divisions-Leiter), ist der Produkt-Manager doch für die Erarbeitung der Planungsgrundlagen von großer Bedeutung, da sein Informationshorizont sich in sehr viel größerem Maße mit dem Marktgeschehen und dem Kreis der potentiellen Abnehmer verbindet als dies beim Top-Management gewöhnlich der Fall ist.

Die Ausgestaltung des Entscheidungsrahmens durch den Produkt-Manager verlangt von ihm folgende Tätigkeiten:

- Beobachtung, Analyse und Bewertung der technischen Entwicklungen und Neuerungen auf dem Produktfeld;
- Beobachtung, Analyse und Bewertung des Verhaltens der Nachfrager und der Konkurrenten;

[27] Für zahlreiche Beispiele von Check-Lists auf den einzelnen Stadien der Planung und Einführung neuer Produkte siehe: *Heinrich Otto Stellwagen*, Die Organisation und Arbeitsweise einer Marketinggruppe. In: Schriften zur Unternehmensführung, Band 14, Wiesbaden 1971, Kapitel V.
Siehe dazu ebenso: *Hermann Diller*, Das Selbstverständnis der Produkt-Manager. In: „Zeitschrift für Organisation", Jg. 1975, Nr. 2, S. 88.

- Beobachtung, Analyse und Bewertung der Struktur des Handels und der Vertriebsorganisationen;
- Auffinden von Marktlücken und Erarbeitung von Vorschlägen für die Gestaltung neuer Produkte;
- Ausarbeitung und Präsentation entsprechender Produkt- und Marketingkonzeptionen;
- Einschätzung der Absatzchancen, der anfallenden Kosten, der erreichbaren Marktanteile mit Vorschlägen zur Preisgestaltung;
- Mitarbeit bei der Bestimmung der produktbezogenen Marketingzielsetzungen und der Vorgabe des Marketing-Budgets.

(2) *Aktivitäten bei der Produktentwicklung*
In diesem Stadium des Produktzyklus vollzieht sich die allmähliche Übernahme der Verantwortung für produktspezifische Marketingmaßnahmen durch den Produkt-Manager. Er ist allerdings auf die Kooperationswilligkeit der (technischen) Bereiche angewiesen und übt vor allem Koordinationsfunktionen aus. Der Maßnahmenkatalog umfaßt hier:
- Mitarbeit bei der Entwicklung und dem Test des Produktes im technischen Bereich;
- Kontrolle der Produktqualität, der äußeren Aufmachung und der Verpackung;
- koordinierende Vorbereitung verkaufs- und distributionspolitischer Maßnahmen;
- zeitliche Gestaltung (Timing) und Überwachung der (Test-)Markteinführung;
- Auswertung und Interpretation der Einführungsergebnisse, Ableitung von Vorschlägen für eventuelle Abänderungen der ursprünglichen Produkt- und/oder Marketingkonzeption.

(3) *Aktivitäten bei der laufenden Produktbetreuung*
Hier findet der Produkt-Manager sein eigentliches Betätigungsfeld, hier wird er aber auch zumeist für jeden Mißerfolg verantwortlich gemacht. Zu dem weitgespannten Spektrum seines Aktionsbereiches gehören die folgenden Aufgaben:
- fortlaufende Kontrolle und Bewertung des Einsatzes der Marketing-Aktivitäten sowie Bestimmung und Überwachung der zeitlichen Abfolge;
- Koordination der Tätigkeiten des Vertriebs und der Außendienstorganisationen;
- Beobachtung, Analyse und Bewertung der Absatz- und Kostenentwicklung mit ständiger Bereitschaft zu korrigierenden Maßnahmen bei Fehlentwicklungen, „Frühwarnzentrale“ für das Top-Management;

- Gewährleistung optimaler Produktbetreuung (in Ausnahmen auch: Kundenbetreuung) im Rahmen des Marketing-Budgets.

(4) *Aufgaben bei der Ergebnisbeurteilung*
Der Erfolg einer Produktstrategie ist auch davon abhängig, in welchem Maße es dem Produkt-Manager gelingt, Ressourcen innerhalb des Unternehmens an sich zu ziehen. Dies bedeutet, daß er sich nicht nur gegenüber den anderen Produkt-Managern durchzusetzen hat, sondern daß er auch in der Lage sein muß, den Erfolg „seines" Produktes gegenüber der Unternehmensleitung bzw. dem Marketing-Leiter wirkungsvoll zu „verkaufen". Die Grundlagen hierfür sind:
- ständige Kontrolle der Budget-, Kosten-, Umsatz- und Gewinnentwicklung;
- Präsentation und Erläuterung der bisher erzielten Ergebnisse, Prognosen der weiteren Entwicklung;
- Schlußfolgerungen und Vorschläge für weitere Maßnahmen im Rahmen der Produkt- und Marketingstrategie.

Zwischen einzelnen Abschnitten der hier dargestellten Aktivitäten hat das Produkt-Management an vorgesetzte organisatorische Institutionen (z. B. Unternehmensleitung oder Marketingdirektor) Bericht zu erstatten und die Genehmigung für die Fortführung des Produkt- und Marketingprogramms einzuholen.
Eine letzte Entscheidung (die allerdings nur in Absprache getroffen wird) besteht schließlich darin, zu bestimmen, wann das Produkt wieder aus dem Markt genommen werden soll – damit hat sich der Produktzyklus dann wieder geschlossen.
Die Activity-Check-List ist ein gutes Instrument für das Produkt-Management, soweit es darum geht, Routine-Maßnahmen in ihrer logischen Abfolge zu festgesetzten Terminen zu erfassen.

3.1.3 Die Konkurrenz-Szenarium-Analyse

Die bisher aufgeführten technischen Hilfsinstrumente dienten vor allem der Förderung der Ablauforganisation. Nun ist aber für das Produkt-Management nicht nur das reibungslose Funktionieren der mit der Produktentwicklung und Produktbetreuung verbundenen Aktivitäten von Bedeutung, sondern letztlich ist das Ziel der Produktstrategie ja der Erfolg des Produktes am Markt, der auch zugleich den Beurteilungsmaßstab für die Leistung des Produkt-Managements darstellt. Es gilt daher, die für das Produkt erfolgsbestimmenden Fak-

toren am Markt herauszufinden und die Möglichkeiten einer eventuellen Erfolgsverbesserung eingehend zu analysieren. Der Markt gleicht hierbei einer „Theaterbühne", auf der das Produkt vor den Konsumenten erscheint und sich in seiner „Rolle" gegenüber anderen, gleichartigen Produkten behaupten muß. In diesem Szenarium hat das Produkt-Management die Aufgabe, die Stärken und Schwächen der Konkurrenzprodukte aufzudecken und gezielte Maßnahmen einzusetzen, damit die Schwächen des eigenen Produktes beseitigt bzw. diejenigen der Konkurrenzprodukte ausgenutzt werden können.
Als Hilfsmittel des Produkt-Managements, sich das Konkurrenz-Szenarium für sein Produkt oder seine Produktgruppe zu vergegenwärtigen, kann das nachfolgend beispielhaft dargestellte Speichendiagramm dienen.

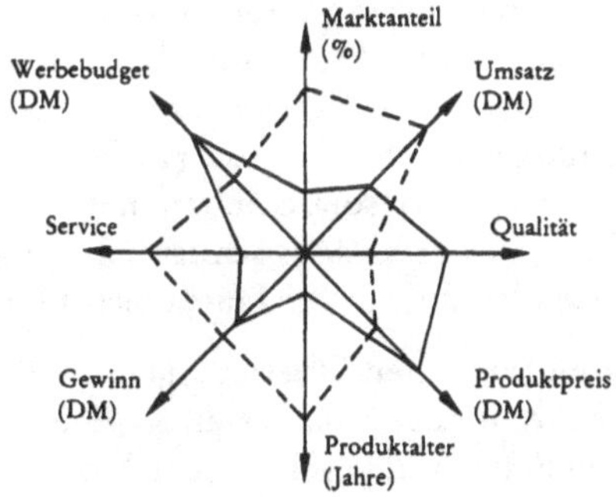

Abb. 3: Das Speichendiagramm

Die obige Darstellung könnte für Partialanalysen noch beliebig weiter aufgefächert werden, auch ist eine „Dynamisierung" insoweit möglich, wie sich aus zu verschiedenen Zeitpunkten ermittelten Speichendiagrammen eine fortlaufende Entwicklung der Komponenten des Diagramms herauslesen läßt.
Bei der Erstellung eines Speichendiagramms dürfte wahrscheinlich das Problem der Informationsbeschaffung eine große Rolle spielen. So ist das Produkt-Management z. B. weitgehend auf die Mitarbeit der eigenen Vertriebs- und Verkaufsorganisation angewiesen, wenn es Angaben über die für die Konkurrenzprodukte angewandte Distributions- und Preispolitik benötigt; für die Bestimmung der Marktanteile und Umsätze der konkurrierenden Unternehmen werden dagegen häufig die Dienste von Marktforschungsunternehmen in Anspruch genommen werden müssen.
Die Wahl geeigneter Beurteilungsmaßstäbe für Produkteigenschaften, die sich nicht ohne weiteres in Prozent, DM, Monaten oder Jahren ausdrücken lassen, wie für die Beschreibung der Produktqualität bereitet mitunter ebenfalls Schwierigkeiten. Falls man es hier nicht vorzieht, sich eine eigene, produktspezifische Bewertungsskala zu schaffen, so kann die Lösung des Problems

fehlender kardinaler Meßbarkeit auch darin gefunden werden, daß von der Qualität eines Basis-Konkurrenzproduktes ausgegangen wird, etwa von dem Produkt mit dem größten Marktanteil, und dann „besser" bzw. „schlechter" Beurteilungen erfolgen.

Als letztes sei nun noch auf die Gefahr hingewiesen, durch die Zerlegung des Konkurrenz-Szenariums in einzelne Komponenten unbeabsichtigt bestehende Synergieeffekte zu vernachlässigen; denn es kann z. B. das Ansehen, das ein Produkt in den Augen der Kunden genießt, in erster Linie auf eine geschickte Werbung (Produkt als Prestige-Symbol) in Verbindung mit einer ganz speziellen Verkaufspolitik (Verkauf nur über wenige, ausgesuchte Händler), sich zurückführen lassen, wogegen die tatsächliche Produktqualität dahinter zurückbleibt. Eine erfolgversprechende Strategie gegenüber den Konkurrenzprodukten muß daher vorrangig auf die vom Kunden wertgeschätzten Eigenschaften der Produkte abgestellt sein und darf sich nicht (oder zumindest nicht nur) auf die objektivierbaren Eigenschaften konzentrieren. Tiefenpsychologische Untersuchungen der Kaufmotive (*E. Dichter*) haben gezeigt, daß häufig scheinbar ganz abwegige Besonderheiten in der Werbung oder auch in der äußeren Aufmachung des Produktes schließlich ausschlaggebend für Erfolg und Mißerfolg eines Produktes am Markt sein können[28].

Nach diesen mehr grundsätzlichen Überlegungen wollen wir uns nunmehr näher dem in unserer Abbildung 3 dargestellten Beispiel eines Speichendiagramms zuwenden. Das Schaubild beschränkt sich der Einfachheit halber auf ein Konkurrenzprodukt, dem ein neu eingeführtes bzw. neu einzuführendes eigenes Produkt vergleichend gegenübergestellt wird.

Außerdem verbleiben wir in unserer Darstellung im Rahmen der statischen Analyse; selbstverständlich wäre es leicht möglich, darüber hinaus durch die Miteinbeziehung zurückliegender Zeiträume (Monate, Jahre) Veränderungen im Zeitablauf in komparativ-statischer Analyse zu berücksichtigen. Hierzu wäre dann lediglich das Erscheinungsbild des Szenariums für jeden beabsichtigten Zeitpunkt der Datenermittlung mit einem Index zu versehen. Die Veränderung im Zeitablauf spiegelt dann alle Stärken und Schwächen der Marktstellung wieder und ermöglicht so gezielte Eingriffe zur Verbesserung der Marketingstrategie.

Betrachten wir nun zunächst das bereits seit längerer Zeit auf dem Markt etablierte Konkurrenzprodukt, so zeigt uns die *Vertikale* in unserem Speichendiagramm relativ hohe Werte für den Marktanteil und das Produktalter, mithin in welcher „Lebensphase" sich das Konkurrenzprodukt befindet. Hat sich z. B. (bei komparativ-statischer Analyse) der Marktanteil dieses Produktes

[28] Ernest Dichter gilt als der geistige Vater der amerikanischen Motivforschung (Motivation Research). Er wandte als erster die psychoanalytischen Erkenntnisse Sigmund Freuds in der Absatzforschung an.

noch weiter ausgedehnt, so ist die „Sättigungsphase" offensichtlich noch nicht erreicht, hat dagegen der Schrumpfungsprozeß (die „Rückbildungsphase") bereits eingesetzt[29], so wird das vom eigenen Unternehmen neu eingeführte Produkt sich leichter am Markt behaupten können. Der Zusammenhang zwischen Marktanteil und Produktalter gibt daher wertvolle Hinweise für den Produkt-Manager über den Bestand überalterter Produkte am Konkurrenzmarkt und für den richtigen Zeitpunkt der Martkeinführung[30].

Die *Horizontale* unseres Speichendiagramms kennzeichnet durch Serviceleistung und Qualitätsstandard die „Kundenfreundlichkeit" der Produkte. Das Konkurrenzprodukt zeichnet sich in unserem Beispiel – typisch für ein am Markt längere Zeit „etabliertes" Produkt – durch hohe Serviceleistungen aus, wogegen die Qualität nur dem Durchschnitt entspricht, was allerdings auch typisch ist, da in der Regel neue Produkte durch forschungsbedingte höhere Qualität ausgezeichnet sind.

Die *Diagonale von links unten nach rechts oben* zeigt die Umsatz/Gewinn-Relation, wobei die Wahl des Gewinnbegriffs hier bewußt offen bleibt, da wir sonst auch Kostenbegriffe festlegen müßten. Genau dieses Problem soll aber hier zunächst noch außerhalb der Betrachtung bleiben, weil es besonders eng mit den Möglichkeiten zur Erfolgsbeurteilung des Produkt-Managers verknüpft ist, und wir hier für diesen Problemkreis, der im dritten Hauptteil der Arbeit behandelt wird, keine Lösung „präjudizieren" wollen.

Die Angaben für Gewinn und Umsatz des Konkurrenzproduktes sind allerdings nur mit großen Abstrichen hinsichtlich ihrer Genauigkeit zu berücksichtigen und bedeuten daher für den Produkt-Manager nur eine ungefähre Planungsgrundlage, die er nach Einführung des „eigenen" Produktes sukzessiv mit detaillierten Angaben auffüllen muß.

Auf der *Diagonalen von rechts unten nach links oben* sind der Produktpreis und die Kosten für den Markteinsatz des Produktes (hier als Beispiel das Werbebudget) abgetragen. Statt des Werbebudgets könnte hier auch umfassend das gesamte Marketing-Budget in das Diagramm eingeführt werden oder aber eine Aufsplitterung der Kosten für die Maßnahmen innerhalb des Marketing-Mix erfolgen.

Die Frage, welche Entscheidungsgrundlagen die Konkurrenz-Szenarium-Analyse dem Produkt-Manager liefern könnte, wäre auf zweierlei Weise zu beantworten; denn sie liefert sowohl einen Überblick über die jeweiligen Stärken und Schwächen der Konkurrenzprodukte am Markt für einen bestimmten Zeitpunkt als auch, bei komparativ-statischer Analyse, ein Abbild des Verlaufs

[29] Siehe dazu: *Klauf Hoffmann*, Der Produktlebenszyklus. Eine kritische Analyse. Freiburg 1972, S. 42ff.

[30] Dazu ausführlich die Darstellung „Determining a Product's Position on the Life Cycle". In: *Eberhard E. Scheuing*, New Product Management, Hinsdale/Illinois 1974, S. 280.

der Lebensphasen der Konkurrenzprodukte, so daß eine wohl fundierte Produktstrategie gewählt und rechtzeitig eingesetzt werden kann.
In unserem Beispiel hat das Konkurrenzprodukt eine starke Stellung am Markt, die auf hohen Serviceleistungen, günstigem Verkaufspreis und immerhin durchschnittlicher Qualität beruht. Der Produkt-Manager unseres Beispiels hat sich für das von ihm zu betreuende Produkt offenbar zu der Gegenstrategie entschlossen, mit höherem Werbeaufwand den bedeutenden Qualitätsvorsprung seines Produktes herauszustellen – dafür dann allerdings auch einen höheren Preis zu fordern. Sein Werbeslogan könnte entsprechend lauten: »Es war schon immer etwas teurer, qualitätsbewußt einzukaufen." Die Wahl einer offensiven Strategie zur Markteinführung des neuen Produktes mit „Kampfpreisen" wurde hier nicht gewählt. Ebenso verbot es sich wohl auch, auf dem Gebiet der Serviceleistungen den Vergleich mit der Konkurrenz aufzunehmen. Daß sich auch hierauf eine erfolgreiche Verkaufsstrategie aufbauen kann, zeigen Beispiele aus der Automobilbranche in der Bundesrepublik Deutschland.
Je nachdem, ob die Konkurrenz-Szenarium-Analyse nun eines oder mehrere Konkurrenzprodukte zum Inhalt hat, sind auch entsprechend andere Marketingstrategien wählbar, so z. B. „gemischte" Strategien, bei denen das eine Konkurrenzprodukt durch den Preis, ein weiteres in bezug auf die Qualität und ein drittes in bezug auf die Serviceleistung „ausgestochen" wird. In jedem Fall liefert die Konkurrenz-Szenarium-Analyse dem Produkt-Manager die „Lageskizze", nach der er seine optimale Produktstrategie zusammensetzen kann.
Das weite Anwendungsfeld dieses analytischen Instrumentariums erschließt sich uns am nachfolgenden Beispiel des kombinierten Einsatzes der Hilfsmittel der Netzplantechnik mit denen der K-S-Analyse (siehe dazu besonders Abbildung 4).

3.1.4 Die Netzplantechnik

Seit der zweiten Hälfte der 50er Jahre sind die Methoden der Prozeßorganisation und der Evolutionsplanung für neue Produkte fortwährend verfeinert und verbessert worden, ein wichtiger Schritt in dieser Richtung war die Entwicklung der Netzplantechnik[31]. Die Netzplantechnik ist ein Instrument zur Planung, Überwachung und Steuerung von Einzelprojekten, in unserem Beispiel für die Entwicklung und Einführung eines neuen Produktes. Durch den Netzplan sollen in einer Art von Flußdiagramm (Flow Chart) alle das Produkt be-

[31] Vgl.: Ebenda, S. 53.

treffende Aktivitäten mitsamt ihren gegenseitigen Abhängigkeiten dargestellt werden.
Wie bei der Activity-Check-List geht es auch bei der Aufstellung eines Netzplans darum, alle Maßnahmen, die innerhalb des Produktzyklus ergriffen werden müssen, aufzulisten und in eine logische Reihenfolge zu bringen[32]. Diesen Vorgang bezeichnet man in der Netzplantechnik als Strukturanalyse[33]. Der Unterschied zwischen beiden Instrumenten besteht – neben der unterschiedlichen Darstellungsweise – in der folgenden Zeitanalyse, die jedem Netzplan zugrunde liegt. In ihr wird der Beginn und das Ende einer jeden Aktivität festgelegt bzw. geschätzt[34]. Darin liegt der Vorteil des Netzplans gegenüber der Activity-Check-List, welche nur Ist-Daten erfaßt und keine präzisen Aussagen über die Folgen von Terminabweichungen erlaubt[35].
In der Praxis haben sich hauptsächlich zwei Darstellungsmethoden der Netzplantechnik durchgesetzt:

(1) *Die „Critical-Path-Method" (CPM)*[36]
Bei der CPM (oder auch CPA „Critical Path Analysis") wird der Ablauf der einzelnen Tätigkeiten durch Pfeile dargestellt. Anfang und Ende der jeweiligen Tätigkeit, auch Ereignis genannt, werden durch Kreise oder Kästchen gekennzeichnet. Die Verknüpfung zweier Kreise (Ereignisse) durch Pfeile (Tätigkeiten) besagt also, daß diese Aktivitäten in der bezeichneten Reihenfolge ausgeführt werden müssen. Verlaufen zwei Tätigkeiten parallel zueinander, so werden die Kreise und Pfeile auch entsprechend parallel angeordnet; auch die zeitlich versetzte Überschneidung zweier Aktivitäten kann ebenso wie die notwendige Einhaltung einer bestimmten Abfolge sich überlagernder Aktivitäten solchermaßen kenntlich gemacht werden. Die geschätzte Dauer einer jeden Tätigkeit in Zeiteinheiten wird mit Hilfe einer Kennzahl über jedem Pfeil entsprechend eingezeichnet[37]. Die Gesamtheit aller nacheinander durchzuführenden Tätig-

[32] Für Beispiele: *Warren Dusenburry*, CPM for new product introductions. In: „HBR", Band 45 (1967), Nr. 4, S. 124ff. und *Jürgen Wild*, Product-Management. S. 149ff.
[33] Vgl.: *R. König*, Artikel Netzplantechnik. In: Handwörterbuch der Organisation. Hrsg. Erwin Grochla, Stuttgart 1969, S. 1025ff.
[34] Ebenda.
[35] Vgl.: *Otto v. Stritzky*, Artikel Netzplantechnik im Marketing. In: Management-Enzyklopädie, Band 4, München 1971, S. 861.
[36] Als erstes Unternehmen benutzte Du Pont im Jahre 1957 die CPM für die Planung eines 10-Millionen-Dollar-Projekts.
Vgl.: *Eberhard E. Scheuing*, New Product Management. S. 53.
[37] Siehe dazu: *Klaus Gewald*, Artikel Netzplantechnik. In: Management-Enzyklopädie, Band 4, München 1971, S. 839f.

keiten ergibt den sogenannten kritischen Pfad des Projektes, die Summe der aufaddierten Ausführungszeiten ergibt die Mindestprojektdauer[38].

(2) *Die „METRA-Potential-Methode" (MPM)*[39]
Bei dieser Methode werden die Tätigkeiten durch Kästchen dargestellt, welche ebenfalls durch einen Pfeil verbunden werden, der auch hier die Anordnungsbeziehung darstellt. Im Unterschied zur CPM bezeichnet die Kennzahl auf dem Pfeil jetzt, welche Zeitdauer mindestens bzw. höchstens zwischen den Beginnzeitpunkten der durch die Anordnungsbeziehung beschriebenen Tätigkeiten liegen darf.

Da die bloße Beschreibung der Methoden nur wenig anschaulich die tatsächlichen Einsatzmöglichkeiten der Netzplantechnik innerhalb des Produkt-Managements wiedergeben kann, soll nachfolgend der Versuch unternommen werden, anhand eines Anwendungsbeispiels die bloße Theorie in Marketing-Praxis umzusetzen[40].

Wie Abbildung 4 zeigt, lassen sich durch die Netzplantechnik mit Hilfe von Flußdiagrammen („flow charts") die vielfältigen Aktivitäten des Produkt-Managers von der Produktidee zur Markteinführung und Betreuung des etablierten Produktes bis hin zur Eliminierung („deletion") relativ leicht erfassen und übersichtlich darstellen. Zugleich ist eine wirkungsvolle Kontrolle der sehr unterschiedlichen Entwicklung des Zeit- und Kapitalaufwandes im jeweiligen Produktstadium (siehe dazu Abbildung 1) gewährleistet.

Der als *Phase I* gekennzeichnete Zeitraum ist zwar relativ anspruchslos, was Zeit- und Kapitalaufwand anbetrifft, doch werden an den Produkt-Manager gerade in dieser Phase hohe Anforderungen gestellt; denn er muß sein kreatives Denkvermögen unter Beweis stellen, aber auch schöpferische Impulse anderer aufnehmen und damit wahrhaft unternehmerische Initiative entfalten, mit anderen Worten: hier im ureigensten unternehmerischen Bereich ist die Nagelprobe dafür, ob der Einsatz von Produkt-Managern seine ambitiösen Ansprüche rechtfertigt.
Nachdem aus den verschiedenen Ansätzen dann mit Hilfe der Konkurrenz-Szenarium-Analyse brauchbare Produktideen selektiert worden sind, erfolgt

[38] Vgl.: *Warren Dusenburry,* CPM for new product introductions. S. 126.
[39] Dazu ausführlich: *Klaus Gewald,* Artikel Netzplantechnik. S. 843f.
[40] Wir haben uns dabei bewußt auf ein einfaches, leicht überschaubares Beispiel beschränkt, in dem nicht alle Verästelungen in Detailaufgaben im Flußdiagramm erfaßt werden, auch werden die Methoden nicht in jeder Einzelheit wiedergegeben. Für ausführlichere Darstellung verweisen wir auf: *Otto v. Stritzky,* Artikel Netzplantechnik im Marketing. In: Management-Enzyklopädie, Band 4, München 1971, S. 858ff.

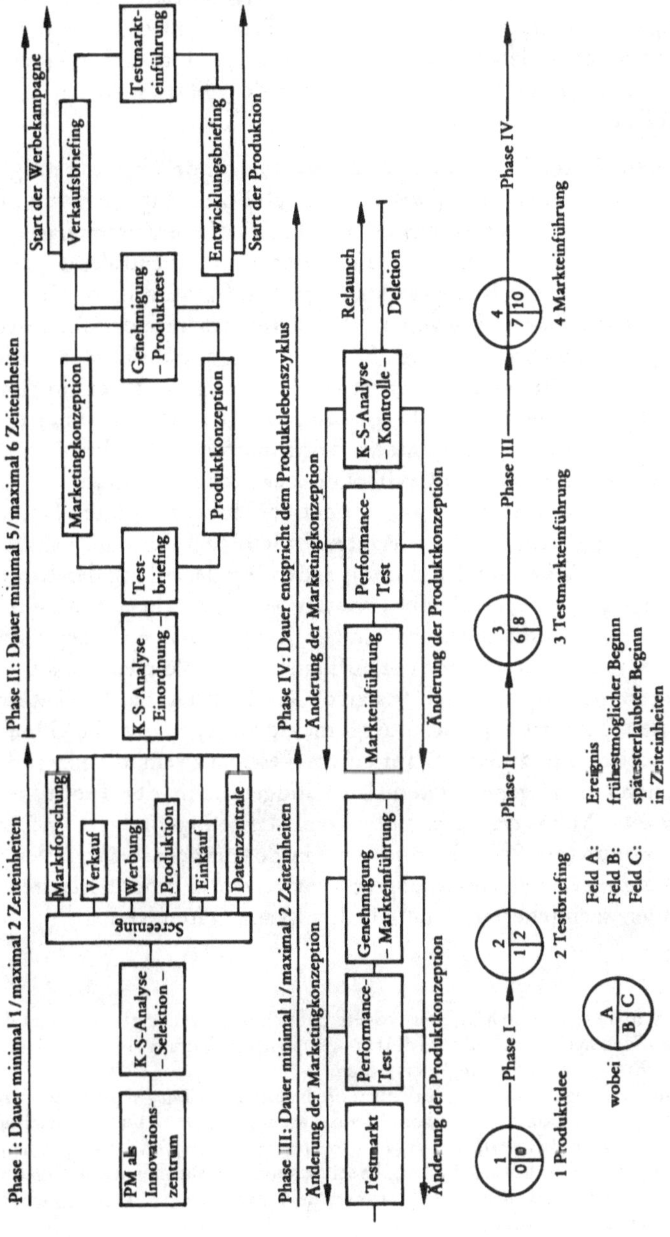

Abb. 4: Produkt-Management und Netzplantechnik

das „Screening", d. h. unter Mitarbeit der aufgeführten (und noch weiterer) Abteilungen des Unternehmens gewinnt die Produktidee nunmehr an Kontur, der Datenkranz für die weitere Planung wird aufgefüllt. Eine mögliche organisatorische Lösung, das Screening-Team, wurde ja bereits ausführlich erläutert (vgl. Abbildung 2).

In der *Phase II* ist der Produkt-Manager nun schon über die mögliche Beschaffenheit des neuen Produktes hinsichtlich Form, Eigenschaften, Qualität, Werbemaßnahmen u. dgl. informiert und hat durch die Zusamenarbeit mit den Abteilungen Produktion und Einkauf sowie mit der zentralen Datenbank einen ersten Ansatz zur Kostenkalkulation. Häufig wird diese Datenbeschaffung und Kostenkalkulation von einer anderen organisatorischen Institution, dem Controller, wahrgenommen. Diese Lösung gewährleistet für die Unternehmensleitung ständigen Durchgriff auf die Soll-Ist-Entwicklung im Bereich des Produkt-Managements und hilft somit, Mißtrauen gegenüber dem angeblich mangelnden Kostenbewußtsein der „smarten" Produkt-Manager abzubauen; darüber hinaus ist der Controller aber auch in der Lage, durch sachgerechte Auswahl und Aufbereitung der entscheidungsrelevanten Daten aus der Kostenrechnung dem Produkt-Manager wichtige Informationshilfen in die Hand zu geben. Während der nun folgenden Wiederholung der Konkurrenz-Szenarium-Analyse, versucht der Produkt-Manager sein jetzt bereits gedanklich konkretes Produkt in das Umfeld bereits am Markt etablierter konkurrierender Produkte einzuordnen. Verläuft auch dieser Vergleich positiv, so kann er bei der ihm übergeordneten Instanz (Geschäftsleitung, Marketing-Direktor) in einem Testbriefing[41] seine Argumente vorlegen und die Genehmigung für die Einführung (zunächst) auf einem Testmarkt einholen.
Entsprechend dem genehmigten Test-Budget kann der Produkt-Manager nunmehr eine Marketingkonzeption (ein Marketing-Budget) und eine Produktkonzeption (ein Produkt-Budget)[42] in Zusammenarbeit mit den funktionalen Abteilungen des Unternehmens entwerfen und die Bereitstellung entsprechender sachlicher und personeller Kapazitäten verlangen. Das neue

[41] Die hier und im folgenden häufig verwendete Bezeichnung „briefing" entstammt dem amerikanischen Sprachgebrauch und wird dort zumeist in der Bedeutung als „Koordinationsinstrument zur Entscheidungsfindung" verstanden.
Im Zusammenhang der vorliegenden Arbeit bezeichnet ein Briefing eine (meist kurze) Sitzung verschiedener Funktionsträger, während der die wichtigsten Daten für die Entscheidung über eine gemeinsame Aufgabenstellung zusammengetragen werden. Das Briefing endet jedoch gewöhnlich nicht mit der Lösung der Aufgabe selbst, sondern vielmehr mit dem Konsens darüber, wer die Ausführung übernehmen soll (in unserem Fall: der Produkt-Manager) und auf welche Art und Weise dabei vorzugehen ist.

[42] Siehe dazu ausführlich: *Philipp Kotler*, Marketing-Management. Analyse, Planung und Kontrolle. Zweite Auflage, Stuttgart 1974, S. 369ff.

Produkt ist damit in seine zeit- und kapitalintensive Entwicklungsphase eingetreten (siehe dazu den Begleittext von Abbildung 1: „Development").
Während die Entwicklungsphase läuft, sorgt der Produkt-Manager dafür, daß sein Produkt die volle Unterstützung (im Rahmen der bewilligten Ressourcen) der technischen Abteilungen erhält und dient zugleich als Anlaufstelle für alle Fragen und Probleme, die im Zusammenhang mit der physischen Realisierung der Produktkonzeption auftreten (= Entwicklungsbriefing).
Parallel zum produktionstechnischen Ablauf hat der Produkt-Manager aber auch dafür zu sorgen, daß die Marketing-Konzeption in zielgerechte Aktivitäten umgesetzt wird. Hierzu gehört beispielsweise die Vorbereitung der Distributions- und Verkaufsorgane sowie die Planung der Werbekampagne u. dgl. Zur Koordination und Durchführung dienen hier die Verkaufsbriefings.
Mit dem Anlaufen der Produktion, dem Beginn der Werbekampagne und der Einführung in den Testmarkt wird dann die Phase II abgeschlossen.

Die darauf nun folgende *Phase III* beginnt mit einem Performance-Test, in dem der Produkt-Manager beurteilt, ob die bisherigen Testmarktergebnisse den an das Produkt gestellten Anforderungen genügen, insbesondere, ob die im Rahmen des ursprünglichen Budget-Ansatzes angestrebten Umsatz- bzw. Gewinnziele (siehe dazu ausführlich den dritten Hauptteil der vorliegenden Arbeit) noch als realisierbar erscheinen oder ob der Budget-Ansatz bzw. die Produkt- und/oder Marketingkonzeption korrigiert werden müssen.
Den Abschluß des Performance-Tests bildet die Entscheidung darüber, ob die Produktstrategie fortgeführt oder abgebrochen werden sollte. Für das Ergebnis dieser Entscheidung und ihre Konsequenzen ist dann wieder die Genehmigung der vorgesetzten Instanz erforderlich.

Die Entscheidung für die endgültige Markteinführung des neuen Produktes würde dann die *Phase IV* einleiten, welche die Betreuung am Markt etablierter Produkte umfaßt, Kontrollen der jeweiligen Zielerreichungsgrade (Performance-Tests) und Beurteilungen der Wettbewerbsstellung des „laufenden" Produktes (Konkurrenz-Szenarium-Analysen) werden in dieser Phase wiederholt durchlaufen. Schließlich wären dann Entscheidungen über „Relaunch" bzw. „Deletion" zu treffen.
Unter Relaunch versteht man in diesem Zusammenhang die Stützung des Absatzes eines bereits längere Zeit im Markt befindlichen Produktes durch zusätzliche verkaufsfördernde Maßnahmen, Modifikationen der bisherigen Aufmachung oder auch durch Anpassung der Produktqualität an die neueren Forschungsergebnisse bzw. den erreichten technischen Standard.
Jedes Produkt, das beim Käufer ein wirksames „Markenbewußtsein" hervorruft, wird gewöhnlich möglichst lange im Markt gehalten, um den Wettbewerbsvorsprung gegenüber „anonymen" Produkten zu bewahren. Insoweit

haben Markenartikel gewöhnlich keinen Lebenszyklus in der üblichen Form[43].

Deletion bezeichnet – im Gegensatz dazu – die Entscheidung dafür, das Produkt aus dem Markt zu nehmen, die Produkteliminierung.

Da ähnliche Entscheidungen auch bereits während der Stadien der Produktentwicklung und Markteinführung anfielen, haben wir uns hier die wiederholende Darstellung erspart.

Wie schon erwähnt, kann die Minimierung der Zeitspanne zwischen Produktidee und Markteinführung entscheidend dafür sein, ob das neue Produkt einen Wettbewerbsvorsprung gegenüber potentiellen Konkurrenten behaupten kann – gerade die Netzplantechnik bietet die Voraussetzungen für exakte Planungsgrundlagen und die unbedingte Einhaltung festgesetzter Fristen. Der Produkt-Manager in unserer Darstellung könnte z. B. so vorgehen, daß er sich in einem ersten Schritt für das Durchlaufen der einzelnen Phasen bis hin zur Markteinführung zunächst einen groben Planungshorizont von Mindest- und Höchstzeitspannen entwickelt und dann in der Feinabstimmung den einzelnen Aktivitäten „Portionen" dieser Gesamtzeit zuweist, oder aber er könnte umgekehrt vorgehen und von dem Zeitanspruch der Detailaufgaben auf die Länge der jeweiligen Phasen schließen. Insgesamt gleicht die Vorgehensweise den Verfahren, die beim Projekt-Management angewendet werden[44].

3.2 Organisatorische Instrumente

3.2.1 Formale Autorität

Die Autorität kraft Amtes, die das Produkt-Management zur Ausführung der ihm übertragenen Aufgaben ausüben darf, ist in jeder organisatorischen Ausprägung dieser Organisationsform unterschiedlich gestaltet. In der Praxis reichen die Beispiele der formalen Autorität von der nur beratenden Stabsfunktion bis hin zum selbständig operierenden Divisionsleiter[45]. Ein Umfrageergebnis[46] veranschaulicht diese Feststellung: Auf die Frage nach der komplexen

[43] Siehe dazu ausführlich und mit Angabe zahlreicher Beispiele: *Nariman K. Dhalla, Sonia Yuspeh*, Forget the product life cycle concept! In: „HBR", Jg. 1976, Jan.–Febr., S. 102ff. (vor allem S. 105ff.).

[44] Dazu z. B.: *Harald J. Schröder*, Artikel Projekt-Management. In: Management-Enzyklopädie, Band 4, S. 1315ff.

[45] Beispiele dazu bei: *George A. Steiner*, Top Management Planning. New York 1969, S. 577.

[46] *Ludwig Poth*, Produkt-Management in der deutschen Markenartikelindustrie. In: „Die Absatzwirtschaft", Jg. 11 (1968), Band 2, Sept., S. 5ff.

Entscheidungsbefugnis antworteten über 28% der befragten Unternehmen, daß der Produkt-Manager für alle Entscheidungen, die sein Produkt betreffen, in eigener Verantwortung zuständig ist. Bei über 69% der Unternehmen ist er an den Entscheidungen beteiligt, in den restlichen Fällen war er nur Informationslieferant für die Entscheidung der vorgesetzten Instanz[47].
Diese Umfrageergebnisse zeigen, wie differenziert, wie „unternehmensspezifisch" bei der Gestaltung des Produkt-Manager-Konzepts vorgegangen wird. Unter diesen Umständen erscheint der häufige Mißerfolg beim Einsatz von Produkt-Managern durchaus erklärlich. Zwischen den Aufgaben und Verantwortlichkeiten, die ihnen gemeinhin aufgebürdet werden, und der ihnen zur Durchsetzung zugestandenen formalen Autorität besteht sehr oft eine kaum zu überbrückende Diskrepanz; dies ganz besonders, weil der Produkt-Manager in zahlreichen Unternehmen als Gewinnverantwortlicher für sein Produkt angesehen wird, ohne jedoch zugleich auch tatsächlich wirkungsvoll kontrollieren zu können[48]. Dies ist offensichtlich das Kardinalproblem, das einem erfolgreichen Einsatz in der unternehmerischen Praxis entgegensteht. Wie die organisatorische Stellung des Produkt-Managements hinsichtlich der formalen Entscheidungsbefugnis gestaltet sein kann und wie sie es im Hinblick auf den Bereich der Eigenverantwortlichkeit sein sollte, wird im zweiten Hauptteil anhand von anwendungsorientierten Beispielen bei drei verschiedenen Ausprägungen von Unternehmensorganisatioen dargestellt werden, so daß wir uns hier mit der allgemeinen Feststellung begnügen dürfen, daß in jedem Fall dem Maß der Verantwortungsdelegation entsprechend ausreichende Entscheidungsbefugnis zur Verfügung stehen sollte[49]. Mit anderen Worten: über das, was der Produkt-Manager zu verantworten hat und was seiner Erfolgsbeurteilung zugrunde gelegt wird, muß er auch selbständig bestimmen dürfen[50]. Angesichts der enormen Bedeutung, die der Lösung dieser Eingangsvoraussetzung bei dem Einsatz von PM zukommt, wird der Problematik einer „verantwortungsgerechten" Erfolgsbeurteilung des PM ein ausführliches Kapitel gewidmet.

[47] *Ludwig Poth*, Produkt-Management in der deutschen Markenartikelindustrie. S. 22ff.

[48] Siehe dazu *Peter Linnert*, Produkt-Manager, Aufgaben und Stellung im Unternehmen. Freiburg 1974, S. 97f.

[49] Vgl.: *Robert M. Fulmer*, Panacea Or Pandora's Box. S. 32.
Dies würde auch besser der Forderung des „Kongruenzprinzips" genügen, daß nämlich Aufgaben, Kompetenzen und Verantwortung aneinander entsprechen müssen. Siehe dazu z. B.: *Jürgen Wild*, Product-Management. S. 64ff.

[50] „To title a man ‚product-manager' but regard him as a staff assistant is a contradiction. Unless he is given managerial authority, the greatest advantages of the system are lost." *David J. Luck* and *Theodore Nowak*, Product Management – Vision Unfulfilled. In: „HBR", Band 43 (1965), Nr. 3, S. 148.

3.2.2 Funktionale Autorität

Funktionale Autorität, die hier als „Weisungsbefugnis aufgrund von Sachverständigkeit" verstanden werden soll[51], unterscheidet sich diametral von der auf das bloße Innehaben einer bestimmten Position sich stützenden formalen Autorität. Denn anders als nur der streng hierarchisch verlaufenden „Hackordnung" folgend, ist die funktionale Autorität in weitaus geringerem Maße an bestimmte Ebenen oder Positionen innerhalb der Unternehmensorganisation gebunden und daher sowohl in vertikaler als auch horizontaler Richtung übergreifend; anders als die „unbestreitbare", weil auf Positionen fixierte formale Autorität, ist die funktionale Autorität persönlichkeitsgebunden – und daher sehr viel weniger dauerhaft. Weisungsbefugnis aufgrund von Sachverständigkeit muß sich ständig aufs Neue beweisen und in ihrem Geltungsanspruch in Frage stellen lassen. Wird nun in eine nahezu ausschließlich auf formalen Stab-Linien-Kompetenzen aufgebaute Unternehmensorganisation eine Institution – eben das Produkt-Management – eingebaut, deren Einflußmöglichkeiten (wie gezeigt) ganz überwiegend von der Ausübung funktionaler Autorität abhängig sind, so ist dies zunächst ein „herrschaftsauflösendes", wenn man so will anarchisches Element: mit ein Grund dafür, warum der Produkt-Manager in der traditionellen (funktionalen) Unternehmensorganisation so viele Widerstände zu überwinden hat. Der mögliche Konfliktfall wird durch den Einbau eines dynamischen Elementes in eine statische Struktur sogleich provoziert; denn Weisungsbefugnis auf Grund von Fachwissen kann das Produkt-Management bei all jenen Entscheidungen geltend machen, die das Produkt in seiner Gesamtheit betreffen, so eben auch bei Problemen, von denen primär ganz andere Bereiche als das Produkt-Management betroffen sind. Mit anderen Worten: bei allen Fragen, für deren Beantwortung ein Komplex von Informationen aus den verschiedensten Funktionsbereichen notwendig ist, erweist sich der Produkt-Manager den Funktionsbereichsleitern überlegen. Bei Entscheidungen, die dagegen nur einen einzelnen Bereich betreffen, wie z. B. die Wahl eines geeigneten Produktionsverfahrens den Bereich der Produktion, ist der auf einen engeren Kompetenzbereich spezialisierte Funktionsmanager dem Produkt-Management hinsichtlich der funktionalen Autorität überlegen, da der Spezialist in diesem Fall über die dataillierteren Kenntnisse verfügt – auch wenn ihm der „große Überblick" vielleicht fehlen mag.
Dies bedeutet für das Produkt-Management, daß gerade bei der wichtigen Abstimmung von produktspezifischen Einzelmaßnahmen mit den Funktionsbereichsleitern, wobei über Erfolg oder Mißerfolg einer Produktstrategie ent-

[51] Diese Begriffsauffassung ist zwar nicht völlig unumstritten, entspricht aber doch wohl dem überwiegenden wissenschaftlichen Sprachgebrauch.
Vgl. z. B.: *Heinz Hartmann,* Funktionale Autorität. Systematische Abhandlung zu einem soziologischen Begriff. Stuttgart 1964, vor allem die Seiten 10ff. und 102ff.

scheidende Beschlüsse gefaßt werden, der Produkt-Manager hinsichtlich seiner funktionalen Autorität oft unterlegen sein wird und versuchen muß, in einem „management by persuasion" seine Pläne durch Überzeugungskünste den Leitern der funktionalen Bereiche zu „verkaufen", um sie zur Kooperation zu bewegen. Dies kann und wird aber nur dann zu einer wirklichen Zusammenarbeit führen, wenn die Bereitschaft dazu besteht, auch außerhalb der eingefahrenen Bahnen zu Entscheidungen zu gelangen und nötigenfalls Kompromisse zu schließen. Besteht dagegen – was ungleich häufiger der Fall ist – ein heftiger (passiver) Widerstand des Linienmanagements gegen Veränderungen der Machtstrukturen[52], so ist dem Produkt-Manager mit Sachverstand allein nicht geholfen, vielmehr wird er dann zum „Sündenbock" für alle Fehler und Versäumnisse, da er sich ja „in alles eingemischt" und dabei verdorben habe[53].

3.2.3 Rezeptierte Autorität

Eine Mittelstellung zwischen der rein formalen und allgegenwärtigen Autorität kraft Amtes und der nur funktionsbezogenen Autorität durch Sachverständigkeit nimmt die „rezeptierte" Autorität ein. Dieser Begriff entspricht in etwa der dem amerikanischen entnommenen Unterscheidung zwischen „supervisory" und „prescriptive authority": „There are two forms of authority. One ist supervisory and entails command over personnel. The other is prescriptive and involves the power to command resources to implement a program[54]." Die von uns als „rezeptiert" bezeichnete Autorität verleiht dem Produkt-Manager also direkte Weisungsbefugnis insoweit, wie seine vorgegebene Aufgabensynthese es verlangt, beläßt jedoch ansonsten die formalen Kompetenzstrukturen unangetastet.

Dieses Modell einer unternehmensinternen „Gewaltenteilung" zwischen funktions- und produktspezifischen Autoritätsansprüchen erleichtert zwar die Lösung des Interdependenzproblems zwischen den Funktionsbereichslei-

[52] „Persons develop vested interests, rigidities, habits, and preferences which can tie them to existing organizational arrangements. They tend to interpret changes in relation to their effects on their personal lives, status, or futur, rather than to think first of the welfare of the company." *Dalton E. McFarland*, Management Principles and Practices. Third edition, New York 1970, S. 375.

[53] *Maynard D. Phelps und Howard I. Westing*, Marketing Management. 3rd edition, Homewood/Illinois 1968, S. 430.
„Where the product manager is injected into an organization in which interfunctional rivalries exist and in which various executives hold entrenched power positions, the product manager could not be effective, even with higher status and more power."

[54] *David J. Luck* und *Theodore Nowak*, Product Management – Vision Unfulfilled. S. 149.

tern und dem Produkt-Management, ist jedoch nur auf der Grundlage einer sorgfältigen planerischen Vorbereitung der Produktstrategie anwendbar. Die Abfassung der zugrundeliegenden Einzelpläne und die entsprechende Aufteilung der knappen Ressourcen bedürfen einer intensiven „konzertierten" Zusammenarbeit „quer" durch die Unternehmensorganisation, bevor Autorität überhaupt rezeptiert und damit delegiert werden kann. Das Gelingen solcher Art von unternehmensinterner Planifikation bietet dann allerdings über die Lösung des Kardinalproblems bei dem Einsatz des Produkt-Managements, nämlich der Aufteilung der Weisungsbefugnis, hinaus den Vorteil der Erfüllung der Forderung des Kongruenzprinzips, daß Aufgaben, Kompetenzen und Verantwortung sich miteinander in Einklang befinden müssen, da sich auf Grund des fortlaufenden Soll-Ist-Vergleichs mit den Plandaten Abweichungen nicht nur unmittelbar feststellen, sondern auch sogleich den jeweiligen Verantwortungsbereichen zuordnen lassen, so daß die Einsatz-Kontrolle und die Erfolgsbeurteilung sehr erleichtert wird (siehe dazu den dritten Teil der Arbeit).

3.2.4 Persönliche Autorität

Einem Umfrageergebnis in der Markenartikelindustrie (*Poth*) zufolge liegt für viele Unternehmen bei der Einführung der Institution des Produkt-Managements die größte Schwierigkeit darin, geeignete Produkt-Manager zu finden[55]. Hauptursache dieser Schwierigkeit ist wahrscheinlich die in der unternehmerischen Praxis häufig anzutreffende Diskrepanz zwischen Funktion, Entscheidungsbefugnis und Verantwortung der Produkt-Manager[56].
Auch amerikanische Umfrageergebnisse scheinen die Bedeutung dieses Problems zu bestätigen[57], daß der Produkt-Manager „...must secure a large measure of coordination and cooperation without having the authority to require it[58]."
Je mehr daher es für den Produkt-Manager an „tatsächlicher", nämlich an formaler oder rezeptierter Autorität mangelt, um so größer wird für ihn die Bedeutung, sich mittels persönlicher Autorität durchsetzen zu können. Da es sich in den meisten Unternehmen nun aber um eine typische „Aufsteigerposition" handelt, wird man von dem Produkt-Manager nicht ohne weiteres so viel an Persönlichkeit und charismatischer Führungskraft erwarten dürfen, daß allein dies schon das etablierte Linien-Management nachhaltig beeindrucken

[55] Vgl.: *Ludwig Poth*, Produkt-Management in der deutschen Markenartikelindustrie. S. 18.
[56] Ebenda, S. 29.
[57] Siehe dazu ausführlich: *Robert M. Fulmer*, Panacea Or Pandora's Box. S. 30ff.
[58] *Maynard D. Phelps* und *Howard I. Westing*, Marketing Management. S. 429.

könnte. Vielmehr wird es daher darauf ankommen, persönliche Autorität durch Leistungsfähigkeit in Verbindung mit Kommunkationsbereitschaft und Überzeugungskraft zu gewinnen – ein nicht gerade bescheidener Anspruch.

4. Organisatorische Ausprägungen

4.1 Vorbemerkung

Je nach der Aufgabensynthese, der Einsatzdauer und dem durch das unternehmensspezifische Produkt-Mix vorgegebenen Entscheidungsfeld sind verschiedene Alternativen zur organisatorischen Bewältigung des Produkt-Managements möglich, auch werden z. B. in der Konsumgüterindustrie im allgemeinen andere Lösungen vorherrschen als in der Investitionsgüterindustrie.

In dem hier betrachteten Zusammenhang sind vor allem die Aufgabenkomplexe von Bedeutung, die sich aus Änderungen des bisherigen Produkt-Mix eines Unternehmens ergeben, nämlich durch *Modifikation*, *Differentiation*, *Diversifikation* und schließlich durch *Eliminierung*[59].

Eine Übersicht des auf das Produkt-Mix einer Unternehmung bezogenen Entscheidungsfeldes bietet die folgende Abbildung.

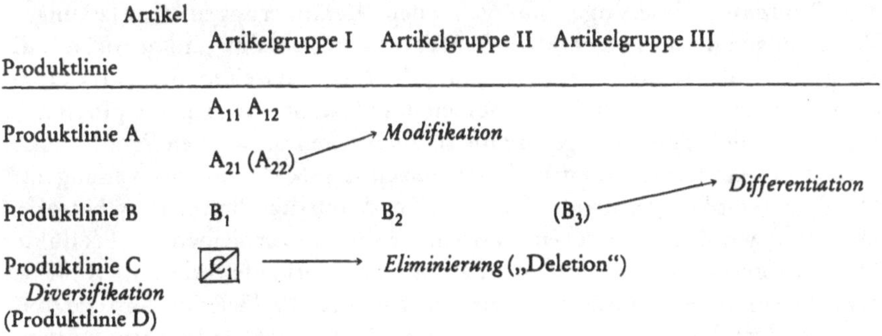

Abb. 5: Das Produkt-Mix als Entscheidungsfeld

Unter *Modifikation* sollen dabei im folgenden (wie Abb. 5 zeigt) die Abänderungen von bestimmten Eigenschaften (wie z. B. Form, Farbe, Zusammenset-

[59] Siehe dazu ausführlich: *Philip Kotler*, Marketing Management. S. 431 ff.

zung, Verpackung) eines bereits vorhandenen Produktes verstanden werden, wobei sich diese Modifikationen aber vorwiegend auf Äußerlichkeiten beschränken und die eigentliche Produktnatur unverändert lassen[60].

Die *Differentiation* geht einen Schritt weiter; hier wird die bestehende Produktlinie um Varianten des bisherigen Produkttyps angereichert, um eine größere Angebotsbreite zu erreichen, wie es für Produktlinien auf saturierten Absatzmärkten geradezu kennzeichnend ist (bestes Beispiel: Waschmittel). Die Unternehmen versuchen durch Aufteilung des Absatzmarktes („market segmentation") mittels Produktvariationen bei zugleich intensiver Markenpflege („brand promotion") gezielt bestimmte Konsumentengruppen anzusprechen[61].

Hat die Saturation des Produktmarktes indes schon einen hohen Grad erreicht, so erschöpfen sich die Möglichkeiten, durch bloße Modifikation und Differentiation noch neue Käuferschichten zu erschließen. Statt dessen bietet sich hier im Entscheidungsfeld des Produkt-Mix der Aufbau einer neuen Produktlinie durch *Diversifikation* an. Allerdings sind, wie die Abbildung 1 bereits gezeigt hat, die bis zur Markteinführung zu bewältigenden Aufgaben, Risiken und Kosten auch wesentlich höher als bei bloßer Abänderung bereits bestehender Produkte.
Die Entscheidung über die *Eliminierung* eines Produktes („deletion") wird häufig zu lange hinausgeschoben. Die Gründe hierfür sind zumeist psychologischer Natur: entweder wird befürchtet, daß die Aufgabe eines bestimmten Produktes oder auch einer ganzen Produktlinie „nach außen" als Zeichen einer krisenhaften Entwicklung des Unternehmens aufgefaßt werden könnte, oder aber innerhalb des Unternehmens selbst macht sich Widerstand gegen die mit der Produkteliminierung einhergehenden Veränderungen (Entlassungen, Versetzungen u. dgl.) bemerkbar. So werden oft Produkte „mitgezogen", die nur geringe oder sogar negative Deckungsbeiträge aufweisen und somit unnötig personelle und materielle Ressourcen des Unternehmens in Anspruch nehmen. Außerdem sind es ja gerade die solchermaßen schwachen Produkte, die besondere Aufmerksamkeit und Arbeitszeit des Managements verlangen[62]. Der Produkt-Manager wird, sofern er selber durch die Eliminierung betroffen sein sollte, wohl eher zu denen gehören, die für ein Verbleiben des Produktes plädieren und entsprechende Maßnahmen zur Verkaufsförderung vorschlagen. Wegen dieser einseitigen Interessenlage wird die Deletionsentscheidung zumeist dem Verantwortungsbereich des Produkt-Managements entzogen und ist statt dessen Teil der strategischen Unternehmensplanung.

[60] Ebenda, S. 444f.
[61] Vgl.: *Eberhard E. Scheuing*, New Product Management. S. 13f.
[62] Vgl.: *Philip Kotler*, Marketing Management. S. 450f.

Ganz entsprechend, ob die Produktstrategie einer Unternehmung Modifikation, Differentiation, Diversifikation oder Eliminierung vorsieht, bieten sich für die Gestaltung des Produkt-Managements unterschiedliche organisatorische Lösungen an, wie sie nachfolgend dargestellt werden.

4.2 Das Produkt-Komitee (Product-Committee)

Die Lösung der Aufgaben des Produkt-Managements durch ein Komitee findet sich in der Praxis zum überwiegenden Teil bei Großunternehmen, wogegen kleinere Unternehmen etwa gleich oft Komitees oder einzelne Produkt-Manager einsetzen[63]. Gebildet werden solche Komitees hauptsächlich aus Spezialisten der Stabsabteilungen der Unternehmensleitung und aus delegierten Fachleuten der Funktionsbereiche. Zumeist werden diese Komitees ad hoc und nur für eng umrissene Aufgaben und Stadien innerhalb der Produktentwicklung gebildet und nach Beendigung derselben ihrer Funktion enthoben und aufgelöst.
Als Beispiel könnte man für eine solche begrenzte Aufgabenstellung die Entwicklung eines neuen Produktes im Rahmen von Diversifikationsbestrebungen anführen[64]; nach der Markteinführung würde dann das Komitee aufgelöst und die Betreuung des etablierten Produktes der Marketing-Abteilung oder aber eben auch einem Produkt-Manager überlassen werden. Gleichermaßen ließe sich auch bei Deletionsentscheidungen verfahren.
Die organisatorische Lösung des Produkt-Managements durch ein Komitee bietet sich also immer in den Fällen an, wo es auf sehr enge und direkte Kooperation zwischen verschiedenen Bereichen des Unternehmens ankommt. Da die Komitees in solchen Fällen jedoch nicht das nach unserer Definition für das Produkt-Management kennzeichnende gesamte Spektrum an Aufgaben und Entscheidungen übernehmen, sind sie daher dann nur als organisatorische Teillösungen anzusehen.
Die Auflösung der Komitees nach Beendigung der gestellten Aufgaben ist als spezifischer Nachteil dieser Organisationsform gegenüber der beständigen Institution eines Produkt-Managers anzusehen, denn ähnlich wie bei dem (später noch zu erläuternden) Projekt-Team bieten sich dadurch für qualifizierte Manager wenig berufliche Motive zum Mitwirken, da in der Regel im Komitee

[63] „Among the large companies, 73 percent said they used the committee approach, whereas in small companies, as might be expected, the distribution was rather evenly divided." *George A. Steiner*, Top Management Planning. S. 572.

[64] Siehe dazu das Beispiel eines „New Product Commitee". Ebenda, S. 575.

(bzw. im Team) keinerlei Aufstiegschancen geboten werden und zudem nach der Auflösung eine mögliche Rückkehr in die zukunftsträchtigen Ausgangspositionen zumindest als zweifelhaft angesehen werden muß.
Die organisatorische Abgrenzung von Produkt-Komitee und Projekt-Team gestaltet sich in der Praxis als recht schwierig. Bei sonst gleicher Aufgabensynthese ergibt sich ein Unterschied hauptsächlich dadurch, daß bei den Produkt-Komitees das funktionelle Schwergewicht in der Koordination von Maßnahmen, die verschiedene Unternehmensbereiche betreffen, liegt. Dagegen richtet sich der Einsatz von Projekt-Teams vornehmlich auf die Erfüllung bestimmter, projektspezifischer Aufgaben, meist technischer Art, wobei die Einhaltung von Terminen sehr oft im Vordergrund steht[65].
Die wohl am häufigsten in der unternehmerischen Praxis anzutreffende Einordnung des Produkt-Komitees in die Unternehmensstruktur zeigt die folgende Abbildung.

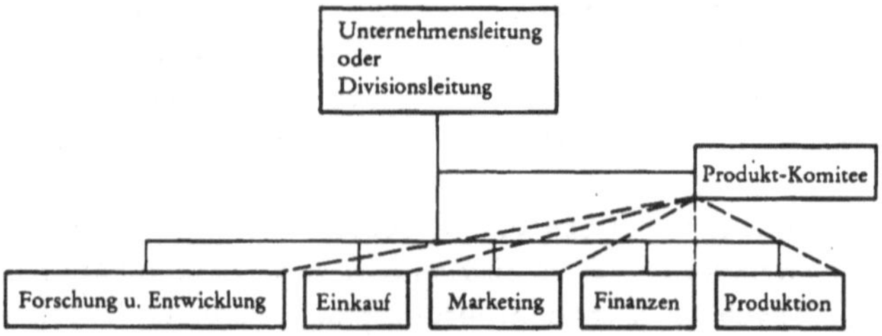

Abb. 6: Das Produkt-Komitee (Product-Committee)

4.3 Der Projekt-Manager und das Projekt-Team (Task Force)

Die Durchführung komplexer Einzelvorhaben war die Ursache für die Entstehung einer neuen Führungskonzeption – des Projekt-Managements. Im folgenden Abschnitt soll diese Konzeption als eine organisatorische Ausprägung des Produkt-Managements aufgefaßt und unter diesem Blickwinkel analysiert werden[66].

[65] Dazu ausführlich: *Harald J. Schröder*, Artikel Projekt-Management. In: Management-Enzyklopädie, Band 4, München 1971, S. 1315ff.

[66] „Looking ahead, one can visualize other applications of the principle of coordinative management implicit in the product manager concept. Some large companies have already experimented with an organizational variation called projekt management. Here, a small group of people is given responsibility for planning und carrying out a project which management considers to be of vital importance to the company." *Maynard D. Phelps* und *Howard I. Westing*, Marketing Management. S. 430.

Entsprechend *Martino*[67] wollen wir unter Projekt jede Aufgabe verstehen, „die einen definierbaren Anfang und einen definierbaren Abschluß hat und den Einsatz eines oder mehrerer Produktionsfaktoren für jeden der einzelnen miteinander verbundenen und wechselseitig voneinander abhängigen Teilvorgänge fordert, die ausgeführt werden müssen, um das dieser Aufgabe vorgegebene Ziel zu erreichen".

Besteht diese Aufgabe darin, ein neues Produkt zu entwickeln, dieses Produkt in den Markt einzuführen und zu betreuen, so ist die Aufgabensynthese von Projekt- und Produkt-Management gleich. Diese Gleichheit ist in der unternehmerischen Praxis jedoch verhältnismäßig selten, der Projekt-Manager ist zumeist der Leiter eines Teams von Spezialisten, die im Hinblick auf eine bestimmte Zielsetzung eine fest umrissene Teilaufgabe, meist technischer Art, innerhalb des gesamten Aufgabenkomplexes zu erfüllen haben, den die Einführung eines neuen Produktes darstellt[68]. Daher haben viele Projekt-Teams auch den Charakter eines Komitees, d. h. sie werden nach Erfüllung ihrer Aufgabe wieder aufgelöst, sind also nicht eine beständige Institution wie das Produkt-Management, sondern stellen vielmehr eine organisatorische Antwort auf neu eintretende, zumeist technisch bedingte Herausforderungen an das Gesamtunternehmen. Daraus resultiert die besondere Schwierigkeit für den Projekt-Manager, geeignete Mitarbeiter für sein Team zu finden. Die Ursachen hierfür sind verschiedenartig, in der Hauptsache bestehen sie aber darin, daß nicht genügend viele delegierbare und zugleich qualifizierte Personen in der Unternehmung für das Projekt vorhanden sind, und selbst wenn es sie auch geben sollte, sind sie oft dennoch nicht gewillt, ihre gut dotierten Posten für eine Position in einem zeitlich begrenzten und mit beschränkten Aufstiegsmöglichkeiten ausgestatteten Projekt-Team aufzugeben, zumal sie nicht sicher sein können, nach Auflösung des Teams in ihre alten Positionen zurückkehren zu können[69]. Außerdem besteht natürlich auf seiten der Leiter der Funktionsbereiche wenig Neigung, dem Projekt-Manager gerade die fähigsten Leute zur Verfügung zu stellen[70]. Daher kommen für Projekt-Teams eher relativ unerfahrene, dynamische „Aufsteiger" in der Unternehmensorganisation in Frage, karrierebewußte Nachwuchsmanager, die sich außerhalb der normalen Lauf-

[67] *R. L. Martino*, Projekt-Management and Control. New York 1964/65, Vol. I, S. 17. Zitiert bei: Harald J. Schröder, Projekt-Management, Wiesbaden 1970, S. 15f.

[68] Vgl.: *George A. Steiner*, Top Management Planning. S. 578 und ebenso *Eberhard E. Scheuing*, New Product Management. S. 50ff.

[69] „One of the most serious problems that the project manager may face is the reluctance of employees to join a project organization because they fear that at the completion of the job their employment may be terminated, or they may be transferred to other, less desirable jobs." *C. J. Middleton*, How to Set Up a Project Organization. In: „HBR", Band 45 (1967), March–April, S. 78.

[70] Ebenda.

bahn durch die Unternehmenshierarchie mit der Teilnahme an dem Projekt auszeichnen wollen.

Was den Umfang der Weisungsbefugnis anbetrifft, so steht der Projekt-Manager häufig der gleichen Situation gegenüber wie sie auch der Produkt-Manager vorfindet. Auch der Projekt-Manager muß Tätigkeiten, die die verschiedensten Funktionsbereiche betreffen, koordinieren und überwachen, obwohl er in den meisten Fällen keine direkte (Linien-)Weisungsbefugnis gegenüber den Bereichsleitern besitzt.

Der zugeordnete Kompetenzbereich umfaßt dabei zumeist die vollständige Autorität für alle das Produkt betreffende Tätigkeiten innerhalb der projektgebundenen Aufgabensynthese (rezeptierte Autorität) und alle dazu notwendigen Ressourcen („pure project management“[71]) oder eine Kompromißlösung durch „Gewaltenteilung“ zwischen dem Projektleiter und den Leitern der Funktionsbereiche („matrix projekt management“[72]), wobei der Projektleiter bestimmt, „was gemacht werden soll“, und die Bereichsleiter entscheiden, welche Unterstützung sie für die Aufgabenerfüllung gewähren können, d. h, „wie es gemacht werden kann“[73]. Am Ende der Skala der vorkommenden Kompetenzausstattung steht der Projekt-Manager ohne formale Autorität über Entscheidungen, die in die Funktionsbereiche hineinreichen. In diesem

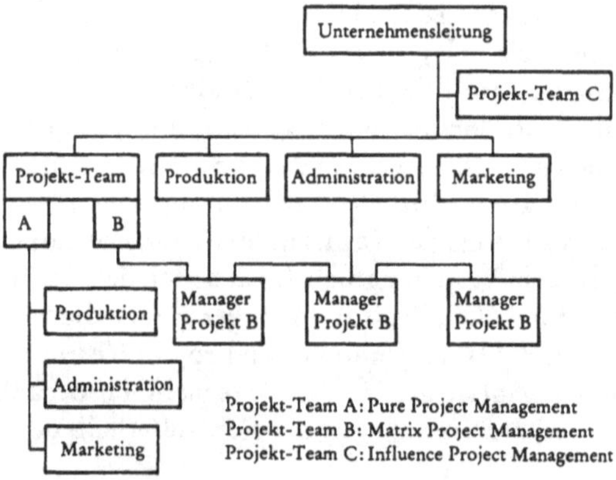

Quelle: *George A. Steiner* und *William G. Ryan*, Industrial Project Management. New York 1968, S. 10.

Abb. 7: Das Projekt-Team (Task Force)

[71] *George A. Steiner* und *William G. Ryan*, Industrial Project Management. New York 1968, S. 7f.

[72] Ebenda, S. 9f.

[73] Ebenda.

Fall hat er nur Stabs-, also Beratungsfunktion („influence project management“[74]).
Die mit unterschiedlicher Weisungsbefugnis ausgestatteten drei Arten des Projekt-Managements veranschaulicht Abbildung 7.

4.4 Die Produkt-Abteilung (Product-Department)

Produkt-Abteilungen finden sich, ebenso häufig wie Komitees, organisatorisch direkt unterhalb der Unternehmens- bzw. Divisionsleitung. Im Gegensatz zu der in den meisten Fällen zeitlich begrenzten Existenz von Komitees und Projekt-Teams handelt es sich hier jedoch um ständige Einrichtungen mit einem festen Mitarbeiterstab, der nicht aus Stabsabteilungen oder Funktionsbereichen „zusammengeborgt“ worden ist. Die Produkt-Abteilung ist daher ein fortdauerndes „Innovationszentrum“, zumeist von Großunternehmen, und besitzt entsprechend seinem Aufgabenbereich gewöhnlich Stabs-, seltener aber auch Liniencharakter[75].
Besonders häufig finden sich solche „Departments“ bei Unternehmen, bei denen es auf die Sicherung der langfristigen Zusammenarbeit zwischen der Forschungsabteilung und den Abteilungen für Produktion und Marketing ankommt. Das Department soll dann dafür sorgen, daß die Marktnähe erhalten bleibt und aktuelle Trends in der technischen Entwicklung trotz der relativ langen Ausreifungszeit der Produktkonzeption Berücksichtigung finden.
Der Tätigkeitsbereich dieser Abteilungen umfaßt im allgemeinen die Auswertung von Produktideen, die Produktentwicklung, die Marktforschung und schließlich auch das eigentliche Marketing des Produktes, wobei aber auch hier wieder betont werden muß, daß sowohl der Aufgaben- als auch der Kompetenzbereich von Unternehmen zu Unternehmen stark variieren kann[76]. Der Konzeption des Produkt-Managements (nach unserer Definition) würde jedoch eine Produkt-Abteilung mit dem gesamten beschriebenen Aufgabenbereich am besten entsprechen; das Einsatzgebiet wäre dann nicht nur auf die Kreation neuer Produkte (Diversifikation) beschränkt, sondern würde auch den in der Praxis weitaus bedeutsameren Bereich der Modifikation und Differentiation bereits bestehender Produkte umfassen.
Die organisatorische Einordnung veranschaulicht die nachfolgende Abbildung.

[74] Ebenda.
[75] Vgl.: *George A. Steiner,* Top Management Planning. S. 578.
[76] Ebenda.

Abb. 8: Die Produkt-Abteilung (Product-Department)

4.5 Der Produkt-Manager

Als vierte organisatorische Ausprägung des Produkt-Mangements soll die Position des Produkt-Managers beschrieben werden. Dabei wollen wir uns an dieser Stelle mit einer Abgrenzung gegenüber den voranbeschriebenen drei Organisationsformen begnügen, da die organisatorische Stellung innerhalb der Gesamtunternehmung im zweiten Hauptteil noch ausführlich dargestellt werden soll. Allerdings sind diese Grenzen in der Praxis häufig fließend; so kann der spätere Produkt-Manager z. B. auch als Mitglied eines Komitees oder einer Abteilung mitwirken und bekommt dann den nach dem Einführungsstadium fortbestehenden Aufgabenbereich der laufenden Betreuung übertragen.
Im Gegensatz zu den übrigen Organisationsformen ist der Produkt-Manager im Normalfall auf sich allein gestellt bzw. verfügt nur über einen kleinen Mitarbeiterstab. Dies hat gegenüber den anderen organisatorischen Lösungen den Vorteil, daß die in der Regel hohen administrativen Kosten, die mit der Ausstattung von Komitees und Abteilungen verbunden sind, weitaus vermieden werden, der „administrative overhead" daher zumindest nicht weiter anwächst. Geradezu kennzeichnend für den frühzeitig erfolgreichen Einsatz von (hier) Brand-Managern bei *Procter & Gamble* war, wie später noch gezeigt werden wird, der relativ karg bemessene personelle Aufwand. Dadurch ist der einzelne Produkt-Manager zwar sehr auf die Mitarbeit der Bereichsleiter angewiesen, unterliegt dabei jedoch in seinen Entscheidungen nicht so sehr der indirekten Kontrolle, die diese durch Spezialisten aus ihren Bereichen innerhalb einer Kommission auf deren Entschlüsse ausüben können. Andererseits kann sich der Produkt-Manager aber auch nicht vollständig der Einflußnahme durch die Leiter der Funktionsbereiche entziehen, wie das z. B. bei der Produkt-Abteilung (Product Department) sehr leicht möglich ist; denn im Gegensatz zu deren Mitgliedern, die ihre Aufgaben selbständig erledigen können, benötigt der Produkt-Manager ja das Fachwissen der Spezialisten aus den Funktionsbereichen.

Die auf die Projektdauer bezogene zeitliche Begrenzung des Projekt-Teams und der dagegen institutionelle Charakter der Stellung des Produkt-Managers unterscheiden beide Organisationsformen voneinander. Außerdem liegt das Hauptaugenmerk des Teamleiters bzw. des Projekt-Managers zumeist auf der Einhaltung bestimmter Fristen für den Projektablauf, während der Produkt-Manager sich mehr von marketing-spezifischen produktorientierten Gesichtspunkten leiten läßt. Auch ist sein Tätigkeitsbereich nicht so begrenzt und sind seine Aufgaben nicht so fest umrissen, sondern es ist geradezu ein Charakteristikum für den Produkt-Manager, daß er sich in hohem Maße seine Aufgaben selber stellt. Wegen dieser Aufgabenautarkie bezeichnet *Berth* die Produkt-Manager daher als die „kleinen Lords"[77].
Bei der Institution des Produkt-Managers gibt es daneben aber auch organisatorische Teillösungen, die nicht den gesamten Aufgabenbereich des Produkt-Managements nach der eingangs gewählten Definition überdecken[78]. So findet sich mitunter eine Aufgabenteilung jeweils für die Entwicklung neuer und für die Betreuung bereits bestehender Produkte[79]. Die nachstehende Abbildung 9 veranschaulicht eine solche Organisationsart, wie sie bei *Johnson Wax Germany* Anwendung findet.

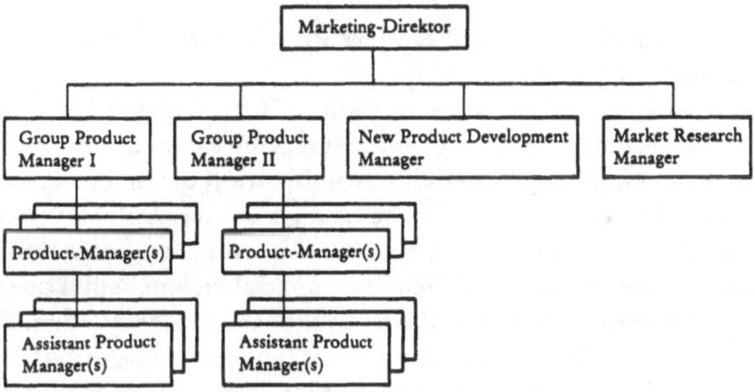

Abb. 9: Geteilte Aufgabenbereiche des Produkt-Managements

Nach der Stellenbeschreibung liegt folgende Aufgabensynthese vor:
Der *New Product Development Manager* hat selbständig neue Produktideen zu entwickeln bzw. aufzugreifen und zu sammeln, zu analysieren, der Marketing-Leitung zu präsentieren und ist dann für den weiteren Weg des Produktes in Zusammenarbeit mit allen involvierten funktionalen Abteilungen bis zum Stadium der Marktreife verantwortlich.

[77] *Rolf Berth*, Produktmanagement – Wesen und Form einer neuen Institution. In: „Der Markenartikel", 26. Jg. (1964), Heft 2, S. 668.
[78] Siehe dazu Kapitel 2.1.1 des zweiten Hauptteils.
[79] Vgl.: *Philip Kotler*, Marketing Management. S. 459f.

Der ***Product-Manager*** hat selbständig Umsatz- und Gewinnziele für die ihm zugeordneten Produkte zu entwickeln und vorzuschlagen. Ferner plant er die entsprechenden Marketing-Strategien und ist für deren Durchführung und Koordination der Maßnahmen im Hinblick auf die vorgegebenen Zielsetzungen verantwortlich. Auch wird von ihm erwartet, daß er Absatzchancen auf den Produktmärkten erkennt und wirkungsvoll ausnutzt, ebenso wie er eventuellen Absatzkrisen frühzeitig begegnen soll.
Obwohl die Teilung der Aufgabenbereiche je nach Beschaffenheit der Unternehmensstruktur und der Produktpalette durchaus sinnvoll sein kann, soll im Rahmen der vorliegenden Arbeit jedoch nur der Stelleninhaber als Produkt-Manager bezeichnet werden, dessen Aufgabensynthese beide Tätigkeiten, also sowohl die Entwicklung neuer als auch die Betreuung etablierter Produkte umfaßt.

4.6 Der Marken-Manager (Brand-Manager)

Zum Abschluß noch eine kurze Bemerkung zur Unterscheidung zwischen Marken-Manager und Produkt-Manager.
Hierzu ist es notwendig, zunächst eine kurze Begriffsabgrenzung vorzunehmen. Eine Marke, ein „brand", ist „ein Name, eine Bezeichnung, ein Zeichen, ein Symbol oder ein Design, oder eine Kombination dieser Elemente, die zur Identifikation der Güter oder Dienstleitungen eines Anbieters oder einer Gruppe von Anbietern und zu ihrer Differenzierung von jenen der Konkurrenten dient"[80]. Unter einem solchen Markenzeichen kann eines oder können auch mehrere miteinander verwandte Produkte angeboten werden. Wird nun das Marketing einer solchen „Markenfamilie" einem Manager zur Betreuung übertragen, so spricht man vom Marken-Management.
Da es neben Markenprodukten in dem Produkt-Mix einer Unternehmung zumeist auch markenlose Produkte geben wird, ist – jedenfalls im hier gewählten Definitionsrahmen – die Bezeichnung „Produkt-Management" der Oberbegriff. Ein Produkt-Manager kann also sowohl für ein Markenprodukt als auch für ein markenloses Produkt zuständig sein, für eine Markenfamilie ebenso wie für eine markenlose Produktlinie. Von der eingeschränkten Bedeutung des Marken-Managements abgesehen, werden daher die Begriffe Marken-(Brand-) Manager und Produkt-Manager im folgenden ihrer gemeinsamen Aufgabensynthese entsprechend synonym verwandt[81].

[80] Ebenda, S. 437.

[81] Vgl.: *George S. Dominguez*, Praxis des Produkt- und Marken-Managements. New York 1971, übersetzt von Eberhard E. Scheuing, Heidelberg 1974, S. 4.

Ein typisches Beispiel der Aufgliederung des Produkt-Managements in einzelne „Brand-Groups“ bietet die Organisationsstruktur des Konzerns *Procter & Gamble*, wie Abbildung 10 zeigt.

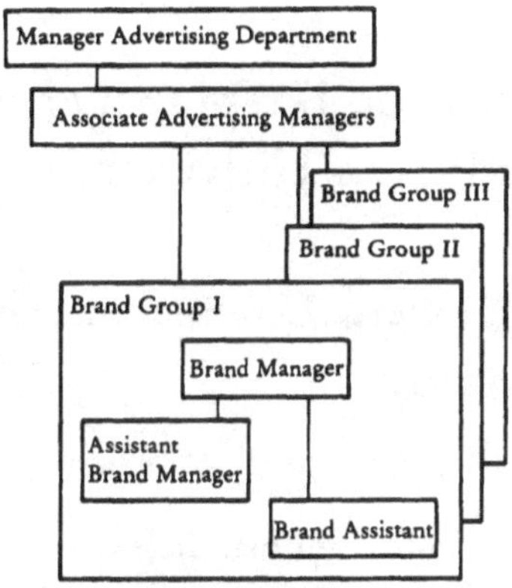

Abb. 10: Produkt-Management durch Brand-Groups

Der Brand-Manager wird hier als erfahrener und verantwortlicher „Senior-Manager“ eingesetzt, der die Tätigkeit (und Heranbildung!) der ihm untergebenen Mitarbeiter, des Assistant Brand Managers und des Brand Assistant, zu koordinieren und zu kontrollieren hat. Der Aufgabenbereich der Brand-Group insgesamt entspricht (in etwa) dem des Produkt-Managements unserer Definition, doch wird dies später noch ausführlicher erläutert werden.

II. Die Eingliederung des Produkt-Managers in bestehende Organisationsformen

1. Abhängig: Der Produkt-Manager in der funktionsorientierten Unternehmensorganisation

1.1 Die funktionsorientierte Unternehmensorganisation

1.1.1 Darstellung

Als „funktionsorientiert" wollen wir hier diejenige Organisationsstruktur bezeichnen, bei der der höchsten Gliederungsebene, d. h. auf der Ebene direkt unterhalb des obersten Leitungsorgans der Unternehmung, die Abteilungen nach Funktionen wie Marketing, Produktion, Finanzen, Forschung und Entwicklung getrennt sind[1]. Die Begriffe „funktional" und „funktionsorientiert" werden dabei in dieser Arbeit synonym behandelt und der als „produktorientiert" bezeichneten Organisationsform gegenübergestellt.
Jede dieser funktionalen Abteilungen oder (besser) jeder Funktionsbereich stellt eine organisatorisch selbständige Linieninstanz dar, der zur Unterstützung Stabsabteilungen beigefügt sein können und die mit Weisungsbefugnis gegenüber untergeordneten Stellen ihrer Linie (also in vertikaler Richtung) ausgestattet ist. Untereinander (also in horizontaler Richtung) sind die Linieninstanzen dagegen im Normalfall gleichberchtigt, d. h. geschäftliche Aktivitäten, die sich über die Kontrollbereiche mehrerer Funktionsbereiche ausdehnen, bedürfen daher entweder der unmittelbaren Koordination durch eine übergeordnete Instanz wie die Geschäftsleitung oder aber einer spezifischen organisatorischen Regelung für jeden Einzelfall[2].

[1] Vgl.: *Franz Eisenführ,* Zur Entscheidung zwischen funktionaler und divisionaler Organisation. In: „Zeitschrift für Betriebswirtschaft", Jg. 1970, S. 725 und ebenso: *Heribert Meffert,* Artikel Marketing. In: Management-Enzyklopädie, Bd. 4, München 1971, S. 407f.

[2] Vgl.: *Helmut Hagemann,* Artikel Organisation. In: Management-Enzyklopädie, Bd. 4, München 1971, S. 953f.

1.1.2 Vorzüge und Schwächen

Einer der wesentlichen Vorzüge funktionsorientierter Unternehmensorganisationen besteht darin, daß auf Grund der Spezialisierung auf einen bestimmten, eng abgegrenzten Funktionsbereich die Bereichsleiter in der Regel ausgezeichnete Kenntnisse und große Erfahrung im Hinblick auf die Behandlung von Problemen, die ihren spezifischen Aufgabenbereich betreffen, verfügen und zugleich auch entsprechende Weisungsmöglichkeiten zur Problemlösung besitzen. Dieser große Vorzug der kombinierten Einsatzmöglichkeit von Spezialwissen und genau definierter Kompetenz birgt jedoch auch Gefahren in sich, die sowohl in dem häufig allzusehr auf den eigenen Bereich begrenzten Blickwinkel der Funktionsbereichsleiter liegen können als auch in der wie oben schon angedeuteten Erschwernis, daß jede Maßnahme, die zwei oder noch mehr Funktionsbereiche betrifft, der Kooperation durch eine besondere Instanz, im Zweifelsfall der Unternehmensspitze, bedarf. Als Folge kann durch dieses Herantragen von (im Grunde) Entscheidungen auf der operativen Ebene es leicht zu einer Überlastung der Geschäftsleitung mit „Alltagsarbeit" kommen, so daß sie ihre eigentlichen Aufgaben, wie z. B. die Konzipierung langfristiger Unternehmenstrategien, vernachlässigen muß. Die Aufteilung des Unternehmens in weisungsmäßig voneinander unabhängige Fachressorts hat jedoch noch einen weiteren Nachteil: Kurzfristige Veränderungen im Marktgeschehen (z. B. in der Nachfragestruktur) oder in der Wettbewerbssituation des Unternehmens, die sich nicht sofort und unmittelbar auf einen Funktionsbereich auswirken, werden von den Bereichsleitern durch ihre einseitige Ausrichtung entweder gar nicht oder aber häufig erst zu spät erkannt. Ist nun aber eine schnelle Reaktion durch Maßnahmen notwendig, die das Zusammenarbeiten mehrerer Ressorts erfordern würde, so müssen die entsprechenden Informationen zumeist erst den „langen Marsch" durch die Linieninstanzen bis zur Unternehmensspitze antreten, ehe eine Entscheidung getroffen werden kann; denn: „Die Identität zwischen Verantwortlichkeit und Autorität erlaubt keine koordinative Verbindung zwischen unteren Ebenen[3]." Außer dem Zeitverlust, der dann bis zum Wirksamwerden der solchermaßen hinausgezögerten Entscheidung eintritt, erfährt die auslösende Basisinformation selbst dabei aber auch noch oft Entstellungen während der Übermittlung, so daß sie schließlich „gefiltert" bei der entscheidenden Stelle ankommt[4], wobei

[3] *Heimo Hardung-Hardung*, Matrix Organisation: Die horizontale Linie. In: „Plus", 1970, Heft 8, S. 28.

[4] „Wenn man voraussetzt, daß im Durchschnitt ein Vorgesetzter in der Hierarchie nur fünf Untergebene führen soll, hat eine Firma mit 20000 Beschäftigten bereits sieben Ebenen in ihrer Hierarchie. Wer an der Spitze Entscheidungen treffen will, muß daher gegebenenfalls auf Informationen aufbauen, die schon siebenmal gefiltert wurden, bevor sie ihn erreichen." Ebenda, S. 27f.

die *Filterung* durchaus nicht nur nachrichtentechnischer Natur sein muß, sondern ebenso der Neigung innerhalb der Unternehmensorganisation entspringen kann, die Weitergabe unangenehmer Nachrichten und Entscheidungen bewußt hinauszuzögern oder sogar zu unterdrücken.

Der Vorzug der funktionsorientierten Organisation wird dagegen häufig darin gesehen, daß die Ausbildung von Nachwuchskräften innerhalb der Funktionsbereiche (z. B. durch die Stabsabteilungen) relativ leicht möglich sei und der streng hierarchische Aufbau eine schnelle Beförderung in Führungspositionen begünstigen würde[5]. Demgegenüber muß jedoch der Einwand geltend gemacht werden, daß der freien Entfaltung der Begabungen von Nachwuchskräften durch die Beschränkung auf die Aufgaben eines Funktionsbereiches aber auch enge Grenzen auferlegt werden. Außerdem steht dem Vordringen zur Unternehmensspitze entgegen, daß eingehende Kenntnisse über die Vorgänge in den anderen Funktionsbereichen fehlen. Gerade der eigentliche „Top-Manager" benötigt aber eine allgemeine Führungsausbildung, da es zu seiner Aufgabe gehört, die Aktivitäten der verschiedenen Funktionsbereiche hinsichtlich der strategischen Zielsetzung des Gesamtunternehmens zu integrieren und ihre Aktivitäten untereinander zu koordinieren. Einem Bereichsleiter fehlen in der Regel jedoch die dazu notwendigen Erfahrungen in bezug auf die Möglichkeiten der übrigen Funktionsbereiche. So wird ein kreativer „Marketingmann", der in die Unternehmensspitze aufsteigt, möglicherweise administrative Aufgaben als „langweilig" innerlich ablehnen, oder es wird ihm am notwendigen Kostenbewußtsein fehlen. Dagegen wird ein Finanzfachmann als Unternehmensleiter vielleicht übervorsichtig agieren und es an der für unternehmerische Entscheidungen häufig notwendigen Risikobereitschaft fehlen lassen.

Die wesentliche Schwäche der rein an den Funktionen orientierten Unternehmensorganisation liegt jedoch in dem Problem der Bewältigung der vielfältigen Interdependenzen zwischen den einzelnen Bereichen. Die allgemeingültige Vorgabe von unternehmerischen Oberzielen, die Ableitung operationaler Unterziele und die Erfolgskontrolle der Tätigkeit der Funktionsbereiche werden durch die gegenseitigen Abhängigkeiten zumindest erschwert, in den meisten Fällen sogar unmöglich gemacht. Dieses Problem steht einer Verantwortungsdelegation, die die Unternehmenspitze entlasten könnte, diametral entgegen.

[5] Vgl.: *Helmut Hagemann*, Artikel Organisation. S. 954.

1.2 Die Integration des Produkt-Managers in die funktionsorientierte Unternehmensorganisation

1.2.1 Begründung der Integration

Wie schon vorangehend angedeutet, führt die Aufgliederung des Unternehmens in organisatorisch vertikal voneinander abgegrenzte funktionale Bereiche zu einer Überlastung der Unternehmensspitze und zu einer tendenziellen Vernachlässigung der aktuellen Markterfordernisse. Die steigende Marktsättigung und der zunehmende Konkurrenzdruck, besonders im Konsumgüterbereich, haben zu einer steigenden Gewichtung dieser Probleme geführt und ließen es daher für viele Unternehmen als notwendig erscheinen, ihren einzelnen Produkten individuelle Betreuung widerfahren zu lassen[6]. Andererseits erschien es jedoch in vielen Fällen weder ratsam noch möglich, die funktionale Struktur entweder ganz abzuschaffen – also z. B. nach produktorientierten Bereichen (Divisionen) zu gliedern – oder aber die bisherigen Bereichsleiter für diese neuen, produktbezogenen Aufgaben einzusetzen.
Dieses Dilemma, sowohl eine bestehende funktionale Struktur innerhalb der Gesamtunternehmung arbeitsfähig erhalten zu wollen und aber dennoch den produkt- bzw. marktspezifischen Erfordernissen kurzfristig flexibel gerecht zu werden – ohne jedoch zugleich selbständig Divisionen entstehen zu lassen –, führte schließlich zur Institution des Produkt-Managers. Dieser neue Manager-Typ sollte nun als integrierender Faktor die erforderlichen Maßnahmen ergreifen, um die Koordination der auf das Produkt bezogenen Aktivitäten zwischen den Funktionsbereichen durchzuführen, diese dabei jedoch zugleich in ihrer Grundstruktur voll funktionsfähig belassen und die Geschäftsleitung so von Detailarbeiten entlasten. „Die Arbeit des Produkt-Managers schlägt gleichsam Brücken zwischen den verschiedenen Unternehmensbereichen[7]."
Wenngleich damit auch die Gründe für die Institutionalisierung des Produkt-Managers auf der Hand liegen, so bereitete die sinnvolle personelle Besetzung und die funktionale Integration doch vielen Unternehmen große Schwierigkeiten. Offensichtlich ist die Institution des Produkt-Managers, wie *Ames* es ausdrückt, mit vielen „Built-in Difficulties" behaftet[8]. Dies ist aber auch nicht

[6] „The product manager's job was created primarily to fill a critical need. In large, multiproduct companies, it had always been difficult to be certain that each product received the attention and support it merited from each of the various functional activities of the business, especially manufacturing, marketing, and sales." *Charles B. Ames*, Payoff from Product Management. In: „HBR", Bd. 41 (1963), S. 142.

[7] *Rolf Berth*, Produktmanagement – Wesen und Form einer neuen Institution. In: „Der Markenartikel", 26. Jg. (1964), Heft 2, S. 665.

[8] *Charles B. Ames*, Payoff from Product Management. S. 145.

verwunderlich, denn der Produkt-Manager steht ja vor der Integration in die funktionsorientierte Unternehmenshierarchie als organisatorischer Fremdkörper außerhalb, er wird sozusagen „aufgepfropft". Seiner Aufgabensynthese entsprechend muß er in Unternehmensbereiche vordringen, für die er nicht mit „traditioneller" Linienverantwortung ausgestattet ist. „Er muß seine Nase in alles hineinstecken", ohne deshalb in den verschiedenen Bereichen „kommandieren zu dürfen"[9]. Diese Durchbrechung des hierarchisch gegliederten Kommandoprinzips setzt ein Umdenken aller daran Beteiligten voraus: die bestehenden Machtstrukturen werden angetastet. In den folgenden Darstellungen soll nun versucht werden, die schrittweise Einführung der Institution des Produkt-Managers in die funktionsorientierte Organisation aufzuzeigen.

1.2.2 Der Produkt-Manager als Assistent der Unternehmensleitung

Ein erster Versuch der Unternehmensleitung, sich von den zahlreichen produktspezifischen Detailaufgaben zu befreien, kann darin liegen, daß sie ein Mitglied ihrer Stabsabteilung mit der Übernahme des neuen Tätigkeitsfeldes betraut. Wenngleich die Funktion dieses Assistenten auch zunächst nur darin liegen mag, Informationen für die Entscheidung der Geschäftsleitung vorzubereiten, so wird in der Regel und bei Eignung des Betreffenden doch bald erkennbar, daß der optimale Wirkungsgrad erst erreicht werden kann, wenn die Position nicht nur mit beratender Funktion, sondern auch mit beschränkten Weisungsrechten besonders im Bereich exekutiver Maßnahmen ausgestattet wird[10].

Diese schrittweise Delegation von Entscheidungsbefugnis läßt das Mitglied der Stabsabteilung von der zunächst lediglich beratenden Stabsfunktion in die Stellung eines tatsächlichen Managers produktspezifischer Aufgaben allmählich hineinwachsen, wobei er aber stets der unmittelbaren Kontrolle durch die Geschäftsleitung unterworfen bleibt. Durch die „Rückendeckung", die der (angehende) Produkt-Manager von seiten der Unternehmensleitung genießt, entwickelt sich somit eine neue Art von Autorität jenseits des traditionellen Stab-Linien-Gefüges.

[9] *Rolf Berth*, Produktmanagement – Wesen und Form einer neuen Institution. S. 668.

[10] Vgl.: *Günter A. Andresen*, Artikel Product-Management. In: Management-Enzyklopädie, Bd. 4, München 1971, S. 1214.

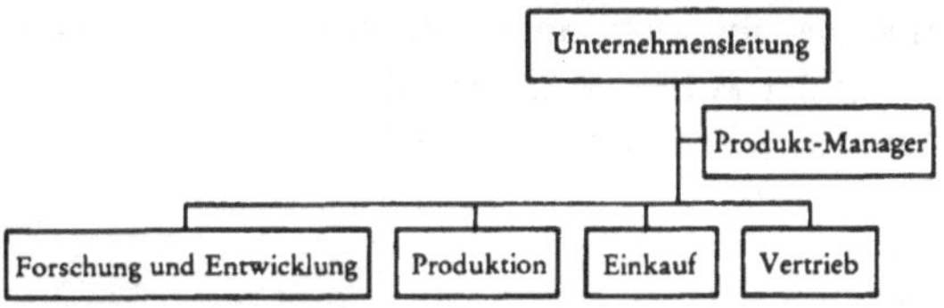

Abb. 11: Der Produkt-Manager als Assistent der Unternehmensleitung

Die Aufgabenbereiche des so in die bestehende Unternehmensorganisation eingeführten Produkt-Managers umfassen die Förderung der Entwicklung, die Kontrolle der Einführung und die laufende Betreuung der ihm jeweils zugeordneten Produkte oder Produktgruppen. Ebenso gehört dazu die Zusammenarbeit mit externen Marktforschungs- und Werbeagenturen[11].
Die Position des Produkt-Managers in dieser organisatorischen Einordnung ist, was die Durchführung seiner Aufgaben anbetrifft, in zweifacher Hinsicht durch starke Abhängigkeiten gekennzeichnet, besitzt er doch weder Weisungsbefugnis gegenüber den Leitern der Funktionsbereiche, auf deren Zusammenarbeit er aber angewiesen ist, noch ist er in der Ausübung seiner Tätigkeiten frei, da er in der Regel der mehr oder weniger strengen Kontrolle durch die Unternehmensleitung unterliegt. Im Konfliktfall muß der Produkt-Manager daher entweder versuchen, seine Vorschläge durch die Unternehmensleitung in Anordnungen umwandeln zu lassen, oder aber er ist darauf angewiesen, mit den Bereichsleitern Kompromisse auszuhandeln[12].
Beide Konfliktlösungen sind unbefriedigend. Der Weg über die Unternehmensleitung führt zu den ursprünglichen Problemen und ist außerdem zeitraubend, Kompromißlösungen sind dagegen häufig mit einer Verwässerung des ursprünglichen Konzeptes verbunden, die zu Unsicherheiten und Änderungen in der Planung und zu Terminverschiebungen führen können[13].
Obwohl sich Produkt-Manager in der Unternehmenspraxis überaus häufig in solchermaßen beschriebenen „Zwitterstellungen" zwischen Stab und Linie wiederfinden, muß vom analytischen Konzept her hier abschließend das Urteil gefällt werden, daß die beschriebene Position wegen ihres doch stark überwiegenden Stabscharakters nicht den Anforderungen der eingangs gewählten Definition des Produkt-Managements genügen kann. Es wäre auch nur schwer vorstellbar, wie ein solcher Produkt-„Manager" den vollen Aufgabenbereich

[11] WILLE spricht in diesem Zusammenhang dann von „Produktleitern". Vgl.: *Friedrich Wille*, Management mit Profit Centers. Moderne Unternehmensführung mit Erfolgsbereichen. München 1970, S. 211f.

[12] „He must be able to rely on his superior knowledge, management skills, and sheer persuasivenes to get things planned and accomplished. He has to do this by working through executives who do have line authority." *Charles B Ames*, Payoff from Product Management. S. 144.

[13] Vgl.: *Friedrich Wille*, Management mit Profit Centers. S. 212.

seiner Funktion wahrnehmen könnte[14]. In der Tat resultieren denn auch viele Schwierigkeiten bei der Anwendung des Konzepts aus der mangelnden Entscheidungsbefugnis der Produkt-Manager[15].

1.2.3 Der Produkt-Manager im Marketingbereich

In der Praxis findet sich ebenso häufig wie die oben beschriebene organisatorische Teillösung für die Bewältigung produktbezogener Aufgaben die Zuordnung des Produkt-Managers in einen bereits bestehenden Marketing-Funktionsbereich. Dieser Lösungsversuch wird zumeist in den Unternehmen gewählt, bei denen das Wachstum des Marktes und die Ausdehnung der Produktlinien es für den Marketingleiter als zwingend erscheinen lassen, den Versuch aufzugeben, die vielfältigen Aktivitäten, die mit dem Marketing der zahlreichen Produkte verbunden sind, ganz allein überwachen und koordinieren zu wollen. Es bieten sich ihm grundsätzlich zwei Möglichkeiten der Verantwortungsdelegation an: er kann entweder funktionsorientiert delegieren, also z. B. einen seiner Assistenten für den Vertrieb, einen für die Werbung und einen weiteren für die Planung einsetzen, oder aber er kann produktorientiert vorgehen und die Verantwortung für die Betreuung eines Produktes bzw. einer Produktgruppe einem Produkt- bzw. Marken-Manager (Brand Manager) übergeben[16].

Die erste Möglichkeit bietet keine echte Entlastung für den Marketingleiter, da dieser bei funktionsorientierter Delegation auch weiterhin die horizontale Koordination der verschiedenen produktbezogenen Aktivitäten besorgen müßte. Die Alternative hierzu befreit ihn dagegen zwar von einem Großteil der produktspezifischen Detailaufgaben, wirft dafür aber das Problem des vertretbaren Ausmaßes der Delegation von Entscheidungsbefugnis auf sowie die Schwierigkeit, trotz des „power-sharing“ und trotz der häufig konfligierenden produktspezifischen Interessen der Produkt-Manager die Kontrolle über das gesamte Marketingprogramm nicht zu verlieren. Die sich hier anbietende Lösung ist die Aufstellung eines Marketingplanes, der von jedem Produkt-Manager dem Marketingleiter zur Genehmigung vorgelegt werden muß. Im Rahmen dieses Marketingplanes besitzt der Produkt-Manager dann An-

[14] Dazu ausführlich: *Nicolaus Grüneberg*, Das Produkt-Management. Seine Funktionen im Marketing (i. f. z. „Das Produkt-Management“). Diss. Berlin 1973, S. 194f.

[15] Siehe dazu das Umfrageergebnis von POTH. In: *Ludwig Poth*, Produkt-Management in der deutschen Markenartikelindustrie. In: „Die Absatzwirtschaft“, Jg. 11 (1968), Bd. 2, Sept., S. 18.

[16] Vgl.: *Clarence E. Eldridge*, The role of the product manager. In: „Printer's Ink“, Jg. 1967, April 18th, S. 40.

ordnungsbefugnis für alle Aktivitäten und über alle Ressourcen, die zur Erfüllung der Planziele notwendig sind[17]. Zugleich ergibt sich hier auch ein wichtiger Ansatzpunkt für die Einsatz-Kontrolle und eine eventuelle Erfolgsbeurteilung des jeweiligen Managers durch den Marketingleiter, wie im dritten Teil der vorliegenden Arbeit noch ausführlich gezeigt werden wird.
Eine mögliche organisatorische Eingliederung des Produkt-Managers in den Marketingbereich veranschaulicht die folgende Abbildung.

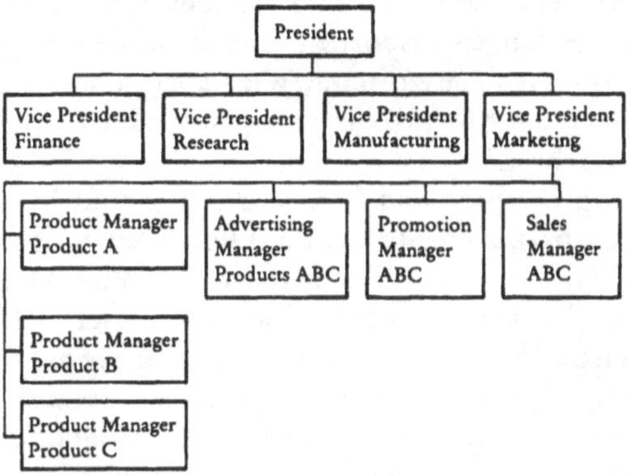

Quelle: *Ames, Charles B.*, Payoff from Product Management. In: „HBR", Bd. 41 (1963), S. 143.

Abb. 12: Der Produkt-Manager als Assistent des Marketingleiters

Bei dieser Art der Eingliederung sind die Produkt-Manager den Bereichen Advertising (Werbung), Promotion (Verkaufsförderung) und Sales (Verkauf) gleichgestellt. Im Rahmen der Ausführung des übergeordneten Marketingprogramms, das der Marketingleiter mit den Bereichen auf der Ebene der Unternehmensleitung abgestimmt hat, besitzen die Produkt-Manager dann eng begrenzte Weisungsbefugnis gegenüber den Funktionsabteilungen im Marketingbereich in bezug auf die Erfüllung ihres Produktplans. Auf diese Weise ist sichergestellt, daß die Produkt-Manager die Unterstützung der funktionalen Abteilungen erhalten, ohne zugleich mit deren administrativen Aufgaben belastet zu werden[18].

[17] „The marketing plan is both a grant and a limitation of the decisionmaking authority of the product manager. The marketing director's approval of the marketing plan serves to provide the basis for guide lines within which the product manager is authorized to make decisions – since the plan should clearly define the objectives, the strategy and the marketing expenditures." *Clarence E. Eldrigde, The role of the product manager. S. 40.*

[18] Vgl.: *Ivonne S. Roscow,* Product managers: Just what do they do? In: „Printer's Ink", 1966, October 28th, S. 16.

Dem Umfrageergebnis von *Poth* zufolge entspricht die oben beschriebene Position des Produkt-Managers der Mehrzahl der befragten Unternehmen, die in ihm einen „Marketing-Direktor im kleinen" sehen[19]. Unter einem anderen Aspekt, den wir dem oben abgebildeten Organisationschema entnehmen können, nämlich der entstehenden Konkurrenzsituation zwischen den einzelnen Produkt-Managern hinsichtlich der Unterstützung ihrer Produkte durch die funktionsorientierten Marketingabteilungen, sahen die meisten der befragten Unternehmen jedoch keinen Vorteil, wie man vielleicht hätte erwarten können, vielmehr wird der innerbetriebliche Wettbewerb, der die Produkt-Manager zu größeren Leistungen anspornen könnte, in den meisten Fällen abgelehnt. Eine der typischen Antworten: „Wir haben schon genug Konkurrenz. Wir können deshalb die Konkurrenz im eigenen Hause, sprich den Ressortegoismus, gut entbehren[20]."

Dieser Vorstellung entsprechend besitzt der Produkt-Manager in der beschriebenen Position dann oft nur die Funktionen eines Sachbearbeiters. Wie in eigenen Forschungsinterviews bestätigt wurde, ist der Handlungs- und (allerdings) auch der Verantwortungsspielraum in diesen Fällen entsprechend sehr eng bemessen und beschränkt sich im wesentlichen auf die Art und Weise der Durchführung eng definierter und begrenzt wirksamer Einzelaktivitäten – was, wie später noch gezeigt werden wird, für die Möglichkeiten der Erfolgsbeurteilung nicht unerhebliche Probleme aufwirft.

Der solchermaßen eingesetzte Produkt-„Manager" hat in Wirklichkeit nichts zu „managen" im eigentlichen Sinne (vgl. die eingangs beschriebene Definition), sondern ist nur ausführendes Organ der Entscheidungen des Marketing-Direktors.

Dies muß nun aber keineswegs so sein, vielmehr sind in gleichem Maße auch Einsatzformen für den Produkt-Manager im Marketingbereich in der Praxis anwendbar, die eine volle Entfaltung der Möglichkeiten dieses Konzepts zur Anwendung bringen. So setzt *Unilever* für den Produktbereich *Sunlicht* z. B. eine Aufbauorganisation des Marketings ein, wie sie in der Abbildung auf der folgenden Seite wiedergegeben ist.

Mehr noch, als es das bloße Organisationsschema deutlich machen könnte, wird hier tatsächlich der Produkt-Manager wie ein „kleiner Marketing-Direktor" eingesetzt und ist auf dem gesamten Spektrum der mit Planung und Durchführung seiner „Brand Marketing Strategy" verbundenen Aktivitäten verantwortlich tätig. Die funktionellen Abteilungen im Marketingbereich haben hier nur beratende Funktion; sie sind reine Service-Centers.

Die Beziehungen der einzelnen Produkt-Manager untereinander sind durch Leistungswettbewerb gekennzeichnet. Dieser Leistungswettbewerb ist mög-

[19] *Ludwig Poth*, Produkt-Management in der deutschen Markenartikelindustrie. S. 13.
[20] Ebenda, S. 17.

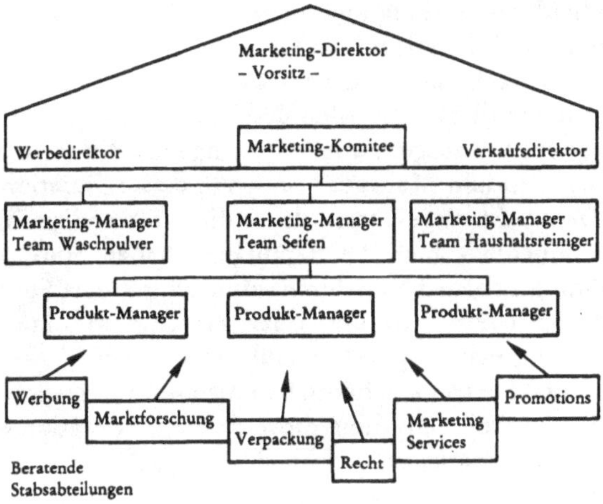

Abb. 13: Die Aufbauorganisation des Marketing

lich, weil der Entscheidungsspielraum weitgehende Verantwortungsdelegation und damit „echte" Managementfunktionen auszuüben erlaubt, und der Leistungswettbewerb ist (hier) ausdrücklich erwünscht, weil er die höchstmögliche Effizienz bei der Aufteilung und beim Einsatz der Ressourcen des Marketing-Teams gewährleistet. Ein gewisses Maß an „Ressortegoismus" ist somit gewollt, um die Leistungsbereitschaft zu erhöhen und die volle Ausschöpfung der Marktchancen zu erreichen.

Nach dem Vergleich dieser beiden Formen der organisatorischen Einordnung des Produkt-Managers in den Marketingbereich läßt sich abschließend feststellen, daß der erfolgreiche Einsatz des Produkt-Managers im Marketing in der funktionsorientierten Organisationsstruktur stark von der Haltung des jeweiligen Marketingleiters abhängig ist; denn wenn dieser wissen läßt, daß die Produkt-Manager in seinem Namen sprechen und daß vernünftige Vorschläge von ihrer Seite anzunehmen sind, können diese ihre Aufgabe auch ohne die Macht und das Prestige einer den funktionalen Marketingabteilungen übergeordneten Position erfüllen. Fehlt den Produkt-Managern aber diese Unterstützung und herrscht Rivalität zwischen den Abteilungen, so sind sie allerdings zum Scheitern verurteilt[21].

Das Fazit dieser Überlegungen läßt sich am besten wie folgt zusammenfassen: „All of this strongly suggests the importance of viewing an organization as a

[21] Vgl.: *Maynard D. Phelps* und *Howard I. Westing*, Marketing Management. 3rd edition, Homewood/Illinois 1968, S. 430.

coalition of individuals working together to reach common goals rather than a power structure with inviolate lines of command authority[22]."
Es wäre jedoch ungerecht, in der mangelnden Unterstützung durch den Marketingleiter und durch die funktionalen Bereiche die einzigen Ursachen für ein Versagen der Produkt-Manager zu sehen. Mangelnde Erfahrung und fehlende Qualifikation der Produkt-Manager können in dieser Situation ebenso einen Erfolg verhindern[23]. *Eldridge* betont daher die Notwendigkeit, daß der Produkt-Manager unbedingt auch die Befähigung haben muß, Marketingprogramme selbständig zu planen und durchzuführen, da seine Funktionen, abgesehen von der auf ein Produkt oder einige Produkte beschränkten Verantwortlichkeit, genau die gleichen sind wie die eines Marketingleites. Nur wenn der Produkt-Manager solchermaßen die an ihn gestellten Anforderungen voll erfüllt, „he is to be anything more than a way-station en route to the place of decision: the marketing director[24]."

1.3 Die spezifischen Tätigkeitsfelder des Produkt-Managers in der funktionsorientierten Unternehmensorganisation

1.3.1 Vorbemerkung

Ganz ähnlich, wie im ersten Hauptteil gezeigt werden konnte, daß sich die organisatorischen Ausprägungen des Produkt-Managements vorrangig an der jeweiligen Aufgabensynthese orientierten, so lassen sich auch gleichermaßen für bestimmte Unternehmensstrukturen spezifische Ausgestaltungen der „traditionellen", mit dem Produktlebenszyklus verbundenen Tätigkeitsfelder des Produkt-Managers aufzeigen, wie es im folgenden (zunächst) am Beispiel einer funktionsorientierten Unternehmensorganisation versucht werden soll.

1.3.2 Die Förderung von Produktideen

Wie an anderer Stelle (Text zur Abb. 5) bereits ausführlich dargestellt wurde, steht der Produkt-Manager einer bestimmten Struktur des Produkt-Mix des

[22] Ebenda, S. 430.
[23] Siehe dazu das Umfrageergebnis von POTH in: *Ludwig Poth*, Produkt-Management in der deutschen Markenartikelindustrie. S. 29.
[24] *Clarence E. Eldridge*, The role of the product manager. S. 41.

Unternehmens gegenüber. Dieses Produkt-Mix ist zum Teil „organisch" mit dem Unternehmen gewachsen, zum Teil aber auch durch externe Entwicklungen (technischer Fortschritt, veränderte Markterfordernisse) entstanden. Für die funktionsorientierte Unternehmensorganisation läßt sich generell sagen, daß der Produkt-Manager hier weniger Ursache der Diversifikation als vielmehr Instrument zu ihrer organisatorischen Bewältigung ist. Der instrumentelle Charakter wird auch besonders dadurch deutlich, daß in solchen Unternehmen der Produkt-Manager zumeist erst dann eingeführt wird, wenn die mit dem Unternehmenswachstum eingetretenen Probleme in ein gewisses „Reifestadium" eingetreten sind und somit organisatorische Neuordnungen dringend anstehen. Aber auch dann wird der kreative Bereich nicht gern delegiert, sondern bleibt zumeist Privileg der Unternehmensleitung bzw. der Funktionsbereichsleiter. Daher ist der Produkt-Manager entsprechend nicht so sehr mit der eigenständigen Entdeckung von Produktideen als vielmehr mit deren Förderung und Weiterentwicklung beauftragt. Kennzeichnend ist die Ansicht, daß der Produkt-Manager in so großem Maße mit „dem Kleinkram der Alltagsarbeit" beschäftigt sei, daß man von ihm schwerlich noch kreative Denkanstöße erwarten könnte. Diese Vorstellung ist sehr bezeichnend für die (bereits erläuterte) Sachbearbeiterfunktion, die von seiten des Top-Managements in einer ansonsten funktionsorientierten Unternehmensorganisation gewöhnlich mit dem Einsatz von Produkt-Managern verbunden wird. Daraus folgt, daß die Hauptaufgaben des Produkt-Managers in diesem Abschnitt des Produktlebenszyklus im wesentlichen durch die Umsetzung von Denkanstößen übergeordneter Leitungsinstanzen in praktikable Produkt- und Marketingkonzeptionen bestimmt wird.

1.3.2.1 Die Konkurrenzanalyse

Nachdem der Produkt-Manager solchermaßen Denkanstöße für die Entwicklung neuer oder aber für die Modifikation bereits bestehender Produkte zur weiteren Ausführung übertragen bekommen hat, geht er zunächst daran, die Besetzung des von der Änderung betroffenen Produktfeldes mit Konkurrenzprodukten hinsichtlich der Gesamtheit der für sie eingesetzten Marketingmaßnahmen (= Marketing-Mix)[25] zu analysieren. Dazu muß er sich mit konkreten Aufgabenstellungen an die verschiedenen Funktionsabteilungen des Unternehmens wenden, deren speziellen Informationsstand ausschöpfen und dann gezielt im Hinblick auf die produktspezifischen Erfordernisse verdich-

[25] Der Begriff des Marketing-Mix wird seit 1948 in den USA verwandt (NEIL BORDEN) und umfaßt die Bereiche Produktpolitik, Distributionspolitik, Kontrahierungspolitik und Kommunikationspolitik. Vgl.: *Heribert Meffert*, Artikel Marketing. In: Management-Enzyklopädie, Bd. 4, München 1971, S. 399f.

ten. Seine Tätigkeit besteht also im Sammeln, Auswerten und Koordinieren von Einzelinformationen.

Die Aufträge des Produkt-Managers an die Funktionsabteilungen könnten dabei etwa wie folgt aussehen:[26]

Abt. Einkauf: Schätzung der Rohstoff- und der Verpackungsmaterialkosten der Konkurrenzprodukte und Vergleich mit eigenen Möglichkeiten der Gestaltung der Einkaufskosten;

Abt. Forschung und Entwicklung: Technische Prüfung, Funktionsanalyse, Schätzung eigener und fremder Entwicklungskosten;

Abt. Verkauf: Analyse der Verkaufs- und der Distributionsstrategie der Konkurrenzprodukte und der dafür entstehenden Kosten, Vergleich mit eigenen Möglichkeiten;

Abt. Rechtsberatung: Prüfung bestehender rechtlicher Restriktionen, z. B. durch Markenschutzgesetze, Patente, Lizenzen;

Abt. Werbung: Analyse der Werbemaßnahmen für Konkurrenzprodukte, Schätzung der Kosten sowie der eingesetzten Werbebudgets;

Abt. Marktforschung: Analyse der Besetzung des Marktsegments mit Konkurrenzprodukten, der jeweiligen Marktanteile und Schätzung der insgesamt erzielten und erzielbaren Umsätze auf dem Marktsegment.

1.3.2.2 Die Produktbewertung

Aufgrund der von den Funktionsabteilungen gelieferten Einzelinformationen vermag der Produkt-Manager nun eine Konkurrenz-Szenarium-Analyse für die Konkurrenzprodukte vorzunehmen, ihre spezifischen Stärken, aber auch ihre Schwächen einzuschätzen und das – potentielle – eigene Produkt gezielt den Möglichkeiten, die der Konkurrenzmarkt bietet, anzupassen. Um das geplante eigene Produkt in das Umfeld auf dem Marktsegment einordnen zu können, müssen nun allerdings noch die folgenden Größen geschätzt werden: erwartete Umsätze (und Marktanteile) nach Einführung des eigenen Produktes, angestrebte Marktanteile und Umsätze im Rahmen einer Drei-Jahres-Planung (manchmal auch für 4 Jahre) der Brand-Marketing-Strategy; kalkulierte eigene Fertigungskosten gemäß der technischen Analyse, Verpackungskosten, voraussichtliche Belastung mit Gemeinkosten („administrative and factory overhead") und zu erwartende Kosten für die Durchführung eigener Werbe- und Verkaufsförderungsmaßnahmen.

[26] Unsere Darstellung beruht hier und im folgenden auf eigenen Forschungsunterlagen sowie auf dem bereits zitierten Artikel von *Heinrich Otto Stellwagen*, Die Organisation und Arbeitsweise einer Marketinggruppe. In: Schriften zur Unternehmensführung, Band 14, Wiesbaden 1971, S. 31ff.

Für diese Vorkalkulation ist der Produkt-Manager sehr auf die Zusammenarbeit mit den Einrichtungen für das betriebliche Rechnungswesen des Unternehmens angewiesen, je detaillierter hier Kostendaten zusammengetragen und verfügbar gemacht werden können, desto größere Zuverlässigkeit kann der Produkt-Manager seiner Vorkalkulation beimessen. Im optimalen Fall steht ihm als Hilfsmittel ein gut ausgebautes Management-Informations-System zur Verfügung.

Insgesamt wird hier bereits die Abhängigkeit des Produkt-Managers von dem Willen zur Zusammenarbeit der funktionalen Abteilungen erkennbar: Fehlschätzungen können seinen gesamten Planungsansatz zunichte machen.

1.3.2.3 Die Bedarfsanalyse

Zur Bedarfsanalyse gehören: das Studium des Verbraucherverhaltens in bezug auf die Produkte, die Analyse der Verwendungsmotive und der Wünsche, die die Verbraucher an ein „ideales" Produkt haben[27].

Diese Untersuchungen kann und braucht der Produkt-Manager in der Regel nicht selber anzustellen, sondern darf hierzu die Mithilfe der Marktforschungsabteilung in Anspruch nehmen. Diese führt Analysen durch, deren Ziel es ist, das Verhalten bestimmter Verbraucherkategorien in bezug auf verschiedene Produktvarianten festzustellen. Die Ergebnisse werden dann dazu benutzt, um Produkthypothesen zu formulieren, aus denen dann entsprechende Konzeptionen entwickelt werden können[28]. Zum besseren Verständnis dieses Verfahrens das nachfolgende Beispiel zur Kategorisierung von Verbrauchergruppen:[29]

Die Hausfrauen können nach psychologischen Faktoren bezüglich ihrer Einstellung zu Putz- und Pflegemitteln in sechs Zielgruppen untergliedert werden.

Zielgruppe 1

Die Hausfrau dieser Zielgruppe ist sehr familienorientiert. Ihre Einstellung zu Reinigungsmitteln ist positiv, wobei aber preiswerte Mittel vorgezogen werden. Produktnebennutzen wie Handpflege und Duftnote spielen nur eine untergeordnete Rolle.

Zielgruppe 2

Die Einstellung zu Reinigungsmitteln entspricht derjenigen der ersten Ziel-

[27] Dazu ausführlich: *Heribert Meffert*, Artikel Marketing. S. 392f.

[28] Vgl.: *Dieter Loh*, Die Bedeutung der Marktforschung im Marketing. In: „Schriften zur Unternehmensführung", Band 14, Wiesbaden 1971, S. 51ff.

[29] Das Beispiel wurde übernommen aus: „Märkte". Informationen für die Werbeplanung. Hrsg. v. Zentralen Anzeigen-Marketing Axel Springer Verlag AG.

gruppe, wobei den Produktnebennutzen jedoch größere Bedeutung beigemessen wird.

Zielgruppe 3

In dieser Gruppe findet sich die „emanzipierte" Hausfrau, die Haushaltsreiniger vornehmlich nach Gebrauchswert und Preisgünstigkeit beurteilt.

Zielgruppe 4

Hier ist die „moderne" Hausfrau einzuordnen. Für sie hat Ordnung und Sauberkeit im Haushalt einen hohen Stellenwert, wobei sie aber kosmetischen Zusatznutzen von Reinigungsmitteln durchaus positiv einschätzt.

Zielgruppe 5

Zu dieser Gruppe gehören Hausfrauen mit undifferenzierter Einstellung zur Hausarbeit. Sie schwanken zwischen Emanzipation und Tradition und haben keine als typisch anzusehende Vorstellung über Reinigungsmittel, die sie vorziehen würden.

Zielgruppe 6

Der „Putz- und Scheuerteufel" ist typisch für diese Gruppe. Das oft schon als neurotisch zu bezeichnende Verhältnis zur Sauberkeit läßt zu den schärfsten Reinigungsmitteln greifen, wobei kosmetischer Nebennutzen häufig ausdrücklich abgelehnt wird.

Wie das Beispiel zeigt, symbolisieren die sechs Zielgruppen höchst unterschiedliche Hausfrauentypen. Für die Formulierung von Produkthypothesen ist es nun äußerst wichtig, darüber zu entscheiden, welche Zielgruppe angesprochen werden soll. Die Produkthypothesen könnten dann z. B. lauten:

„Ein preiswertes Produkt mit hohem Gebrauchswert"
„Ein Produkt mittleren Gebrauchswertes mit kosmetischem Zusatznutzen"
„Ein Produkt mit höchster Reinigungskraft"

Je nachdem, welche Zielgruppe angesprochen werden sollte, kann der Produkt-Manager nunmehr darangehen, eine Konzeption für die technische Entwicklung und für die anzuwendende Marketing-Strategie auszuarbeiten.
Diese Konzeptionen werden dann anschließend wieder verschiedenen Tests unterworfen. Dazu erarbeitet der Produkt-Manager zusammen mit der Marktforschungsabteilung einen Testauftrag (ein „Testbriefing"), der, vom Marketingleiter bzw. von der Geschäftsleitung genehmigt, dann gewöhnlich einem externen Marktforschungsinstitut zur Ausführung übergeben wird[30].
Ist das vorläufig gültige Produktkonzept dann ermittelt, wird es wiederum dem Marketingleiter bzw. der Unternehmensführung zur Genehmigung vorgelegt. Wird diese dann erteilt, beginnt das Stadium der Produktentwicklung.
Der weitere Weg der Produkt-Konzeption läßt sich dann auf Abbildung 4 ab-

[30] Vgl.: *Heinrich Otto Stellwagen,* Die Organisation und Arbeitsweise einer Marketinggruppe. S. 33.

lesen. In der unternehmerischen Praxis ist die Bedeutung des Produkt-Managers innerhalb dieses Stadiums des Produktzyklus umstritten und entspricht mitunter nicht dem Bild, das wir in diesem Kapitel entworfen haben. Besonders häufig ist eine Aufgabentrennung in Programmplanung und Entwicklung neuer Produkte, die dann von einem Projekt- oder Entwicklungsmanager vorgenommen wird, und auf der anderen Seite die Betreuung „laufender" Produkte, die dem Produkt-Manager obliegt[31]. Nach unserer Definition gehören jedoch beide Bereiche zur Aufgabensynthese des Produkt-Managers.

1.3.3 Die Entwicklung des neuen Produktes

Bevor nach dieser Prüfungsphase für die weitere Entwicklung des Produktes „grünes Licht" gegeben werden kann, muß der Produkt-Manager zusammen mit der Produktionsabteilung die technischen Möglichkeiten für die Herstellung überprüfen und dabei eventuell sein ursprüngliches Konzept noch einmal an die produktionstechnischen Gegebenheiten anpassen; denn gegen Einwände der Techniker kann er wenig unternehmen, es sei denn, er könnte mit Hilfe der Forschungsabteilung für sein Produkt neue Produktionsmöglichkeiten erschließen. Doch ist dieser potentielle Ausweg zumeist mit erheblichem Zeitverlust und hohen Kosten verbunden. Außerdem steigt damit die Konflikthäufigkeit; so führt *Linnert* eine ganze Reihe von Beispielen für mögliche Konflikte zwischen Produkt-Manager und Produktionsabteilung an, die zumeist aus den jeweils unterschiedlich als vorteilhaft angesehenen Produkteigenschaften (Herstellkosten, Kapazitätsbeanspruchung, Produktionsläufe, Qualitätsstandard u. dgl.) resultieren. Generell läßt sich sagen, daß in um so größerem Maße Konfliktmöglichkeiten entstehen, je mehr der Produkt-Manager dazu gezwungen ist, sich selber in den Produktionsablauf einzuschalten, und je mehr Eingriffsbefugnisse ihm im Produktionsbereich eingeräumt werden[32].

Ist die technische Produktkonzeption dann schließlich fixiert, so wird sie dem Marketingleiter bzw. der Geschäftsleitung zur Genehmigung vorgelegt. Die Planungsabteilung und/oder der Produkt-Manager entwickeln daran an-

[31] Siehe dazu als Beispiel unsere Abbildung 9 und vgl.: *Georg A. Steiner*, Top Management Planning. New York 1969, S. 573.
ANDRESEN teilt die Aufgabenbereiche des Produkt-Managements z. B. in zwei Hauptzielrichtungen, in die „Realisierung und Lancierung neuer Produktangebote", das er als „project management" bezeichnet, und in die Betreuung bereits im Markt etablierter Produkte („going products"). Vgl.: *Günter A. Andresen*, Artikel Product-Management. S. 1206 f.

[32] Vgl.: *Peter Linnert*, Produkt-Manager, Aufgaben und Stellung im Unternehmen. Freiburg 1974, S. 83 ff.

schließend einen Netzplan für die nun folgenden weiteren Marketingaktivitäten, wie er beispielhaft in Abbildung 4 dargestellt worden ist. Ferner werden für jeden Abschnitt der voraussichtlichen Produktentwicklung Acticity-Check-Lists entworfen; dies auch, um die Einhaltung des Zeitplans bis zur Markteinführung des neuen Produktes im Griff zu behalten. Eine weitere Vorbedingung für die Weiterentwicklung des Produktes ist die Prüfung der juristischen Voraussetzungen (Lebensmittelgesetz, Heilmittelgesetz, Wettbewerbsgesetze usw.), bevor die Werbeagentur bzw. die eigene Werbeabteilung mit der Vorbereitung einer Kampagne für die Einführung des neuen Produktes beauftragt werden kann. Der Produkt-Manager hat hier die schwierige Aufgabe, die Ansichten von Juristen, Werbefachleuten und möglicherweise auch noch von Technikern zu einem gemeinsamen Ergebnis zu führen[33].

Eine ganze Serie weiterer wichtiger Entscheidungen, die im Zusammenhang mit der Produktentwicklung gefällt werden müssen, sollen, da sie das Tätigkeitsfeld des Produkt-Managers besonders gut kennzeichnen, im folgenden ausführlich dargestellt werden.

1.3.3.1 Verpackung und äußere Aufmachung

Die Gestaltung der Verpackung und der äußeren Aufmachung eines Produktes hat ganz besonders bei Massenkonsumartikeln eine oftmals entscheidende Bedeutung für den Verkaufserfolg. Ganz entsprechend der anvisierten Zielgruppe und der sich daraus ableitenden Produkthypothese muß bereits die äußere Aufmachung ganz genau den Erwartungen des Nachfragers entsprechen.

Lautet die Produkthypothese, wie im vorangegangenen Kapitel erläutert, z. B. „hohe Reinigungskraft mit kosmetischem Nebennutzen", so muß sich dies in der äußeren Aufmachung, d. h. im Verpackungsaufdruck, im Werbedesign nachdrücklich ankündigen, indem etwa „gepflegte Hausfrauenhände" das gewünschte Produktimage unterstützen helfen und die Verpackung selbst derjenigen von kosmetischen Produkten angeglichen wird. Betont dagegen die Produkthypothese „höchste Reinigungskraft", so wird man entsprechend anders verfahren müssen (und eher saubere Fußböden als gepflegte Hausfrauenhände zeigen).

Wie somit erkennbar wird, verlangt die Gestaltung der Verpackung und der äußeren Aufmachung eines Konsumartikels vom Produkt-Manager sehr viel Einfühlungsvermögen in die Wünsche der Konsumenten und ihre Wahlhandlungen („Action Standards") sowie intimes Vertrautsein mit den spezifischen

[33] Vgl.: *Heinrich O. Stellwagen,* Die Organisation und Arbeitsweise einer Marketinggruppe. S. 35.

Erfordernissen des anvisierten Teilmarktes. Darüber hinaus muß der Produkt-Manager auch selber so kreativ sein, diese Einsichten in praktikable Marketing- und Produktkonzeptionen umsetzen zu können, obwohl er hierbei gewöhnlich die Mithilfe von Werbepsychologen und (externen) Designern in Anspruch nehmen kann.
Auf der anderen Seite ist der Produkt-Manager aber auch ein wichtiger Gegenpol zu diesen zumeist wenig „kostensensiblen" Dienstleistungsabteilungen. Man erwartet daher von ihm, daß er mit nüchternem Geschäftssinn die Realisierungsmöglichkeiten der Vorschläge einschätzt und, vor allem, die – gerade hier oft nicht unerhebliche – Kostenentwicklung im Griff behält: Der Designer wird für seine originellen Einfälle bezahlt, der Produkt-Manager für den wirtschaftlichen Erfolg seines Produktes. Aus diesen Gründen ist zu erwarten, daß der Produkt-Manager auf eine enge Zusammenarbeit mit den technischen Abteilungen Wert legen, die Ergebnisse der Kostenrechnung beachten und entsprechende Einwände berücksichtigen wird. In dieser Funktion gewährleistet er die unersetzliche Verbindung von Kreativität und Kostenbewußtsein.

1.3.3.2 Bestimmung des Verkaufspreises

Auf dem Gebiet der Preispolitik sind besonders schwerwiegende Entscheidungen zu fällen; daher überläßt man sie in den meisten Fällen nicht allein dem Produkt-Manager, sondern der Marketingleiter oder/und Mitglieder der Geschäftsleitung sind maßgeblich daran beteiligt, wobei allerdings das Ausmaß der Gewinnverantwortung des Produkt-Managers eine entscheidende Rolle spielt; denn je mehr Eigenverantwortung er zu tragen hat, desto mehr Mitspracherecht wird man ihm in dieser entscheidenden Frage einräumen müssen. Bei der Entscheidungsfindung geht es vor allem darum, einen marktgerechten Einführungspreis für das Produkt zu ermitteln, denn die eingeschlagene Strategie kann von entscheidender Bedeutung dafür sein, ob das neue Produkt ein Versager am Markt, ein „Flop", oder aber ein Verkaufserfolg wird. Grundsätzlich können entweder „aggressive" oder „friedliche" Einführungsstrategien gewählt werden. Als aggressive Einführungsstrategie würde sich der Versuch anbieten, die anfängliche Konkurrenzüberlegenheit des neuen Produktes am Markt durch hohe Einführungspreise maximal gewinnbringend auszunutzen (Marktabschöpfung) oder aber durch zunächst äußerst knapp kalkulierte Einführungspreise potentielle Mitanbieter von vornherein abzuschrecken (Markteroberung)[34]. Die aggressive Strategie richtet sich demnach im ersten Fall vorrangig gegen den Nachfrager unter Ausnutzung eines eventuellen

[34] Siehe dazu ausführlich z. B.: *Nicolaus Grüneberg*, Das Produkt-Management. S. 119 und ebenso *Peter Linnert*, Produkt-Manager. S. 158ff.

„snob-appeals" (nachfrageorientierte Einführungsstrategie), im zweiten Fall gegen die (potentiellen) Mitanbieter (anbieterorientierte Einführungsstrategie). In der Praxis wird es nun sehr darauf ankommen, wie die Marktstruktur jeweils beschaffen ist, also ob es sich um einen Käufer- oder Verkäufermarkt handelt und wie stark sich die Position der Konkurrenten darstellt. Unter den in Westeuropa herrschenden Konkurrenzbedingungen verbietet sich ein allzu aggressives Vorgehen nämlich zumeist ganz von selbst. Für viele Unternehmen ist die Preisfestsetzung daher in erster Linie ein Anpassungsprozeß. Entsprechend erwartet man vom Produkt-Manager, daß er mit der Preisstruktur des Produktumfeldes genauestens vertraut ist und realistische Vorschläge für die Festsetzung des Verkaufspreises unterbreitet. Dies bedeutet dann häufig eine Entscheidung dafür, den Preis „vom Markt zu nehmen", d. h. den Wettbewerb nicht über den Preis auszutragen (non-price-competition), sondern sich vielmehr in dieser Hinsicht an Konkurrenzprodukten zu orientieren und statt dessen z. B. über die äußere Aufmachung, die Produkteigenschaften und/oder durch besonders geschickte Werbung Absatzerfolge zu erzielen. Dieser Weg wird vor allem dann eingeschlagen werden, wenn es sich nicht um die Einführung eines ganz neuen Produktes handelt, sondern nur um die Variation bereits bestehender ähnlicher Produkte, also innovatorischer Wettbewerb stattfindet[35].

1.3.3.3 Ergebnisschätzung

Ist der Verkaufspreis festgelegt, so kann der Produkt-Manager eine erste Ergebnisschätzung vornehmen, d. h. eine Bestimmung der finanziellen Erwartungen für den Absatz des Produktes über einen längeren Zeitraum (meist 3–5 Jahre). Diese Ergebnisschätzung basiert auf vielen Faktoren, die der Produkt-Manager nur durch Simulationstechniken, d. h. durch den Vergleich z. B. mit ähnlichen Produkten, in seine Erfolgsrechnung mit einbeziehen kann[36]. Je nach den Wahrscheinlichkeiten, die er bestimmten, zukünftig realisierbaren Verkaufserlösen und entsprechenden Gewinngrößen beimißt, was wir „performance-test" nennen wollen, kann er bestimmte Maxima/Minima-Erwartungen in Form von Parametern aufstellen und dann jeweils mit dem bereits realisierten Absatz- bzw. Gewinnerfolg vergleichen. Der fortlaufende Performance-Test ermöglicht es ihm dann, zu einer realistischen Einschätzung des zu erwartenden Produkterfolges zu gelangen.

[35] Eine sehr anschauliche Übersicht der Zusammenhänge zwischen Marktsituationen und Preisstrategien findet sich bei: *George S. Dominguez*, Praxis des Produkt- und Marken-Managements. New York 1971, übersetzt von Eberhard E. Scheuing, Heidelberg 1974, S. 146f.

[36] Vgl.: *Heinrich O. Stellwagen*, Die Organisation und Arbeitsweise einer Marketinggruppe. S. 40f.

Obwohl dieses Verfahren mit vielen Unsicherheitsfaktoren belastet ist, spielt es doch eine große Rolle für die strategische Planung und bei dem Versuch, die Tätigkeit des Produkt-Managers von seiten der Unternehmensleitung bzw. des Marketingleiters zu beurteilen, wie wir im zweiten Teil der Arbeit noch ausführlich darstellen werden. Für den Produkt-Manager hingegen ist der kontinuierliche Performance-Test ein wichtiges Hilfsmittel zur Bestimmung der Höhe des für den Absatzerfolg erforderlichen Budgets, das er von seiner vorgesetzten Stelle fordern muß (und für das man ihn verantwortlich machen wird), aber auch zugleich eine wirksame laufende Erfolgsüberprüfung für ihn selber[37].

1.3.3.4 Verkauf und Distribution

Der Verkaufsabteilung gegenüber muß der Produkt-Manager seine Produkt- und Marketingkonzeption erläutern und die Fachleute davon überzeugen, daß sich sein Produkt gut verkaufen läßt. Dazu ist besonders notwendig, daß er die Verkaufsorganisation kennt und die Distributions- und Absatzmöglichkeiten für sein Produkt richtig einschätzt[38]. Im allgemeinen wird der spätere Produkt-Manager daher schon während seiner Ausbildungszeit mit den Distributions- und Verkaufsorganisationen des Unternehmens ausführlich vertraut gemacht. Gerade diese Kenntnis führt jedoch häufig dazu, daß Produkt-Manager wiederholt größeren Einfluß auf die Arbeit der Verkaufs- und Distributionsorgane verlangen, da sie sich über die Auswirkungen im klaren sind, die z. B. eine ungünstige Präsentation gerade „ihres" Produktes durch die Außendienstmitarbeiter haben kann. Sie werden sich daher ständig um eine Bevorzugung der von ihnen betreuten Produkte bemühen – was wiederum sehr leicht zu Konflikten mit dem um seine Kompetenzen besorgten Verkaufs- bzw. Außendienstleiter führen kann[39].

Aber auch die Konkurrenz der Produkt-Manager untereinander um die begrenzte Verkaufskapazität führt zu Problemen. Kommt hier keine Einigung zustande, so wird entweder der Leiter des Marketingbereiches oder aber sogar die direkte Geschäftsleitung als Schiedsrichter eine Aufteilung dieses Engpaßfaktors vornehmen müssen.

[37] Gemeint ist hier das Produkt-Budget als Teil des umfassenden Marketing-Budgets. Je nachdem, welche Kostenbestandteile des Produkt-Budgets durch den Produkt-Manager eigenverantwortlich beeinflußbar sind, bestimmt sich das Ausmaß seiner Verantwortlichkeit. Das Produkt-Budget wird dann für den Produkt-Manager zur Gewinn-Verlust-Rechnung. Vgl.: *Jürgen Wild*, Product Management. Ziele, Kompetenzen und Arbeitstechniken des Produkt-Managers. 2. Auflage, München 1973, S. 105ff.

[38] Vgl.: *Heinrich O. Stellwagen*, Die Organisation und Arbeitsweise einer Marketinggruppe. S. 42.

[39] Siehe dazu ausführlich: *Peter Linnert*, Produkt-Manager. S. 64ff.

1.3.3.5 Werbung und Verkaufsförderung

Ist die Verkaufsorganisation vorbereitet, so arbeitet der Produkt-Manager zusammen mit der Werbeagentur oder der eigenen Werbeabteilung eine Werbestrategie aus. Diese Strategie wird dann dem Marketingleiter oder der Geschäftsleitung vorgelegt. Ist die Genehmigung erteilt, so wird eine Gestaltungskonzeption für die Werbekampagne entworfen, häufig in Verbindung mit einem Einschaltplan für die Werbung in den Medien. Bei allen diesen Aufgaben arbeitet der Produkt-Manager mit der Agentur, dem innerbetrieblichen Werbeleiter und evtl. noch mit der Rechtsabteilung eng zusammen. Das Ergebnis dieser Zusammenarbeit ist dann der Plan für die gesamte Werbekampagne, der dann auch wiederum der Genehmigung bedarf[40].
Nach *Hüttner* ist die Werbung für sein Produkt eine der wichtigsten Aufgaben des Produkt-Managers und sein Einfluß auf Werbepläne, Werbeetat und Werbegestaltung daher entsprechend groß[41]. Auch das Umfrageergebnis von *Poth* scheint dem zuzustimmen: Bei 62,3% der befragten Unternehmen ist der Produkt-Manager, wenigstens was den Umgang mit außerbetrieblichen Werbeagenturen anbetrifft, weisungsbefugt[42].
Nun ist aber in den 70er Jahren in der Bundesrepublik Deutschland eine Entwicklung zu beobachten gewesen, die den Schwerpunkt der Marketing-Aktivitäten in dieser Hinsicht von der Werbung zur Verkaufsförderung („sales promotion") hin verlagert hat. Dieses „Instrument des Marketing, das alle vertriebsorientierten Maßnahmen, Mittel und Methoden umfaßt, die Verkaufsorganisation und Absatzmittler beim Durchfluß der Ware vom Hersteller zum Käufer unterstützen, um die gegebenen Marketing-Zielsetzungen zu verwirklichen"[43], zielt im Gegensatz zur Werbung nicht über eine indirekte Beeinflussung des Kunden zugunsten eines bestimmten Produktes („Pull-System"), sondern versucht statt dessen, das Produkt am „point of purchase" selbst so attraktiv zu präsentieren, daß der Kunde zugreift („Push-System")[44].
Die Wahrnehmung dieser Möglichkeiten bietet dem Produkt-Manager ein weites Betätigungsfeld, um unter Umgehung der seinem unmittelbaren Zugriff zumeist entzogenen unternehmenseigenen Vertriebs- und Verkaufsorgane dennoch mit seiner Werbebotschaft den Endnachfrager direkt zu erreichen. Als solchermaßen direkte verkaufsfördernde Maßnahmen könnten z. B. Gutscheinaktionen, Preisausschreiben, Rabattverkäufe durchgeführt werden,

[40] Vgl.: *Heinrich O. Stellwagen,* Die Organisation und Arbeitsweise einer Marketinggruppe. S. 43f.

[41] Vgl.: *Manfred Hüttner,* Produkt-Management. In: „Wirtschaftsdienst", 46. Jg., Mai 1966, S. 279.

[42] Vgl.: *Ludwig Poth,* Produkt-Management in der deutschen Markenartikelindustrie. S. 29.

[43] *Hans Rudolf Zarth,* Artikel Verkaufsförderung. In: Management-Enzyklopädie, München 1971, Band 6, S. 37.

[44] Ebenda, S. 40.

oder aber es ließe sich durch Schulung und Beratung der Wiederverkäufer eine verbesserte Display-Position[45] des eigenen Produktes herbeiführen.
Die wachsende Bedeutung der Sales Promotion für den Produkt-Manager beruht neben den Vorteilen der (relativ) kurzfristig erfolgswirksamen Durchführbarkeit und der partiellen Verminderung der Abhängigkeiten von Vertriebs- und Verkaufsorganen aber auch darin, daß die Marktdurchdringung mit verkaufsfördernden Maßnahmen erheblich verbessert werden kann – ohne daß die Kosten dafür zugleich unverhältnismäßig ansteigen. Denn durch die enormen Preisanhebungen der letzten Jahre für Einschaltquoten bei Rundfunk und Fernsehen ist die Kostenrelevanz der Nicht-Medienwerbung ohnehin erheblich günstiger geworden, wobei noch hinzu kommt, daß durch die zunehmende Fernsehhäufigkeit im allgemeinen weniger Zeitungen und Illustrierten gelesen werden als früher, es somit immer schwieriger wird, auf diese Weise Werbebotschaften zu übermitteln.
Neben den traditionellen Werbemethoden muß der Produkt-Manager daher in zunehmendem Maße darauf achten, die Möglichkeiten verkaufsfördernder Maßnahmen auszunutzen. Dabei wird von ihm erwartet, daß er kreativ genug ist, um selber entsprechende Denkanstöße zu liefern, und daß er, vor allem, mit den Kundenwünschen so vertraut ist, um unterscheiden zu können, durch welche Display-Aktionen sich die Kaufanreize optimal verstärken lassen, so daß die jeweiligen Marketing-Zielsetzungen für sein Produkt erreicht werden.

1.3.4 Die Markteinführung entwickelter Produkte

1.3.4.1 Die Einführung auf dem Testmarkt

Sind die Aufgaben im Rahmen der Produktentwicklung abgeschlossen, so beginnt die Vorbereitung einer Einführung auf einem Testmarkt[46], sofern das Produkt nicht sofort auf dem Gesamtmarkt verkauft werden soll. Die Entscheidung hierüber wird zwar gewöhnlich durch die Geschäftsleitung getroffen, jedoch übt der Produkt-Manager durch Vorschläge und Interpretation

[45] „Die werbliche Präsentation eines Produktes am Ort des Verkaufs bezeichnet man als Display." *Peter Linnert,* Die neuen Techniken des Marketing. 5. Auflage, München 1974, S. 413.

[46] Die probeweise Einführung des Produktes auf einem Testmarkt, der Markttest, ist „der probeweise Verkauf von Erzeugnissen unter kontrollierten Bedingungen in einem abgegrenzten Markt unter Einsatz ausgewählter oder sämtlicher Marketing-Instrumente mit dem Ziel, allgemeine Erfahrungen bzw. projizierbare Zahlenwerte über die Marktgängigkeit eines neuen Produktes und die Wirksamkeit von einzelnen Marketing-Maßnahmen oder Marketing-Strategien zu sammeln". *K. Höfner,* Der Markttest für Konsumgüter in Deutschland. Stuttgart 1966, S. 11. Zitiert bei: *Nicolaus Grüneberg,* Das Produkt-Management. S. 125.

von Daten einen starken Einfluß aus. Fällt die Entscheidung zugunsten eines Testmarktes, so trifft der Produkt-Manager zusammen mit dem Verkaufsleiter die Auswahl des Gebietes, wobei der Produkt-Manager darauf zu achten hat, daß die Struktur des Testmarktes „in allen entscheidungsrelevanten Merkmalen der Konkurrenz-, Handels- und Konsumentenstruktur des Gesamtmarktes entspricht“[47]. Die Planungsabteilung errechnet die optimalen Bestellmengen für die Produktionsabteilung, die die Testware hergestellt, und bestimmt einen Netzplan für die Testmarkteinführung[48]. Häufig ergibt die Interpretation der Testmarktergebnisse, daß noch Änderungen an der Produkt- oder Marketingkonzeption vorgenommen werden müssen. Der Produkt-Manager hat in einem solchen Fall sofort zu reagieren bzw. schon vorher Gegenmaßnahmen für denkbare Planabweichungen vorzubereiten und mit den entsprechenden Funktionsabteilungen wie z. B. der Verkaufs- oder auch der Produktionsabteilung im voraus abzustimmen[49]. Vor allem hat der Produkt-Manager darauf zu achten, daß die Testperiode möglichst kurz gehalten und pünktlich beendet wird, denn selbstverständlich sind Abwehrmaßnahmen der durch die Testmarkteinführung vorgewarnten Konkurrenten zu erwarten[50].

1.3.4.2 Die Einführung auf dem Gesamtmarkt

Liegen die endgültigen Ergebnisse der Einführung auf dem Testmarkt vor, so werden sie vom Produkt-Manager ausgewertet, der Geschäftsleitung vorgelegt und interpretiert. Empfiehlt er die vollständige Einführung des neuen Produktes und wird diese von der Geschäftsleitung daraufhin genehmigt, so errechnet er zusammen mit der Planungsabteilung aus den Testergebnissen durch Hochrechnung die benötigten Mengen an Roh- und Packstoffen und die notwendige Produktionskapazität[51].

Häufig werden sich nach der Testmarkteinführung aber auch noch Mängel in der Produktgestaltung, der Distribution oder des Verkaufes aufzeigen lassen, die dann vom Produkt-Manager kurzfristig durch taktische Maßnahmen behoben werden müssen.

[47] *Nicolaus Grüneberg*, Das Produkt-Management. S. 126.

[48] Vgl.: *Heinrich O. Stellwagen*, Die Organisation und Arbeitsweise einer Marketinggruppe. S. 46f.

[49] Ebenda, S. 46f.

[50] Vgl.: *Nicolaus Grüneberg*, Das Produkt-Management. S. 126.

[51] Ebenda.

1.3.5 Die Betreuung etablierter Produkte

Ist das neue Produkt dann schließlich auf dem Markt, so muß der Produkt-Manager laufend den Produktlebenszyklus[52] verfolgen, um auf eventuelle Absatzschwächen sofort mit „Stabilisationsstrategien" reagieren zu können. Er steht dabei vor der Entscheidung, das Produkt aus dem Markt zu nehmen, d. h. eine Verjüngung des Produktfeldes zu betreiben oder aber neue Verkaufsanstrengungen zu unternehmen, um die Marktstellung des alten Produktes zu behaupten, sich also für eine Strategie des „Relaunch" zu entschließen, d. h. Maßnahmen zur „Verjüngung" eines Produktes zu ergreifen, das „durch jahrelange Konstanz des Markenbildes und des Marketing-Mix in einem aktiven Markt relativ veraltet ist"[53]. Bevor er eine solche Entscheidung treffen kann, muß sich der Produkt-Manager mit den Verkaufs- und Distributionsorganen der Unternehmung beraten und sich dann für seine Entscheidung der Zustimmung des Marketingleiters bzw. der Unternehmensführung versichern.
Wird ein „Relaunch" des Produktes beschlossen, so werden die oben beschriebenen Stadien wie bei der Produkteinführung ganz oder teilweise wieder durchlaufen.

1.4 Spezifische Probleme der Stellung des Produkt-Managers in der funktionsorientierten Unternehmensorganisation

1.4.1 Das Durchsetzungsproblem

Die Integration des Produkt-Managers in eine funktionale Unternehmensorganisation führt häufig zu dem Dilemma, daß dem Produkt-Manager Aufgaben und Verantwortungen aufgebürdet werden, ohne daß er jedoch auch eine entsprechende Weisungsbefugnis erhält, da die Funktionsbereiche in ihrer Selbständigkeit nicht angetastet werden dürfen, wenn es nicht dazu kommen soll, daß der Produkt-Manager nach und nach alle Aktivitäten an sich zieht[54]. Daraus resultiert unmittelbar das Problem, in welcher Weise der Produkt-Manager die für die Erfüllung seiner zahlreichen Aufgaben notwendigen Maßnahmen gegenüber den Funktionsbereichen durchsetzen soll. In der Tat schei-

[52] Gemeint ist hiermit die Abfolge der Phasen „Einführung", „Wachstum", „Reife", „Sättigung" und „Rückgang" für den Erfolg eines Produktes am Markt. Siehe dazu ausführlich: *Klaus Hoffmann*, Der Produktlebenszyklus. Eine kritische Analyse, Freiburg 1972, S. 42ff.
[53] *Heinrich O. Stellwagen*, Die Organisation und Arbeitsweise einer Marketinggruppe. S. 30.
[54] Vgl.: *Günter A. Andresen*, Artikel Product-Management. S. 1210.

tert der erfolgreiche Einsatz von Produkt-Managern in der Praxis denn auch zumeist an dem Widerstand, der dieser neuen Institution von der „etablierten" Unternehmenshierarchie entgegengebracht wird und den der Produkt-Manager ohne Weisungsbefugnisse schwerlich überwinden kann[55].

Wie gezeigt wurde, hängt das Ausmaß seines Erfolges bei Einsatz in der funktionsorientierten Organisation somit offenbar weitgehend von der Plausibilität seiner Argumente ab und davon, wie gut er dazu in der Lage ist, die Aktivitäten von Abteilungen, über die er keine Weisungsbefugnis qua Linienfunktion hat, zu koordinieren.

Neben seiner Überzeugungskraft beruht die Durchsetzungsfähigkeit des Produkt-Managers in Konfliktfällen aber ebenso auf der Unterstützung durch die ihm übergeordnete Instanz, sei es nun der Marketingleiter oder die Unternehmensspitze[56].

Abgesehen von der Schwierigkeit einer klaren formalen Ausgestaltung des Umfanges an Weisungsbefugnis in dem Ausmaß, wie es dem eigentlichen Wesen des Produkt-Managements entsprechen würde, stehen dem erfolgreichen Einsatz des Produkt-Managers aber auch noch viele weniger organisatorisch als menschlich begründbare Probleme entgegen. Häufig wird ihm nur der imposante Titel „Manager" verliehen, obwohl die Bezeichnung „Assistent" für seine Funktion viel zutreffender wäre. Die Ursache ist darin zu sehen, daß viele Top-Manager gar nicht wirklich Verantwortung delegieren wollen, sondern sich viel lieber bei jeder Entscheidung das letzte Wort vorbehalten. Dies ist vorrangig bei solchen Unternehmen der Fall, die noch keine oder nur sehr wenige Erfahrungen mit dem Einsatz der Institution des Produkt-Managers haben. Der Verantwortungsbereich wird dann zumeist erst im Gefolge eines positiven Lernprozesses sukzessiv ausgeweitet.

Zudem wird das Konzept des Produkt-Managements häufig als ein bloß operationales Marketinginstrument mißverstanden, das auf die jeweiligen unternehmensspezifischen Erfordernisse „zurechtgeschnitten" werden kann[58]. Es muß hier jedoch Betonung auf die Feststellung gelegt werden, daß derjenige Stelleninhaber, der nur beratende Funktion ausübt und nicht selbständige Entscheidungen trifft, nicht die Funktion eines Produkt-Managers im Sinne der eingangs gewählten Definition besitzt und daher auch nicht als ein solcher bezeichnet werden sollte. *Fulmer* begründet das so: „From a descriptive standpoint, there ist no doubt that in many companies ‚product managers' find their positions much more narrow than the description of product manage-

[55] Dazu ausführlich: *Peter Linnert*, Produkt-Manager. S. 33.

[56] Vgl.: *Ivonne S. Roscow*, Product managers: Just what do they do? S. 16.

[57] „...it also takes time for top management to accept the concept that good judgement and sound decisions... can be made competently by individuals far younger and far less paid than corporate vice-presidents." Ebenda, S. 20.

[58] Vgl. *Ludwig Poth*, Produkt-Management in der deutschen Markenartikelindustrie. S. 3.

ment. A normative view, however, should place considerable emphasis on bringing these two concepts together[59]."
Wie ließe sich das Ausmaß der Weisungsbefugnis denn nun innerhalb der funktionalen Organisation klar abgrenzen? Die Antwort hierauf setzt eine grundlegende Umorientierung in bezug auf das „klassische" Stab-Linien-Denken voraus. Da bloßer Stabscharakter dem Wesen des Managers widerspricht und andererseits Linienweisungsbefugnis zu einer Lähmung der Funktionsbereiche führen würde, resultiert daraus konsequenterweise eine Art von „Mischfunktion": Der Produkt-Manager legt der Unternehmensleitung oder dem Marketingleiter einen umfassenden Programmplan für sein Produkt vor, den er mit den einzelnen Funktionsbereichen abgesprochen hat und dem die Bereichsleiter zugestimmt haben. Dabei ist er auf die Überzeugungskraft seiner Argumente angewiesen. Ist dieser Plan dann aber von der vorgesetzten Instanz genehmigt worden, so sind alle daran Beteiligten dadurch verpflichtet, d. h. der Produkt-Manager für die Erreichung der im Plan anvisierten Ziele und die Bereichsleiter für die Bereitstellung der zugesagten Ressourcen. Im Rahmen dieser Verpflichtung besitzt der Produkt-Manager dann volle Autorität, Anordnungen zu treffen und von den Funktionalbereichen die versprochenen Ressourcen zu verlangen[60]. Dies beinhaltet dann allerdings ebenso, daß der Produkt-Manager für die Erfüllung der anvisierten Ziele auch zur Rechenschaft gezogen werden kann: die Konkretisierung der Kompetenzensynthese bildet somit die eigentliche Grundlage für eine Erfolgsbeurteilung, wie wir sie im dritten Hauptteil der Arbeit noch ausführlich vorstellen werden.
Ansonsten gilt, was *Luck* und *Nowak* wie folgt formulieren: „Slotting a novel managerial position into an existing organization is a slow and sensitive process when that position carries (potentially, at least) a significant shift in power[61]."
Um den Anforderungen einer solchen Stellung gerecht zu werden, bedarf der Produkt-Manager beträchtlicher menschlicher und fachlicher Qualitäten. Dies führt uns zum nächsten Gliederungspunkt, dem Anforderungsproblem.

[59] *Robert M. Fulmer*, Reading 4: Product Management: Panacea Or Pandora's Box (i. f. z.: „Panacea Or Pandora's Box"). In: Systems, Analysis, Management: A book for readings. Ed. by D. J. Cleland and W. R. Davies, New York, Toronto, London 1969, S. 30.

[60] „Through the force of his analysis – and often considerable bargaining – the product manager and his superiors arrive at a mutual commitment: he endeavors to reach a specified objective, and they promise that his product line or brands will receive certain levels of corporate support." *David J. Luck* and *Theodore Nowak*, Product Management – Vision Unfulfilled. In: „HBR", Band 43 (1965), Nr. 3, S. 146.

[61] Ebenda, S. 147.

1.4.2 Das Anforderungsproblem

Eines der überraschenden Resultate des Umfrageergebnisses von *Poth* war die Tatsache, daß viele Unternehmen trotz ihrer Bereitschaft zum Einsatz von Produkt-Managern häufig große Schwierigkeiten hatten, geeignete Führungspersönlichkeiten für diese Position zu finden[62]. Diese Probleme beruhen auf den hohen Anforderungen, die an eine derartige Position geknüpft sind: Der Stelleninhaber muß die Qualifikation eines Managers besitzen, d. h. in der Lage sein, alle ihm zur Verfügung stehenden Mittel in bezug auf eine bestimmte Zielsetzung optimal zu koordinieren und in der Anwendungsbreite voll auszuschöpfen[63] – dazu sind sowohl analytisches Denkvermögen als auch schöpferische Phantasie notwendig. In seinem Verhältnis zur Umwelt muß er kontakt- und kommunikationsfreudig sein – soll er doch andere von seinen Vorstellungen überzeugen.

Außerdem erfordert die Position eine hohe psychische und auch physische Belastbarkeit, um die Verantwortung tragen zu können und um über beständige Aktionsbereitschaft zu verfügen[64].

Besitzt der Produkt-Manager nicht diese weitgespannten Fähigkeiten, so ist es für die Marketing- bzw. die Unternehmensleitung unmöglich, so viel Verantwortung und Autorität an ihn zu delegieren, wie es der erfolgreiche Einsatz des Produkt-Management-Konzepts erfordern würde.

1.4.3 Das Ausbildungsproblem

In engem Zusammenhang mit der Frage nach den notwendigen Qualitäten steht das Problem, welche Ausbildung den Produkt-Manager für seine Tätigkeit qualifizieren könnte. Da wegen des weitgespannten Aufgabenbereiches kein einheitlicher Ausbildungsweg für diese statusunsichere Management-Novität als zwingend notwendig erklärt werden kann, werden in der Praxis vorwiegend zwei Auswahlverfahren eingesetzt, um geeignete Produkt-Manager zu erhalten. Entweder man versucht, sich selber geeignete Kandidaten für diese Position heranzubilden, oder – was ungleich häufiger der Fall ist – man wirbt bereits erfolgreiche Produkt-Manager von anderen Unternehmen ab.

In der Praxis werden, da erst in jüngster Zeit eine zielgerichtete absatzorientierte Ausbildung an den Universitäten durchgeführt wird, bei dem an erster

[62] Vgl.: *Ludwig Poth*, Produkt-Management in der deutschen Markenartikelindustrie. S. 18.

[63] LINNERT umreißt diese Fähigkeit des Produkt-Managers als ein „getting things done through other people". Vgl.: *Peter Linnert*, Der Produkt-Manager. S. 111.

[64] Vgl.: *Günter A. Andresen*, Artikel Product-Management. S. 1217f.

Stelle genannten Versuch hauptsächlich zwei Ausbildungswege beschritten, nämlich das „*Trainee-Verfahren*" und das „*Training-on-the-job-Verfahren*", die wir im folgenden kurz erläutern werden.

Zuerst das *Trainee-Verfahren*: Die Kandidaten, zumeist unerfahrene Universitätsabsolventen, werden hierbei jeweils für einige Wochen oder auch Monate in die verschiedenen Abteilungen des Unternehmens geschickt, um dort weiter ausgebildet zu werden und um sich einen allgemeinen Überblick verschaffen zu können. Diese Ausbildung ist im allgemeinen nach zwei Jahren abgeschlossen.

Die bei *Unilever* unternehmensintern durchgeführte Marketing-Ausbildung nach dem Trainee-System sieht z. B. folgende Stationen vor:

3 Wochen Einführung in das Produktfeld
3 Wochen Durchlauf durch die Produktion
2 Wochen Selbstbedienungsladen
1 Woche Verkaufsinnendienst
30 Wochen Verkaufsaußendienst
3 Wochen Marketing-Einführungskursus
1 Woche Marktforschungsinstitut
2 Wochen Werbeagentur
1 Woche Fallstudien-Seminar
1 Woche spezielle Ausbildung (z. B. EDV, Netzplantechnik, Werbung, Marktforschung u. dgl.)

In den einzelnen Ausbildungsbereichen sollen damit die folgenden Ziele erreicht werden[65]:

Marketing: Vermittlung und Übung von Marketing-Techniken anhand von Fallstudien.
Entwicklung der Fähigkeit, Marketingziele zu formulieren, Informationen für die Zielformulierung zusammenzustellen und Aktionsprogramme zu entwickeln.
Verbesserung des Problemlösungsverhaltens.

Werbung: Die Werbung hat besonders im Konsumgütermarkt verständlicherweise sowohl im klassischen als auch im nichtklassischen Bereich ein starkes Gewicht. Demgemäß ist hier ein Schwerpunkt der Ausbildung: Vermittlung von Informationen aus den Bereichen Werbeumsätze, Etatgrößen, Werbeträger u. dgl.
Verbesserung der Fähigkeit, Werbeaussagen zu bewerten (Advertising Judgement).
Verbesserung der Fähigkeit, technische Probleme bei der Produktion von Werbung zu verstehen.

[65] Entnommen aus Firmenunterlagen der DEUTSCHEN UNILEVER GmbH.

Marktforschung: Im Bereich der Marktforschung wird so viel Wissen vermittelt, daß die Ergebnisse, die durch Spezialisten erarbeitet werden, ohne Schwierigkeit richtig interpretiert und verwendet werden können.

Verkauf: Da nahezu alle Firmen von *Unilever* sehr stark verkaufsorientiert sind, besteht zwangsläufig eine enge Beziehung zum Außendienst.
Die Ausbildung, die hier vermittelt wird, ist weniger intellektueller Natur. Vielmehr soll in der Einführungsschulung das richtige Verständnis für eine reibungslose Zusammenarbeit geschaffen werden.

Technik/Produktion: Hier findet eine Ausbildung im Bereich der chemisch-technischen und physikalisch-technischen Prozeßabläufe und der angewandten Chemie ausschließlich über produktgruppenspezifische Probleme statt, die aufwand- und zeitmäßig jedoch weniger ins Gewicht fällt.

Kommerzieller Bereich: Generell wird in diesem Bereich Einblick in die Methoden der Planungs- und Kostenrechnung, in die Gewinnermittlung und Renditerechnung gegeben, um die kontinuierliche Beobachtung finanzieller Resultate durch die Produkt-Manager zu ermöglichen.
Darüber hinaus wird der Informationsbedarf an rechtlichen Aspekten gedeckt (Warenzeichen, Wettbewerb, Gesellschaftsrecht, produktrelevante Gesetze und Verordnungen).

Quantitative Methoden und EDV: In diesen Bereich fallen neben EDV-Einführungskursen Ausbildungsthemen, wie Lineare Optimierung, Simulationsmethoden, Netzplantechnik, Prognosemethoden und Entscheidungstheorie.

Sonstige Ausbildungsbereiche: Zumeist erst zu einem Zeitpunkt, wo die Marketing-Mitarbeiter bereits im Bereich des „General Managements" tätig sind, kommen noch Themen aus dem Personalbereich, Fragen der Menschenführung, der Leistungsbeurteilung, der Gruppenprozesse und der Kommunikation hinzu.

Das *Training-on-the-job-Verfahren* beruht dagegen darauf, daß jedem erfahrenen Produkt-Manager (Senior-Manager) oder auch Brand-Manager ein oder mehrere Kandidaten als Assistenten (Junior-Manager) zugeteilt werden. Nach und nach erhalten die Kandidaten dann mit dem Ausbildungsfortschritt mehr Eigenverantwortung zugeteilt und wachsen so allmählich in die Position eines selbständigen Produkt-Managers hinein. Bei dem amerikanischen Detergentien-Konzern *Procter & Gamble* sieht eine solche Ausbildung etwa wie folgt aus:

Brand Assistant in the Advertising Department
Dauer: ca. 18 Monate
Sales Training
Dauer: ca. 4–5 Monate
Assistant Brand Manager

Dauer: ca. 2 Jahre
Brand Manager

Die Begriffe Produkt- und Brand-Manager werden hier analog gebraucht. Gemeinsam ist beiden sehr häufig kombiniert angewandten Verfahren die Schwäche, daß relativ jungen Mitgliedern der Unternehmensorganisation die Macht anvertraut wird, durch ihr Veto, Vorschläge und Ideen von anderen Abteilungen oder außerbetrieblichen Agenturen in bezug auf ihr Produkt zu blockieren. Das Problem bei der Einführung liegt vornehmlich in der Klärung der Frage, bis zu welchem Ausmaß Macht an die jüngsten und unerfahrensten Mitglieder der Unternehmensorganisation übertragen werden kann[66]. Dieses Hindernis hat daher oft zur Folge gehabt, daß viele Unternehmen diese Position doch lieber erfahreneren Führungskräften anvertrauen, deren ideeller und materieller Status dann allerdings auch entsprechend besser ausgestattet ist[67].

1.4.4 Das Beurteilungsproblem

Wie das Umfrageergebnis von *Poth* zeigt, wird die Leistung des Produkt-Managers häufig allein daran gemessen, ob es ihm gelingt, den Gewinn zu steigern[68]. Diese Anschauung wirft jedoch das Problem auf, inwieweit der Produkt-Manager in einer der oben beschriebenen Positionen innerhalb der funktionsorientierten Unternehmensorganisation denn überhaupt für Maßnahmen und deren Ergebnisse, die den Gewinn seines Produktes bestimmen, gerechterweise verantwortlich gemacht werden kann. Die vorangehende Darstellung hat seine Abhängigkeit von den Funktionsbereichen deutlich gezeigt. Daher sollte er fairerweise nur nach solchen Aktivitäten beurteilt werden, die er selbständig vornimmt[69]. Die Schwierigkeiten, die einer solchermaßen begrenzten Beurteilungsmöglichkeit angesichts der organisatorischen Position (wie beschrieben) entgegenstehen, werden wir im dritten Hauptteil der Arbeit noch ausführlich darstellen.

[66] Dazu ROSCOW: „The extent to which it can commit the power of original veto to the youngest and least experienced members of the organization." *Ivonne S. Roscow*, Product managers: Just what do they do? S. 20.

[67] Vgl.: *Rolf Berth*, Produktmanagement. S. 668.

[68] Siehe dazu: *Ludwig Poth*, Produkt-Management in der deutschen Markenartikelindustrie. S. 1f.

[69] Dazu AMES: „Although product profitability and share of market performance are indicators that cannot be overlooked indefinitely (since, after all, the primary role of the product manager is to provide the specialized attention needed to improve these), it is not fair to hold the product manager accountable for these factors on a short-term basis. There are too many influences beyond his control that contribute to profit and market share changes up or down." *Charles B. Ames*, Payoff from Product Management. S. 152.

2. Selbständig: Der Produkt-Manager in der produktorientierten Unternehmensorganisation

2.1 Die produktorientierte Unternehmensorganisation

2.1.1 Darstellung

Im Gegensatz zur vertikalen Aufgliederung nach Funktionen werden in der produktorientierten Unternehmensorganisation eigenständige Produktbereiche in horizontaler Ebene geschaffen, wie es Abbildung 14 veranschaulicht.

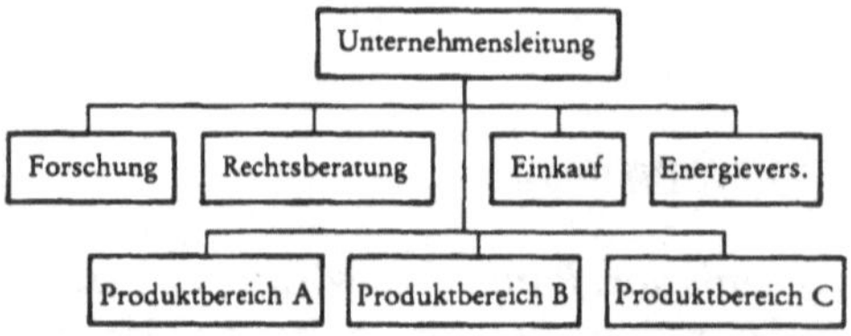

Abb. 14: Beispiel einer produktorientierten Unternehmensorganisation mit Zentralbereichen

Diese Produktbereiche, für die häufig auch die Bezeichnung „Division" gewählt wird, haben zwar grundsätzlich selbständigen Charakter[70], doch ergeben sich – je nach Art der sonstigen Unternehmensstruktur – in der Praxis jeweils stark unterschiedliche Abstufungen der Autonomie dieser Teilbereiche durch die Beziehungen zu der Unternehmensleitung und durch die jeweiligen Abhängigkeiten von den zentralen Dienstleistungs- und Versorgungsbereichen; denn in vielen Unternehmen tritt die produktorientierte divisionale Organisation nicht in reiner Form auf, sondern es bleiben, wie die Abbildung zeigt, zumeist bestimmte Funktionen (hier: Forschung, Rechtsberatung, Einkauf, Energieversorgung) außerhalb der divisionalen Gliederung. Um diesen Besonderheiten in der organisationstechnischen Abgrenzung der Divisionen innerhalb der Unternehmensstruktur gerecht zu werden, schlägt *Poensgen* die Unterscheidung nach Erfolgs- und Kapitalbereichen („profit centers" bzw.

[70] Dazu SOLOMONS: „Divisionalization... adds to decentralization the concept of ‚delegated profit responsibility'. A division has been defined as a company unit headed by a man fully responsible for the profitability of its operations, including planning, production, financial and accounting activities, and who usually, although not always, has his own sales force. The division may be a unit of the parent company or it may be a wholly or partially owned subsidiary." In: Division Financial Executives, Studies in Business Policy, Nr. 101, New York: National Industrial Conference Board, 1961. Zitiert bei: *David Solomons*, Divisional Performance: Measurement and Control. Homewood/Illinois und Nobleton/Ontario 1965, S. 3.

„investment centers") vor. Der übergeordnete Begriff ist dementsprechend die Bezeichnung „Geschäfstbereich" („division")[71].

Für den Erfolgsbereich, das Profit Center, gilt als Minimaldefinition, daß diese organisatorische Teileinheit wenigstens die Bereiche Produktion und Absatz für ein Produkt bzw. eine Produktgruppe umfassen muß und daß zugleich „der Erfolg in einer Gegenüberstellung von Umsatzerlösen und Aufwand als deren Differenz gemessen wird"[72]. Die Definition des Kapitalbereiches bzw. Investment Centers geht in der Übertragung von Gewinnverantwortlichkeit noch einen Schritt weiter: Das im Investment Center von seiten der Unternehmensleitung eingesetzte Kapital wird insgesamt zum Divisionserfolg in Beziehung gesetzt, und zwar als „Nettoerfolg nach Kapitalkosten („residual income")" oder aber als Rentabilitätsgröße („return on investment")[73]. Eine ausführliche Darstellung beider Methoden und eine kritische Wertung erübrigen sich hier, da im dritten Hauptteil im Zusammenhang mit Einsatz-Kontrollverfahren für das Produkt-Management noch detailliert auf die mit den Verfahren verbundene Problematik eingegangen werden wird.

Neben dem auf die Erfolgsermittlung ausgerichteten Gesichtspunkt einer Unterscheidung zwischen Erfolgsbereichen und Kapitalbereichen muß aber noch nach dem jeweiligen Ausmaß der Verantwortungsdelegation differenziert werden. So ergibt sich für den Leiter eines Profit Centers, den Divisions-Manager, eine Einschränkung seiner Erfolgsverantwortlichkeit dadurch, daß er bei Entscheidungen, die die Investitionsbasis seiner Division betreffen, nur ein Mitspracherecht ausüben darf – er mithin für erfolgshemmende Faktoren wie etwa überalterte Produktionsanlagen, unverhältnismäßig hoch angesetzte Abschreibungen u. dgl. nur begrenzt zur Verantwortung gezogen werden kann[74].

Bei der Gliederung nach Investment Centern wird dagegen auch diese Einschränkung der Entscheidungsdelegation aufgehoben, so daß der Divisionsleiter auch über die Verwendung des Investitionsvolumens frei entscheiden kann[75]. Im Extremfall wird die Unternehmenszentrale damit zum bloßen Kapitalgeber; man spricht dann von einer „reinen Holdinggesellschaft"[76]. Diese Position würde allerdings nicht mehr unserer Auffassung vom Produkt-Management entsprechen.

[71] *Otto H. Poensgen*, Geschäftsbereichsorganisation. Opladen 1973, S. 28.

[72] Ebenda, S. 28f.

[73] Ebenda, S. 29.

[74] Vgl.: *Klaus Lüder*, Investment-Kontrollverfahren. In: Rechnungswesen und Betriebswirtschaftspolitik. Festschrift für Gerhard Krüger, hrsg. von *M. Layer* und *H. Strebel*, Berlin 1969, S. 306. Und ebenso: *J. J. Mauriel* und *R. N. Anthony*, Misevaluation of Investment Center Performance. In: „Harvard Business Review", Jg. 1966, Heft 2, S. 98ff.

[75] Ebenda.

[76] *K. H. Berger*, Unternehmensgröße und Leitungsaufbau. Berlin 1968, S. 155.

In der Praxis hat sich die Divisionalisierung im wesentlichen auf zwei Arten entwickelt. Die eine Entstehungsart sind die „conglomerates". Hierunter versteht man Gesellschaften, die durch Zukauf ganzer Unternehmen und Fusionierung diversifizieren. Die Ausdehnung geht dabei nach rein kaufmännischen Überlegungen vor sich. Eine Gemeinsamkeit der dem Verbund neu hinzutretenden Unternehmen in bezug auf hergestellte Produkte ist häufig nicht vorhanden[77].
Anders verhält es sich bei der zweiten Entstehungsart, die im amerikanischen Sprachgebrauch als „diversified majors" bezeichnet wird. Hierbei handelt es sich um Unternehmen, die sich aus dem „inneren" Wachstum der Gesamtunternehmung heraus divisionalisiert haben. Die Divisionalisierung erfolgt hier häufig in produktionstechnisch bereits vorgezeichnete Bereiche, die dann zunehmend an Größe und Autonomie gewinnen. Beispiele für solche „diversified majors" finden sich bei den Konzernen *Borg-Warner*, *Westinghouse* und *General Electric*[78].
Von diesen beiden möglichen Entstehungsformen der Divisionalisierung stellen die Conglomerates in bezug auf die Autonomie die extremste Form dar, da es sich hierbei in der Regel um kaufmännisch (wenn auch nicht juristisch) selbständige Einzelunternehmen handelt.
Bei den Conglomerates (entsprechend dem Begriff der reinen Holdinggesellschaft in der deutschen Literatur) genießt das einzelne Unternehmen innerhalb des Verbundes weitgehende Autonomie. Die Verbindung zur Dachgesellschaft besteht hauptsächlich durch die vom Gesetzgeber vorgeschriebenen Kontrollorgane. Die Dachgesellschaft nimmt häufig die Besetzung der wichtigsten Stellen innerhalb der Tochtergesellschaften, den Divisionen, vor und kontrolliert den Erfolg. Sie legt die Ziele der Gesamtunternehmung fest und nimmt eine indirekte Lenkung des Kapitals nach Renditegesichtspunkten vor. Hier findet sich dann auch besonders häufig der beschriebene Fall, daß sie zur bloßen Verwaltungsstelle für Kapitalanlagen wird, während alle übrigen Funktionen an die Divisionen delegiert werden[79].
Anders ist es bei den Diversified Majors. Hier tritt die Verbindung der Divisionen zur Unternehmensleitung stärker hervor, und zwar im wesentlichen durch eine strengere Ausrichtung auf die gesamtunternehmerischen Zielsetzungen. Außerdem ist man vor allem darauf bedacht, die Vorteile der Arbeitsteilung und der Spezialisierung, verbunden mit der Integration zu einem Gesamtunternehmen, auszunutzen, ohne jedoch zugleich dabei die Kontrolle über die verselbständigten Teilbereiche zu verlieren[80].

[77] Der Begriff „conglomerates" wird verwandt in Anlehnung an *N. A. Berg*, What's different about conglomerate management? In: „Harvard Business Review", Jg. 1969, Heft 6, S. 112.
[78] Vgl. Ebenda.
[79] Vgl. *K. H. Berger*, Unternehmensgröße und Leitungsaufbau. S. 155.
[80] Vgl. *N. A. Berg*, What's different about conglomerate management? S. 14.

In stärkerem Maße als für die Conglomerates gilt für die Diversified Majors die Feststellung: „The fact that a divisionalized company is more than the sum of its parts is evidenced through the intricate pattern of interdivisional relationships which can establish itself within a large divisionalized company[81]."
Zum Abschluß dieser Betrachtung der Entstehungsgeschichte und der Unterscheidungsformen produktorientierter Unternehmensorganisation müssen wir uns jetzt noch mit einem Sonderfall divisionaler Gliederung auseinandersetzen, der zwar an sich nicht in den bisherigen Definitionsrahmen paßt, wegen seiner großen Bedeutung in der unternehmerischen Praxis, aber dennoch wohl an dieser Stelle eingeordnet werden muß. Und zwar handelt es sich hierbei um organisatorische „Brückenköpfe", mit denen ausländische Unternehmen auf dem bundesdeutschen Absatzmarkt Fuß zu fassen versuchen, wobei jedoch im Gegensatz zur „echten" Divisionalisierung die produktionstechnischen Anlagen und ebenso (so ziemlich) alle Funktionsbereiche bei dem Mutterunternehmen im Ausland verbleiben, also lediglich die Marketingfunktionen für eine bestimmte Produktpalette organisatorisch ausgegliedert und auf den neuen Absatzmarkt verpflanzt werden. Zumeist wird dieser Produktbereich, der im folgenden als „Verkaufsdivision" bezeichnet werden soll, noch mit einigen Spezialisten aus den zentralen Funktionsbereichen als Stabshelfer ausgestattet (siehe dazu Abb. 16).
Nach der eingangs erhobenen Minimalforderung, daß einer Division wenigstens die Bereiche Produktion und Absatz zugeordnet sein müßten, handelt es sich bei der Verkaufsdivision daher nur um eine organisatorische Teillösung – und entsprechend sind auch bei der Erfolgsverantwortlichkeit wesentliche Abstriche zu machen. Da jedoch (in der Regel) alle Marketingfunktionen von der Verkaufsdivision ausgeübt werden, gehört sie sinngemäß auch zu den organisatorischen Einheiten, die von der Aufgabensynthese her einem Produkt-Manager übertragbar sind, und wir werden uns daher bei der Erörterung der Integration des Produkt-Managers in die produktorientierte Unternehmensorganisation auch mit diesem Sonderfall intensiv auseinandersetzen müssen.

2.1.2 Vorzüge und Schwächen

Der wohl wesentlichste Vorteil der produktorientierten Organisation gegenüber der funktionsorientierten besteht darin, daß sowohl eine den produktspezifischen Erfordernissen besser entsprechende Marktnähe der dezentralisierten Entscheidungszentren erreicht werden kann als auch eine weitgehende

[81] *D. Solomons,* Divisional Performance: Measurement and Control. S. 160.

Delegation von Verantwortung und Weisungsbefugnis ermöglicht wird. Eine dem tatsächlichen Verkaufserfolg besser gerecht werdende Erfolgsbeurteilung für die einzelnen Produkte bzw. Produktgruppen läßt sich nun leichter vornehmen als dies bei der bisherigen funktionsorientierten Gliederung der Fall war, da die Voraussetzung fehlender oder zumindest geringer Interdependenzen zwischen den einzelnen Bereichen bei weitgehend selbständigen Divisionen in der Regel in größerem Maße erfüllt wird[82]. Jedoch ist diese Lockerung des unternehmensinternen Verbundes, die Dezentralisierung der Machtstruktur, auch nicht ohne Gefahren; denn jetzt tritt für die Unternehmensleitung verstärkt das Problem auf, die Divisionsleiter hinsichtlich einer übergeordneten, auf das Gesamtunternehmen bezogenen Zielsetzung zu motivieren – oder anders ausgedrückt: Die Divisionsleiter daran zu hindern, persönliche oder divisionsbezogene Ziele zu verfolgen, die im Widerspruch zum Gesamtnutzen der Unternehmung stehen[83]. Dem – gewöhnlich zu erwartenden – Motivationsgewinn durch die Übertragung von Eigenverantwortung steht somit eine drohende Diskrepanz zwischen Divisionszielen und Zielen der Gesamtunternehmung gegenüber. Außerdem kann die Kontrolle der Unternehmensleitung über die gewöhnlich zur völligen Verselbständigung strebenden Divisionen leicht verlorengehen, so daß unerwünschte „Reibungsverluste" durch konfligierende Aktivitäten sowohl innerhalb der eigenen Unternehmensorganisation als auch auf den Produktmärkten selbst entstehen können. Was in funktional gegliederten Unternehmen bei zunehmender Produkt-Diversifikation rasch zum Problem wurde, nämlich die reaktionsschnelle Ausrichtung auf ständig wechselnde Markterfordernisse und auf die individuelle Betreuung eines jeden Produktes, scheint bei der produktorientierten Unternehmung zwar weitgehend gelöst, doch müssen dafür dann wieder diejenigen anderen Nachteile in Kauf genommen werden, die mit der Zerschlagung der zentralen Funktionsbereiche einhergehen, so beispielsweise der Verlust an hochkonzentriertem Fachwissen und von Synergieeffekten durch die Aufspaltung eines „geballten" Spezialwissens innerhalb der zentralen Funktionsbereiche in kleinere Abteilungen auf der Divisionsebene. In der Praxis hat man, wie schon gezeigt, diesen Nachteil dadurch zu umgehen versucht, daß einige Zentralbereiche außerhalb der divisionalen Gliederung belassen wurden, wobei das abgebildete Beispiel, je nach Ausmaß der Entscheidungsdelegation an die Divisionsebene, noch beliebig erweitert werden könnte. Die Beibehaltung der zentralen Funktionsbereiche kann allerdings auch aus dem Grund erfolgen, die Gemeinkosten, den „administrative overhead" für das Gesamtunternehmen möglichst gering zu halten, denn mit der Dezentralisierung ist zumeist ein An-

[82] Siehe dazu: *H. Weber*, Funktions- und produktionsorientierte Organisation der industriellen Unternehmen. In: „Zeitschrift für Betriebswirtschaft", Jg. 1968, S. 596.

[83] Vgl.: *Helmut Hagemann*, Artikel Organisation. S. 955.

stieg dieser Kosten verbunden: „However careful the organization is to avoid the duplication of authority, having head office staff personnel overlooking divisional personnel will generally lead to a more expensive administrative organization than a centralized company would need[84]."
Aus dieser kurzen Beschreibung läßt sich bereits ersehen, daß der Produkt-Manager in der produktorientierten Unternehmensorganisation ungleich günstigere Eintritts- und Arbeitsbedingungen vorfindet als dies bei der funktionsorientierten Organisation der Fall war. Er ist jetzt kein „Fremdkörper" mehr, der einer bestehenden Organisation „aufgepfropft" werden muß, sondern integraler Bestandteil der neuen Unternehmenskonzeption überhaupt. Dennoch geht, wie im folgenden gezeigt werden soll, die organisatorische Einführung häufig nicht ohne Schwierigkeiten vor sich.

2.2 Die Integration des Produkt-Managers in die produktorientierte Unternehmensorganisation

2.2.1 Begründung der Integration

Wie schon angedeutet, läßt sich die Integration des Produkt-Managers im Rahmen einer produktorientierten Unternehmenskonzeption generell leichter vollziehen. Jedoch ergibt sich gerade beim Bestehen einer solchen Struktur nicht unbedingt die Notwendigkeit, für eine individuelle Betreuung der Produkte noch eine besondere Institution zu schaffen, wie es in der funktionsorientierten Organisation der Fall war, da eine Ausrichtung auf die Produkte ja ohnehin schon erfolgt. Es müssen also auch noch andere Gründe vorliegen.
Erinnern wir uns daher an dieser Stelle einer der Hauptschwächen der produktorientierten Organisation, an die Gefahr der unkontrollierten Verselbständigung der Divisionen und an die Nachteile, die durch die Zerschlagung der ursprünglichen zentralen Funktionsbereiche entstehen können.
Viele Unternehmen und darunter vor allem solche, die eine Umstellung von der funktionsorientierten auf die produktorientierte Organisation schrittweise vollziehen wollen, wählen daher zunächst einen organisatorischen Mittelweg: den Produkt-Manager. So wie der Produkt-Manager in unserem ersten Modell die Schwächen der funktinalen Organisation zugunsten einer besseren Orientierung an den aktuellen Markterfordernissen beseitigen helfen sollte, so dient er jetzt als Instrument, um den Wandel zur produktorientierten Organi-

[84] *David Solomons*, Divisional Performance: Measurement and Control. S. 13.

sation leichter vollziehen zu können und deren spezifische Schwächen zu mildern. Schließlich ist es bei einer derartigen „Umorganisation“ nicht damit getan, auf einem Organisationstableau einige Striche neu zu ziehen, vielmehr besteht die Hauptaufgabe und das wohl schwergewichtigste Problem in einer neuen Ausrichtung etablierter Denkweisen. Alle anderen Reibungsverluste lassen sich durch behutsames Vorgehen vermeiden oder zumindest minimieren – der Widerstand aus den eigenen Reihen, sei es durch passive Verweigerung, sei es durch aktives „Fallenstellen“, ist in seinen Auswirkungen weitaus ernster zu nehmen. Die Einführung von Produkt-Managern und die allmähliche Aufwertung ihres ideellen und materiellen Status ist somit ein wirksames Hilfsmittel, um eine allmähliche Umorientierung innerhalb der gesamten Führungsstruktur herbeizuführen[85].

Ein vollständig anderer Anlaß für die Integration des Produkt -Managers kann dagegen in den Unternehmen bestehen, deren Produktbereiche bereits nach Divisionen geordnet sind, durch bloßes Wachstum aber eine solche Größe angenommen haben, daß der Divisionsleiter sich gezwungen sieht, eine besondere organisatorische Regelung – eben den Produkt-Manager – vorzunehmen, um die intensive Betreuung einzelner Produkte oder auch Produktgruppen sicherzustellen.

Ist die Division selbst nach Funktionen gegliedert, was in den meisten Fällen vorliegt, so sind die dabei auftretenden Probleme in kleinerem Maßstab in etwa die gleichen, wie sie bei der Einführung des Produkt-Managers in eine funktionale Organisation überhaupt bereits vorlagen, und brauchen daher nicht noch einmal erörtert zu werden.

2.2.2 Der Produkt-Manager als Divisionsleiter

Die zu Anfang gewählte tätigkeitsbezogene Definition forderte vom Produkt-Management, daß es die Planung, Leitung und Kontrolle aller Phasen innerhalb des Produktlebenszyklus umfassen müsse. Derjenige, der diesen Anforderungen wohl am besten und vollständig genügen könnte, wäre ohne Zweifel nicht etwa der Produkt-Manager, sondern ein selbständiger Unter-

[85] „Organization structure's chief effect upon individuals within it is a tendency to fix the nature and scope of their activities and to condition the direction of the growth and development of the executives holding the various positions.“ Daher muß das Ziel einer Institutionalisierung von Produkt-Managern sein, „... that the positions, appearing permanent, become goals sought by those who are working their way up through the organization.“ *Dalton E. McFarland*, Management. Principles and Practices. Third edition, New York 1970, S. 394.

nehmer[86]. In der Tat haben denn auch viele Unternehmen versucht, die Stellung ihrer Produkt-Manager diesem „Ideal" anzupassen, und zwar indem sie ihnen die Leitung einer weitgehend selbständig operierenden Division übertrugen. *Fulmer* bezeichnet diesen Versuch als den „little general manager approach"[87].

Ein solcher Divisionsleiter im Sinne eines General-Managers bietet den Vorteil, daß sich alle Funktionen, die sein Produkt betreffen, brennpunktartig auf ihn konzentrieren – jedoch schafft soviel Macht in der Hand eines Managers auch leicht Antipathien und Unzufriedenheit innerhalb der Gesamtorganisation. Außerdem sollte die zu weitgehende Verselbständigung und die damit verbundene fehlende Kontrolle über autonome Divisionsleiter ja gerade durch den Einsatz von Produkt-Managern vermieden werden.

Es erscheint daher ratsam, einen klaren definitorischen Trennstrich zwischen dem „Division-General-Manager" (Divisions-Manager) und dem Produkt-Manager in der Funktion des Leiters einer Division zu vollziehen. Im folgenden bezeichnen wir daher als

„*Divisions-Manager*" denjenigen, der endgültige Autorität und Verantwortung für alle Aktivitäten, die ein Produkt oder eine Produktgruppe betreffen, besitzt [88]; und als

„*Produkt-Manager*" denjenigen, der primäre Autorität und Verantwortung für alle Aktivitäten, die den Lebensweg eines Produktes bestimmen, besitzt. Dies beinhaltet nicht, daß seine Autorität und Verantwortung endgültig oder unbeschränkt alle Bereiche des Produktdaseins umschließt[89] – eben darin liegt ja der Unterschied zum Divisions-General-Manager. Entsprechend wäre der Divisionsleiter in der als „Diversified Major" bezeichneten Organisationsform wohl noch ohne weiteres als Produkt-Manager zu bezeichnen, wogegen bei conglomerater Unternehmensstruktur und selbständigen Kapitalbereichen bereits Zweifel daran aufkommen dürften.

Die Position des Brand-Managers, dem die Betreuung der unter einem Markennamen vereinigten Produkte obliegt, soll auch hier wieder analog zu der Position des Produkt-Managers verstanden werden – jedenfalls soweit es die organisatorische Stellung betrifft[90].

[86] Dazu FULMER: „Paradoxically, the perfect product manager is not a product manager at all. Probably the only who would completely satisfy the definition given would be the president of a single-product firm." *Robert M. Fulmer*, Panacea Or Pandora's Box. S. 32.

[87] Ebenda.

[88] „The executive who has the authority and responsibility to manage (or as BUSKIRK would say, ‚plan, direct, and control') the life cycle of a group of related products." Ebenda, S. 34.

[89] Ebenda, S. 35.

[90] Dazu FULMER: „When purchases of products are made on the basis of brand preference, it is more accurate to refer to the executive responsible for managing the life cycle of the item as a brand manager." Ebenda.

Es ist hier wichtig, darauf hinzuweisen, daß diese Abgrenzung der Stellung des Produkt-Managers hinsichtlich Weisungsbefugnis und Verantwortung nicht im Widerspruch steht zu der bisher vertretenen Auffassung von der Funktionssynthese, da die kennzeichnenden Inhalte „Planen, Leiten und Kontrollieren" ja keineswegs implizieren müssen, daß alle produktbezogenen Aktivitäten innerhalb des Produktlebenszyklus der ausschließlichen Autorität des Produkt-Managers unterworfen sind, sondern lediglich, daß diese Managementfunktionen ein wesentliches Charakteristikum seiner Position darstellen[91].

Das nachfolgend abgebildete Organisationsschema der *3M Deutschland GmbH* soll dieses Verständnis der definitorischen Abgrenzung erläutern helfen und zugleich ein Beispiel dafür geben, wie die Stellung eines Produkt-Managers als Leiter einer Division gestaltet sein kann, ohne zugleich derjenigen eines Division-General-Managers zu entsprechen. Im folgenden wird dabei davon ausgegangen, daß die Stellung eines Leiters der in der Abbildung dargestellten Produktbereiche derjenigen gleicht, wie sie gemäß unserer Definition für einen Produkt-Manager in der Position eines Divisionsleiters beschaffen sein müßte. Bei einem Unternehmen, das wie *3M Deutschland* höchst verschiedenartige Produkte herstellt, hat sich eine Organisationsform als vorteilhaft erwiesen, die sowohl den produktspezifischen Erfordernissen und den Besonderheiten auf den jeweiligen Absatzmärkten gerecht wird als auch ebenso die Einbindung und Kontrolle der Produktbereiche in die Gesamtorganisation gewährleistet. Die vertikale Koordination mit der Unternehmensleitung wird dabei durch regelmäßige Sitzungen des Management-Komitees und des Finanz-Komitees gesichert, bei denen die Divisionsleiter über die Entwicklung in ihren Produktbereichen Bericht erstatten müssen. Die horizontale Koordination zu den gleichgetellten Funktionsbereichen ergibt sich dagegen aus der Notwendigkeit zur Zusammenarbeit auf all jenen Gebieten, in denen sich positive Synergieeffekte ausnutzen lassen, ohne aber zugleich den Entscheidungsspielraum der Divisionsleiter dergestalt nachteilig zu beeinflussen, daß diese den höchst unterschiedlichen produkt- und marktspezifischen Erfordernissen nicht mehr flexibel entsprechen können.

Eine weitere wichtige Unterscheidung gilt für den Produkt-Manager als Leiter einer Verkaufsdivision. Hier sind (gemäß unserer Definition) alle Marketingfunktionen ausgegliedert und unterstehen der Linienweisungsbefugnis des Divisionsleiters, dagegen werden die Belange der zentralen Funktionsbereiche und hier insbesondere auch des Produktionsbereichs durch Funktionsspezia-

[91] „This definition does not require that all phases of a product's life cycle be exclusively the domain of one individual, but it does require management as one of the identifying characteristics of a product manager." Ebenda, S. 30.

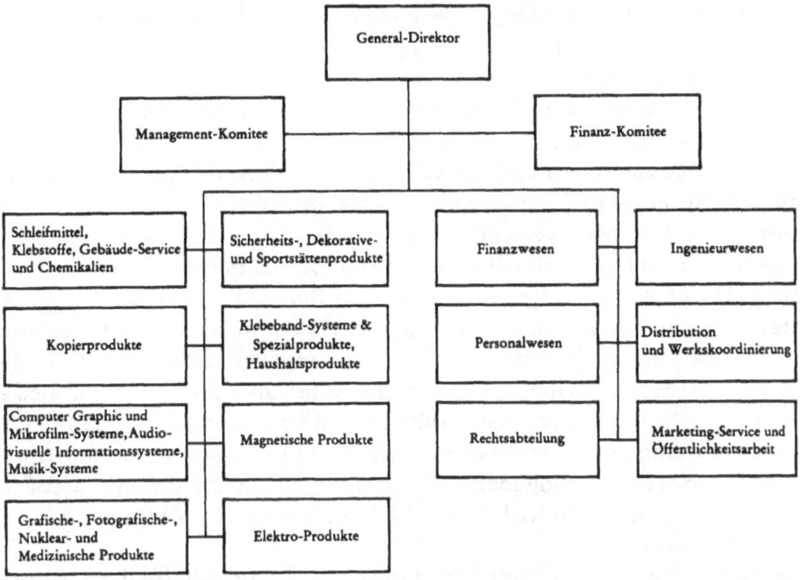

Abb. 15: Die Organisationsstruktur der 3M DEUTSCHLAND GMBH

listen in entsprechenden Abteilungen auf Divisionsebene wahrgenommen und sind damit dem direkten Zugriff des Divisionsleiters entzogen. Es liegt somit eine Mischform zwischen funktionsorientierter und produktorientierter Unternehmensorganisation vor. Zum besseren Verständnis soll auch hier wieder ein Beispiel aus der unternehmerischen Praxis dargestellt und erläutert werden.

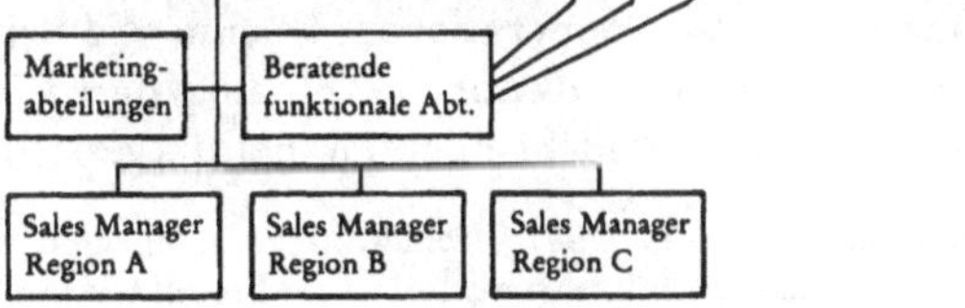

Abb. 16: Der Produkt-Manager als Leiter einer Verkaufsdivision

Die in der Abbildung wiedergegebene organisatorische Lösung kennzeichnet eine Besonderheit, nämlich das gleichgestellte „divisionale Controlling". Es handelt sich hierbei um ein Instrument der Konzernzentrale zur besseren Kontrolle der Kosten- und Gewinnentwickung bei den Divisionen auf den regionalen Absatzmärkten. Zugleich ist das Bereichscontrolling für den Divisionsleiter aber auch ein wichtiges Hilfsmittel zur Bestimmung einer verkaufsoptimalen Strategie und zur eigenen Erfolgskontrolle. Dies deshalb, weil der Controller an zwei Management-Informationssysteme (MIS) angeschlossen ist, nämlich an das auf Divisionsebene und an das im Bereich der Hauptgeschäftsleitung. Durch diese Bindegliedfunktion des Bereichscontrolling ist gewährleistet, daß der Divisionsleiter ständig alle Daten aus der Gesamtunternehmung abrufen kann, die er für seine Entscheidung benötigt[92] – ebenso ist aber auch gewährleistet, daß die Unternehmensleitung über das MIS alle Daten erhält, die zur Ausübung von Kontrollfunktionen notwendig sind. Da das Bereichscontrolling dem Divisionsleiter nicht untergeordnet ist, hat dieser auch keinerlei Gelegenheit, ungünstige Ergebnisse zu unterdrücken, so daß die Zentrale jederzeit unverfälscht über die Situation in den Verkaufsdivisionen unterrichtet wird.

Eine weitere Besonderheit des hier dargestellten Beispiels ist die Unterordnung der regionalen Aufteilung der Absatzmärkte (Sales Manager) unter das Produkt-Management, häufig findet sich eine Gleichstellung dieser beiden Managementfunktionen auf Divisionsebene, wodurch dann eine matrixähnliche Organisationsstruktur entstehen würde.

2.2.3 Der Produkt-Manager innerhalb der Division

Der zweite Grund für die Integration des Produkt-Managers in die produktorientierte Organisation wurde weiter oben bereits genannt: die Divisionen haben durch Wachstum ein solches Ausmaß angenommen, daß die individuelle Betreuung eines jeden Produktes durch den Divisionsleiter allein nicht mehr gewährleistet werden kann. Dieser Divisions-Manager delegiert daher Verantwortung und Weisungsbefugnis an neu eingesetzte Produkt-Manager. Sind die Divisionen funktional gegliedert, so ergeben sich dabei im wesentlichen die gleichen Koordinations- und Kooperationsprobleme wie bei der Integration des Produkt-Managers in die funktionale Organisation überhaupt. Daher braucht diese Möglichkeit hier nicht noch einmal dargestellt zu werden.

[92] Siehe dazu ausführlich: *Hermann Diller*, Produkt-Management und Marketing-Informationssysteme. Tätigkeitsbild und Informationsbedarf des Produkt-Managers als Determinanten der Ausgestaltung von Marketing-Informationssystemen. Berlin 1975, vor allem Kapitel vier (S. 109ff.).

Ist die einzelne Division hingegen wiederum nach Produktgruppen unterteilt, so findet sich auch die gleiche organisatorische Gliederung wie in einer produktorientierten Unternehmensstruktur überhaupt – nur eben auf einer niedrigeren Managementebene. Eine Lösung des Einsatzes von Produkt-Managern im Divisionsbereich könnte dann z. B. wie folgt aussehen:

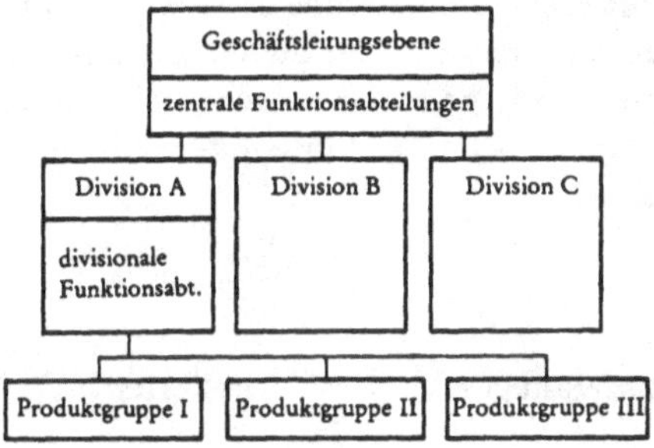

Wie die Struktur innerhalb der Produktgruppen im Einzelfall aussehen wird und welche Kompetenzen man dem Produkt-Manager als Leiter zuordnet, kann höchst unterschiedlich sein. Sehr wahrscheinlich ist eine Übertragung aller (jeweiligen) produktbezogenen Marketingaktivitäten und die Einräumung eines Mitspracherechts bei allen Entscheidungen, die zwar formal in die Richtlinienkompetenz der Divisionsleitung bzw. der divisionalen Funktionsabteilungen fallen, in ihren Auswirkungen aber einzelne Produktgruppen betreffen.
Die personelle Ausstattung, über die ein Produkt-Manager in dieser Position verfügen kann, umfaßt gewöhnlich nur ein kleines Team, wie etwa innerhalb einer Brand Group (wie an anderer Stelle bereits erläutert wurde), der dann allerdings noch Funktionsspezialisten zusätzlich beigefügt sein können.
Die Selbständigkeit dieser Brand Groups beruht neben der Weite des ihnen übertragenen Aufgabenbereiches auch darauf, daß sie, anders als in der funktionsorientierten Organisation, hier eindeutig Liniencharakter haben und keine schwer definierbare „Mischform“ zwischen Stab und Linie darstellen.

2.3 Die spezifischen Tätigkeitsfelder des Produkt-Managers in der produktorientierten Unternehmensorganisation

Da in der Absicht, die Zusammenarbeit des Produkt-Managers mit den funktinalen Abteilungen zu erläutern, im ersten Teil des zweiten Kapitels schon besonders ausführlich die Aufgabenbereiche des Produkt-Managers beschrieben worden sind, können wir uns an dieser Stelle, um unnötige Wiederholungen zu vermeiden, auf die Wiedergabe der wesentlichen Unterschiede beschränken, die aus der unterschiedlichen Stellung innerhalb der Unternehmensorganisation resultieren.

2.3.1 Der Produkt-Manager als Divisionsleiter

Als Leiter einer Division nimmt der Produkt-Manager die gleiche Position ein wie ein Unternehmer, der über alle Marketingaktivitäten innerhalb des Produktlebenszyklus zu entscheiden hat. Um eine klare Trennung zwischen dem Divisionsleiter im Sinne eines Divisions-General-Managers und dem Produkt-Manager als Divisionsleiter vollziehen zu können, wurde in der vorangegangenen definitorischen Abgrenzung der unterschiedliche Inhalt der Weisungsbefugnis als Maßstab genommen: Während der Divisions-Manager über alle Bereiche, die seine Produkte betreffen, souverän entscheiden kann, umfaßt die formale Autorität des Produkt-Managers nur eine Sektion des Spektrums der Marketingaktivitäten für die Betreuung seiner Produkte – alle Maßnahmen außerhalb dieser Sektion unterliegen zwar auch seiner Verantwortlichkeit, bedürfen jedoch der Abstimmung mit den entsprechenden Bereichsleitern; hier kann der Produkt-Manager nur funktionale Autorität geltend machen und seine Persönlichkeit einsetzen, um zu überzeugen.
Die Aufgaben des eine Division leitenden Produkt-Managers bestehen also zusammenfassend darin, einerseits als direkter Vorgesetzter seinen Divisionsabteilungen Anweisungen zu erteilen und auf der anderen Seite als gleichberechtigte Institution innerhalb der Unternehmensorganisation mit den Leitern der Zentralbereiche zu verhandeln und koordinierend tätig zu sein[93].
Der Schwerpunkt der Tätigkeiten kann dabei vorrangig auf dem eigentlichen Marketing (z. B. im Sinne einer Verkaufsförderung (Sales Promotion)) der Produkte liegen, wie es Abbildung 17 zeigt – dies ist besonders häufig bei Un-

[93] Zu dem „dornigen" Problem der Kompetenzabgrenzung zwischen Divisionsleitern und den Leitern der Zentralbereiche siehe ausführlich: *Robert W. Murphy*, Corporate Divisions vs. Subsidiaries. In: „HBR", Jg. 1956, Heft 6, S. 85f.

ternehmen innerhalb der Konsumgüterbranche der Fall –, oder aber mehr im technischen Bereich, wie es für die Produkt-Manager in der Investitionsgüterindustrie typisch ist. Kundendienst und technische Beratung sind bei solchen Unternehmen oft wichtiger als Werbung und äußere Aufmachung des Produktes[94].

2.3.2 Der Produkt-Manager innerhalb einer Division

Ist die Division nach Produktgruppen gegliedert und erfolgt die Einfügung des Produkt-Managers auf eine organisatorisch ähnliche Weise, wie es am Beispiel der produktorientierten Organisation erläutert wurde, so gleichen sich auf der Divisionsebene die Aufgabenbereiche ebenfalls und brauchen daher an dieser Stelle nicht noch einmal beschrieben zu werden. Aus diesem Grunde stellen wir hier nur den Aufgabenbereich des Produkt-Managers als Leiter einer Brand Group am Beispiel von *Procter & Gamble* vor.

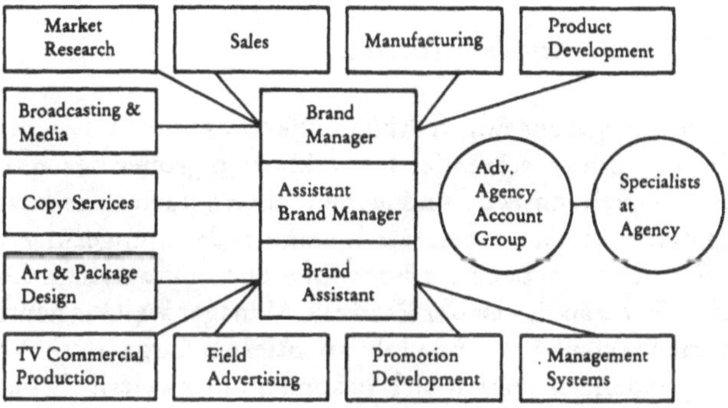

Quelle: Aus Firmenunterlagen der PROCTER & GAMBLE Co. in Cincinnati/Ohio.

Abb. 17: Der Aufgabenbereich des Produkt-Managements innerhalb einer Division

Wie Abbildung 17 zeigt, stehen der Brand Group innerhalb der Division zahlreiche funktionale Abteilungen als Stabsstellen beratend zur Verfügung. Jede verantwortliche Initiative geht jedoch von der Brand Group aus.
Neben diesen Funktionsabteilungen auf der Divisionsebene gibt es aber noch eine übergeordnete Abteilung, das „General Advertising Department", das alle Divisionen gleichermaßen mit speziellen Dienstleistungen dieses Sektors versorgt. Die Zusammenarbeit mit außerbetrieblichen Agenturen (zumeist für

[94] Vgl.: *David J. Luck* und *Theodore Nowak*, Product Management – Vision Unfulfilled S. 145.

Marktforschungs- und Werbezwecke) wird vom Brand-Management zusammen mit der „Account Group" geplant und durchgeführt. Die Account Group ist für die Zusammenarbeit mit den der Unternehmung angeschlossenen Agenturen verantwortlich. Haben sich Brand-Manager und Account Group (z. B.) auf einen Werbevorschlag von seiten der Agentur geeinigt, so wird diese mit der verantwortlichen Durchführung beauftragt[95].
Ein weiterer wichtiger Aufgabenbereich des Brand-Managers besteht in der Ausbildung und Förderung der Nachwuchskräfte für das Brand-Management. Wie es schon am Beispiel des hier angewandten „Training-on-the-job-Verfahrens" erläutert wurde, hat jeder Brand-Manager zwei Assistenten zur Verfügung, für deren Ausbildung er verantwortlich ist und die so allmählich in ihre späteren Positionen „hineinwachsen" können und sollen.

2.4 Spezifische Probleme der Stellung des Produkt-Managers in der produktorientierten Unternehmensorganisation

2.4.1 Das Interdependenzproblem

Das Problem der gegenseitigen Abhängigkeit zwischen den Produkt-Managern macht sich um so störender bemerkbar, je größer deren ungebundener Entscheidungsspielraum wird und je mehr allen gemeinsame knappe Ressourcen vorhanden sind, da vorgesetzte Instanzen dann in geringerem Maße die Möglichkeit haben, vorbeugend koordinierend einzugreifen. Dies ist wegen der größeren Selbständigkeit der Produkt-Manager weitaus häufiger als in der funktionsorientierten in der produktorientierten Organisation der Fall.
Die Interdependenzen wirken sich besonders in zweierlei Weise aus:

(1) Sie können zu einem innerbetrieblichen Wettbewerb der Produkt-Manager um die gemeinsamen knappen Ressourcen führen. Obwohl dieser Aspekt durchaus leistungsfördernd wirken kann, indem nämlich der Tüchtigste am meisten erhält, beurteilt die Mehrzahl der Unternehmen, dem Umfrageergebnis von *Poth* zufolge, diesen innerbetrieblichen Konkurrenzkampf und Ressortegoismus eher negativ.[96] Das Unternehmen *Procter & Gamble* scheut den Wettstreit zwischen den bestehenden Brand-

[95] „After the Brand and Account Groups reach agreement on what will be said, it becomes the task of the agency to determine how to say it most effectively, and to submit a recommended copy approach." Nach Firmenunterlagen der PROCTER & GAMBLE Co., Cincinnati/Ohio.

[96] Vgl.: *Ludwig Poth*, Produkt-Management in der deutschen Markenartikelindustrie. S. 17.

Groups nicht. Es fordert von einem Brand-Manager: „He must pursue volume regardless of the fellow a few desks away who was pushing a competing P & G product[97]."

(2) Interdependenzen der Aktivitäten von Produkt-Managern verhindern eine leistungsgerechte Erfolgsbeurteilung, da sich ihre Entscheidungen auch auf jeweils andere Produktbereiche auswirken und deren Ergebnisse mitbestimmen. Dies führt zu Problemen bei der Kontrolle (s. u.) und der Erfolgsmessung, auf die wir im dritten Hauptteil dieser Arbeit noch ausführlich eingehen werden.

2.4.2 Das Kontrollproblem

Die mit der relativ großen Selbständigkeit der Produkt-Manager verbundene Entscheidungsmacht derselben läßt das Problem entstehen, wie eine wirksame Kontrolle trotz Aufgaben- und Verantwortungsdelegation aufrechterhalten werden kann. Dies gilt sowohl für den eine Division leitenden Produkt-Manager als auch für den Leiter einer Brand-Group. Die wesentlichen Ursachen für die Notwendigkeit einer Kontrolle sind:

(1) Durch zu große Selbständigkeit gehen Synergieeffekte verloren.
(2) Die Produkt-Manager handeln nicht konform mit den Zielen des Gesamtunternehmens.
(3) Die Produkt-Manager sind häufig den hohen qualitativen Anforderungen ihrer Position nicht gewachsen.

Das Problem, den Verlust an Synergieeffekten in kontrollierten Grenzen zu halten, führt, wie bereits dargestellt wurde, häufig dazu, daß bei der Einführung der Institution des Produkt-Managements in die Unternehmensorganisation zentrale funktionale Bereiche unangetastet aufrechterhalten werden. Dies führt zu der Frage, wo denn nun Synergieeffekte auftreten, die es zu erhalten gilt. Nach *Ansoff*[98] unterscheiden wir zwischen

(1) Verkaufs-Synergie durch die Benutzung allen oder zumindest mehreren Produkten gemeinsamer Distributions- und Verkaufsorgane;
(2) Produktions-Synergie durch günstigere Kapazitätsauslastung bei gemeinsamen Produktionsanlagen, Mengenrabatten bei Großeinkauf gemeinsamer Rohstoffe, kostensparende zentrale Lagerhaltung usw.;
(3) Investitions-Synergie durch zentral koordinierte Forschung und Entwicklung bei Investitionsvorhaben und
(4) Management-Synergie durch das Zusammenwirken „geballten" Fachwissens innerhalb der gesamten Unternehmensorganisation – wie wir bereits

[97] Nach Firmenunterlagen der PROCTER & GAMBLE Co.
[98] Vgl.: *Igor Ansoff*, Management-Strategie. München 1966, S. 101.

> dargestellt haben, kommt der Beteiligung des Produkt-Managers am Informationsfluß innerhalb zentraler funktionaler Bereiche für Erfolg und Mißerfolg entscheidende Bedeutung zu. Wird der Produkt-Manager vom Fachwissen der Beratungsstäbe und der Kenntnis des unternehmensinternen Datenkranzes abgeschnitten, so ist er zu Fehlentscheidungen aus Unwissenheit verurteilt.

Wie die kurzen Ausführungen bereits zeigen, sind hier von seiten der Unternehmensleitung fallweise Entscheidungen zu treffen, die von großer Tragweite für das Maß an Eigenverantwortlichkeit des Produkt-Managers sind; denn nur durch kontrollierte Aufgabe von Synergieeffekten kann für den Produkt-Manager ein Entscheidungsspielraum geschaffen werden – sonst bleibt es bei der rein funktionsorientierten Ausrichtung.

Das Kontrollproblem im Bereich differierender Zielsetzungen zwischen der Unternehmung als Gesamtsystem und ihren organisatorischen Einheiten als Subsystem ist grundsätzlich zwar kein spezifisches Problem des Einsatzes von Produkt-Managern, sondern jeder Organisationsform immanent. Dennoch gibt es bei divisionaler (=produktorientierter) Unternehmensorganisation eine Reihe spezieller Probleme, die auf der weitgehenden Aufgaben- und Verantwortungsdelegation beruhen,

(1) das Denken auf Divisionsebene,
(2) differierende Planungshorizonte,
(3) mangelndes oder übertriebenes Risikobewußtsein.

Das „Denken auf Divisionsebene" der Produkt-Manager entspricht in etwa dem Ressortegoismus der Leiter zentraler Funktionsbereiche; hier wie dort werden Entscheidungen aus der begrenzten Perspektive des eigenen Handlungsbereiches getroffen – häufig mit weitreichenden Konsequenzen für das Gesamtunternehmen. *Berg* bezeichnet dieses Verhalten der Manager auf Divisionsebene als bedingt durch das „Everyday Environment": „Ihre ‚reale Welt' besteht aus dem Personal, mit dem sie tagtäglich zusammenarbeiten; den Produkten, die sie herstellen; den Betriebseinrichtungen der Division und den Projekten, die auf Divisionsebene zur Durchführung anstehen[99]." Aber auch aus der Sicht der Unternehmensleitung geht das Verständnis für Probleme auf Divisionsebene häufig verloren. „Die ‚reale Welt' auf der Geschäftsleitungsebene beschränkt sich in steigendem Maße auf die äußerliche und rein quantitative Ermittlung des Erfolgs und der ‚Gesundheit' des Gesamtunternehmens; die Divisionen werden dabei nur allzu leicht zu bloßen Lieferanten von fi-

[99] „Their ‚real world' is the people they see and work with everyday, the products they manufacture, the physical facilities of the division, and the projects that are underway in the division." *Norman Berg*, Strategic Planning. S. 82.

nanzwirtschaftlichen Einzelergebnissen, die sich in die Gesamtbilanz des Unternehmens einfügen[100]."

Differierende Planungshorizonte können besonders dann zu einem großen Problem werden, wenn das unternehmensinterne System der Erfolgsbelohnung und Beförderung der Manager sich auf kurzfristige Kriterien stützt und langfristige Aspekte vernachlässigt. Es wäre weltfremd, wollte man nicht davon ausgehen, daß der Produkt-Manager (wie jeder andere) sein Hauptinteresse auf all jene Aktivitäten richtet, die seinem finanziellen und beruflichen Erfolg in erster Linie dienlich sind. Erwartet die Unternehmensleitung von ihm eine laufende Steigerung der gegenwärtigen Gewinn- bzw. Umsatzergebnisse, so besteht die Gefahr, daß der Produkt-Manager eine kurzfristige erfolgswirksame, langfristig aber verhängnisvolle „milking-the-business-policy" betreibt.

Ein weiteres Problem ergibt sich daraus, daß es für die Unternehmensleitung wegen der unterschiedlichen Erfahrungs- und Informationshorizonte praktisch unmöglich ist, die Risikoneigung ihrer Produkt-Manager wirksam zu kontrollieren. Dies wird häufig dazu führen, daß risikoscheue Produkt-Manager Gewinnchancen nicht wahrnehmen, weil ihnen das Verlustrisiko aus der Sicht der Divisionsebene als zu groß erscheint, aber auch schlicht deswegen, weil ihre eigenen Aufstiegsaussichten mit einem eventuellen Mißerfolg in der Regel eng verknüpft sind. Daher werden auf Divisionsebene relativ risikoarme Entscheidungen den Vorzug haben, wogegen aus der Perspektive der Unternehmensleitung das Risiko wegen der ausgleichenden Wirkung anderer möglicher Investitionsprojekte nicht als so schwerwiegend erscheinen mag[101]. Dieses Problem könnte auch bei einer fortlaufenden Kontrolle der Entscheidungen des Produkt-Managers (abgesehen von den Konsequenzen) schwerlich gelöst werden, da der Unternehmensleitung für eine abschließende Beurteilung des Gewinn- bzw. des Verlustrisikos in der Regel die intime Kenntnis der Entscheidungsgrundlagen und die Einsicht in die Situation auf Divisionsebene fehlen.

Mangelnde Erfahrung oder unzureichende berufliche Qualifikation sind ebenfalls eine häufige Ursache dafür, daß die Unternehmensleitung die Tätigkeit des Produkt-Managers laufend überwachen muß[102]. Das größte Problem

[100] „The real world at the corporate level becomes the external and quantitative measure of corporate performance and health; divisions can all too easily be regarded as suppliers of financial statements which merely fit into the vast corporate totals." Ebenda.

[101] „However, what might be perfectly acceptable and even desirable level of risk for the corporation to undertake on a particular projekt, because of the averaging effect of a large number of projects undertaken throughout the company, may be much too high a level of risk to appear attractive to the particular division or individual who is striving for the current profits and who must bear responsibility for that particular project." Ebenda, S. 83.

[102] Siehe dazu das Umfrageergebnis von POTH. *Ludwig Poth*, Produkt-Management in der deutschen Markenartikelindustrie. S. 29.

hierbei besteht darin, daß der Produkt-Manager in der produktorientierten Unternehmensorganisation ein relativ großes Betätigungsfeld mit weitreichender Kompetenz auszufüllen hat[103]. Erweist sich dieser „Anzug“ als zu weit „geschneidert“, so daß der unerfahrene oder unqualifizierte Manager ihn nicht auszufüllen vermag, so kann die Unternehmensleitung nicht in Teilbereichen punktuell eingreifen, ohne daß dies weitere Eingriffe nach sich ziehen und die gesamte Konzeption allmählich ihrer Funktionen entleeren würde.
Wie gezeigt, ergeben sich somit schwerwiegende Probleme bei der Kontrolle des Produkt-Managers durch die Unternehmensleitung, für die sich keine allgemeingültigen Rezepte finden lassen werden. Nur durch Verständnis für die jeweiligen Positionen in der Gesamtorganisation sowie durch laufend wiederholte Konsultationen können die Kontrollprobleme wenn auch nicht gänzlich abgebaut, so doch wenigstens minimiert werden. „All of this strongly suggests the importance of viewing an organization as a coalition of individuals working together to reach common goals rather than a power structure with inviolate lines of command authority[104].“ Dies führt dann bereits zu einer anderen Form der Unternehmensorganisation, in der die Kommunikation und Kooperation der Mitglieder eine hervorragende Stellung einnimmt: der Matrix-Organisation. Zunächst soll das Augenmerk jedoch noch auf einen Problemkreis gerichtet werden, der häufig vernachlässigt wird, nämlich auf das Dilemma gleichzeitiger Berücksichtigung produkt- und teilmarktspezifischer Erfordernisse.

2.5 Exkurs: Produkt-Manager versus Regional-Manager

2.5.1 Das Dilemma zwischen Produkt- und Regionalorientierung

Für Unternehmen, die ihre Erzeugnisse auf vielen, regional abgegrenzten Märkten verkaufen, stellt sich häufig das Problem, ob für jede Produktlinie oder ob für jeden Teilmarkt ein besonderer Manager eingesetzt werden sollte. Der Einsatz eines Produkt-Managers gewährleistet zwar die sorgfältige Betreuung der zugewiesenen Produktlinie, dafür ist es für ihn jedoch häufig unmöglich, die Charakteristiken und besonderen Erfordernisse der verschiedenen Teilmärkte für sein Produkt gut genug zu kennen, um eine gewinnreiche

[103] Dazu RUNGE: „In der Objektorganisation sind... Führungskräfte erforderlich, die sich in allen Funktionen auskennen, die Teilpläne der Funktionen koordinieren und die das Zusammenwirken der Funktionen verstehen und steuern können.“
Gert Runge, Unternehmensorganisation – ein Überblick über den gegenwärtigen Stand. In: „Neue Betriebswirtschaft“, 22. Jg. (1969), Heft 8, S. 23.

[104] *Maynard D. Phelps* und *Howard I. Westing*, Marketing Management. S. 430.

Behauptung der Marktstellung und gezieltes Absatzwachstum planen zu können. Gemäß seiner Ausrichtung auf produktspezifische Probleme wird er daher möglicherweise marktspezifische Anforderungen vernachlässigen und eventuelle Absatzchancen aus mangelnder Marktkenntnis nicht wahrnehmen können. Es besteht daher die Gefahr, daß eine Ausrichtung auf die sich ständig ändernden Verbraucherwünsche zumindest nicht rechtzeitig erfolgt und dadurch Marktanteile an Konkurrenzprodukte verlorengehen. Entscheidet sich das Unternehmen dagegen für den ausschließlichen Einsatz von Regional-Managern, so werden diese dazu neigen, ihre ganze Aufmerksamkeit auf die speziellen Erfordernisse der ihnen jeweils zugeteilten Teilmärkte zu konzentrieren – ohne die Auswirkungen ihrer Aktionen oder Empfehlungen auf die Stellung des Unternehmens auf anderen Teilmärkten genügend zu berücksichtigen. *Ames* sieht dieses Problem, vor das sich ein Unternehmen mit vielen Produkten und Absatzmärkten gestellt sieht, als „one of the most serious and complex organizational challenges that industrial management has had to deal with in a long time“[105].

2.5.2 Die Lösungswege der Unternehmenspraxis

Dennoch ist die Vordringlichkeit einer wissenschaftlichen Auseinandersetzung mit der Lösung dieses Problems bisher keineswegs in dem Maße zur Kenntnis genommen worden, wie es seiner Bedeutung in der unternehmerischen Praxis wohl angemessen wäre. Entsprechend findet sich eine Vielzahl von organisatorischen Zwischenlösungen ohne analytisch klare Konzeption. Dies liegt aber sicherlich auch mit darin begründet, daß der Begriff „Produkt-Management“ selbst häufig unklar oder doch zumindest höchst unterschiedlich definiert war und somit geradezu dazu einlud, mit den verschiedenartigsten Wesensinhalten ausgefüllt zu werden. Schon von daher war nicht zu erwarten, daß das Dilemma zwischen Produkt- und Regionalorientierung einer allseits befriedigenden Lösung hätte zugeführt werden können. Die tatsächlichen Lösungsansätze lassen sich indes in etwa nach drei Kategorien einordnen:

Lösung 1: Als sogenannte Produkt-Manager werden erfahrene „Vertriebsleute“ eingesetzt. Dieser Ansatz findet sich vor allem in solchen Unternehmen, die mit dem Einsatz von Produkt-Managern noch keine oder zumindest kaum Erfahrungen gemacht haben und in der Einführung dieser Neukonzeption möglichst behutsam vorgehen möchten. Die bestehende Unternehmensstruktur soll dabei möglichst wenig angetastet werden, und

[105] Vgl. *Charles B. Ames*, Dilemma of product-market management. In: „HBR“, Band 49 (1971), Nr. 2, S. 67.

man versucht statt dessen, den Managern, die auch bisher schon mit Vertrieb und Verkauf bestimmter Produkte oder Produktgruppen betraut waren („Regional-Sales-Manager"), nun sukzessive weitere Marketing-Funktionen (z. B. Werbung und Verkaufsförderung) aus dem Bereich der Aufgabensynthese des Produkt-Managements zu übertragen, um sie so – wie erwartet – allmählich in die Position eines „echten" Produkt-Managers hineinwachsen zu lassen.

Kritisch wäre gegen diese Lösung vor allem einzuwenden, daß von einem Regional-Sales-Manager im allgemeinen nicht das Ausbildungsniveau erwartet werden kann, das von einem Produkt-Manager hinsichtlich der Aufgaben in den Bereichen der Produktplanung, Produktentwicklung und Kostenrechnung (als Beispiel) verlangt werden muß. Die Beschreibung der Ausbildungswege (Kapitel 1.4.3) hat deutlich gezeigt, daß die Kenntnis der regionalen Absatzmärkte zwar von großer Bedeutung ist, aber eben doch nur einen (nämlich das „sales training") unter zahlreichen Bestandteilen der Ausbildung zum Produkt-Manager ausmacht. Daneben erscheint es fraglich, ob ein Regional-Sales-Manager den hohen Ansprüchen an Kreativität, Koordinations- und Kooperationsfähigkeit und Kommunikationsvermögen so genügen kann, wie es der Position eines Produkt-Managers entsprechen würde.

Lösung 2: Die zweite Lösung besteht darin, daß Vertriebs- und Verkaufsorganisation vom Produkt-Management völlig abgekoppelt werden. Der Produkt-Manager kann zwar Vorschläge unterbreiten, doch hat er keinen weiteren direkten Einfluß auf die Art und Weise der Repräsentation seines Produktes am „point of purchase". Durch ein derartiges Vorgehen soll eine schlagkräftige und durchrationalisierte Organisation der Vertriebs- und Verkaufswege erreicht werden, ohne daß die Konkurrenzbeziehungen der Produkt-Manager untereinander störend einwirken können.

Kritisch wäre hierzu anzumerken, daß zwischen der Konzipierung von Produktideen, der Entwicklung von Werbeaktionen, dem Einsatz verkaufsfördernder Maßnahmen und der Erfolgsmeldung über den Wirkungsgrad dieser Aktivitäten eine breite Informationslücke klafft. Zwischen dem Endnachfrager und dem Produkt-Manager ist der Rückkoppelungsprozeß durch die Vertriebs- und Verkaufsorganisation unterbrochen, ein direktes „feed back" findet nicht statt; der Produkt-Manager erfährt über Erfolg oder Mißerfolg seiner Marketingstrategie immer erst aus zweiter Hand, wobei eine Selektion der Nachrichten im Sinne der jeweiligen Regional-Manager keineswegs ausgeschlossen werden kann. Im ungünstigsten Fall erhält der Produkt-Manager lediglich die Absatzstatistiken aus den verschiedenen regionalen Absatzmärkten übermittelt und muß sich dann mehr oder weniger zusammenreimen, warum Produkt x in Region A erfolgreich, in Region B aber ein Flop war. Entsprechend können Fehlplanungen und Fehlreaktionen die Folge sein.

Lösung 3: Ein Ausweg aus diesem Dilemma bietet sich an in dem kombinierten Einsatz von Regional- und Produkt-Managern. Die Lösung erscheint auf den ersten Blick einfach: Der Regional-Manager sorgt dafür, daß jedes Produkt entsprechend seinen speziellen Ansprüchen an die Distributions- und Exekutivorgane auf allen Teilmärkten „ablauftechnisch" die bestmöglichen Absatzbedingungen vorfindet, wogegen der Produkt-Manager für die Umsetzung spezifischer Markterfordernisse in entsprechende Produkt- und Marketingkonzeptionen verantwortlich ist und neue Absatzmöglichkeiten zu erschließen sucht.

Als Grundsatzbedingung für den Einsatz dieser Lösung gilt, daß der jeweilige Bereich direkter Weisungsbefugnis zwischen beiden Managern einer sorgfältigen und exakten Abstimmung zu unterliegen hat. Der Schwerpunkt kann dabei je nach den unternehmensspezifischen Erfordernissen entweder auf den produktbezogenen oder aber auf den teilmarktbezogenen Managementfunktionen liegen. Im Idealfall wird sich daraus ein System wohlausgwogener Gewaltenteilung zwischen Produkt-Management und Regional-Management entwickeln, das beiden in entscheidenden Bereichen ausreichend Bewegungsspielraum läßt und etwa folgendes Aussehen haben könnte:

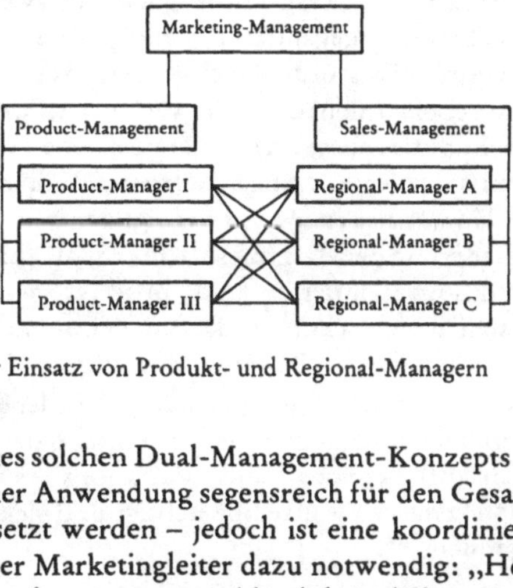

Abb. 18: Kombinierter Einsatz von Produkt- und Regional-Managern

Die Wirkungen eines solchen Dual-Management-Konzepts können bei richtiger organisatorischer Anwendung segensreich für den Gesamtnutzen der Unternehmung eingesetzt werden – jedoch ist eine koordinierende vorgesetzte Instanz wie z. B. der Marketingleiter dazu notwendig: „He must ensure that these men work together as a team to blend their different point of views into better ideas for building the product/market business as a whole[106]."

Von möglichen Konfliktstoffen kann aber durch Teamarbeit bereits einiges auf der Ebene der Produkt- und Regional-Manager ausgeschieden werden, indem nämlich frühzeitig eine gegenseitige Abstimmung der geplanten Maßnahmen

[106] Ebenda, S. 69.

erfolgt. Diese Vorabkoordination geschieht im Rahmen von Komitees, die regelmäßig zusammentreffen und denen je nach Bedarf Mitglieder der verschiedenen Managementebenen im Marketing-Bereich angehören.
Diese Teamstruktur ist bereits ein wichtiges Kennzeichen der als nächstes zu erörternden Unternehmensgliederung: der Matrix-Organisation.

3. Gleichberechtigt: Der Produkt-Manager in der Matrix-Organisation

3.1 Die Matrix-Organisation

Im Eingang zum zweiten Hauptteil der vorliegenden Arbeit wurde die funktionsorientierte Organisationsform vorgestellt. Ihre Nachteile: Überlastung der Unternehmensleitung mit Detailaufgaben, mangelhafte Markt- und Produktorientierung, kurzfristige Reaktionsträgheit auf Nachfrageänderungen sollten durch die nachfolgend gegenübergestellte produktorientierte Organisation vermieden werden. Es wurde dabei gezeigt, daß die Ausrichtung auf Produkterfordernisse ebenso nicht ohne Schwächen ist, da durch die Zerschlagung der zentralen Funktionsbereiche Synergieeffekte verlorengehen, Kontroll- und Motivationsprobleme verstärkt auftreten[107]. Diese Schwächen sollten dadurch vermieden werden, indem man einige zentrale Bereiche außerhalb der divisionalen Gliederung beließ. Eine Mischform als gelungenen Kompromiß zwischen funktionsorientierter und produktorientierter Unternehmensorganisation schien sich schon zu diesem Zeitpunkt anzubieten.
Die Matrix-Organisation, die sich im Dual-Management-Konzept des vorangegangenen Kapitels bereits ankündigte, stellt die Vollendung des Kompromisses zwischen den beiden vorangegangenen Formen der Unternehmensorganisation dar: Produktbereiche und Funktionsbereiche (oder auch: Regionalbereiche) stehen sich als gleichberechtigt und sich gegenseitig ergänzende Partner gegenüber[108].

[107] Vgl.: *Gert Runge*, Unternehmensorganisation – ein Überblick über den gegenwärtigen Stand. S. 20.

[108] „This arrangement is a compromise. Rather than set up separate product groups, each with their own engineering, manufacturing, and marketing, these functions remain as they were. However, a product group is set up and expected to coordinate only, or it may be given the power to instruct functions on what they will do with regard to their particular product.“ *Walter R. Mahler*, Structuring the Organization. In: Handbook of Business Administration, ed. by H. B. Maynard, New York 1969, S. 2–24.

Je nach der Ausgangslage lassen sich dabei zwei verschiedene Entstehungsformen der Matrix-Organisation unterscheiden:

- Werden einer ursprünglich vertikal nach Funktionen gegliederten Unternehmensorganisation horizontal angeordnete, nach Produkten gegliederte Bereiche nebengestellt, so wollen wir im folgenden von einer „*funktionsbezogenen*" Matrix-Organisation sprechen.
- Werden dagegen einer zuvor divisionalen (produktorientierten) Unternehmensorganisation in der horizontalen Ebene funktionale Bereiche nebengestellt, so soll diese Organisationsform im folgenden als „*produktbezogene*" Matrix-Organisation bezeichnet werden.

3.1.1 Die funktionsbezogene Form

Die Entstehung einer funktionsbezogenen Matrix-Organisation kann, wie bereits angedeutet wurde, als natürlicher Entwicklungsprozeß eines wachsenden Unternehmens verstanden werden. Indem nämlich eine ursprünglich vertikal nach Funktionsbereichen gegliederte Unternehmensorganisation durch eine allmähliche Umschichtung innerhalb der Kompetenzstrukturen mit dem Ziel verändert wird, den jeweiligen Markterfordernissen durch eine mehr an den Produkten orientierte organisatorische Ausrichtung besser zu genügen und zugleich die Grundlagen für eine Aufgaben- und Verantwortungsdelegation im Rahmen einer allgemeinen Dezentralisierung zu schaffen.

Die funktionsbetonte Matrix-Organisation kann während der einzelnen Phasen dieses Umschichtungsprozesses etablierter Machtverhältnisse insoweit ganz verschiedenartige Bedeutungen haben, als sie zugleich Zwischenstation einer allmählichen Umwandlung von funktionaler zu divisionaler Gliederung, als auch Fix- und Endpunkt einer Zerschlagung verkrusteter Machtstrukturen zugunsten kooperativen Führungsstils sein kann. Allerdings soll nur dieser letztere Fall im folgenden zugrunde gelegt werden[109].

[109] Darüber hinausgehend stellt MEE am Beispiel der Raumfahrtindustrie noch ein weiteres Beispiel für die Entstehungsweise einer Matrix-Organisation dar: „A matrix type of organization is built around specific projects. A manager is given the authority, responsibility, and accountability for the completion of the project in accordance with the time, cost, quality, and quantity provisions in the project contract. The line organization develops from the project and leaves the previous line functions in a support relationship to the project line organization." *John F. Mee*, Reading 3: Matrix Organization. In: Systems, Organizations, Analysis, Management: A book of readings, ed. by D. J. Cleland und W. R. Davies, New York, Toronto, London 1969, S. 24.
Siehe dazu ebenso: *Othmar Hegi*, Projekt-Management, ein Fremdkörper in der Stab-Linien-Organisation. In: „Industrielle Organisation", 40. Jg. (1971), Nr. 9, S. 381 ff.

	Funktions-Manager – Einkauf –	Funktions-Manager – Produktion –	Funktions-Manager – Forschung –	Funktions-Manager – Vertrieb –	Funktions-Manager – Finanzen –
Produkt-Manager – Bereich I –	FA-Einkauf – Bereich I –	FA-Produktion – Bereich I –	FA-Forschung – Bereich I –	FA-Vertrieb – Bereich I –	FA-Finanzen – Bereich I –
Produkt-Manager – Bereich II –	FA-Einkauf – Bereich II –	FA-Produktion – Bereich II –	FA-Forschung – Bereich II –	FA-Vertrieb – Bereich II –	FA-Finanzen – Bereich II –
Produkt-Manager – Bereich III –	FA-Einkauf – Bereich III –	FA-Produktion – Bereich III –	FA-Forschung – Bereich III –	FA-Vertrieb – Bereich III –	FA-Finanzen – Bereich III –

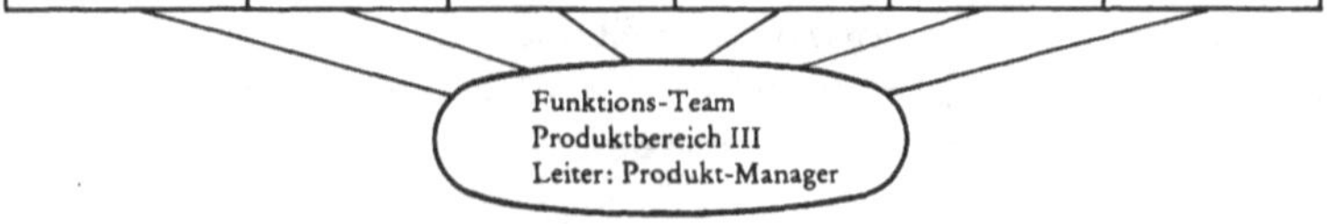

FA: Als FA werden hier *Funktions-Assistenten* bezeichnet. Zu ihrem Aufgabenbereich gehört es, für einen bestimmten Produktbereich eng definierte Dienstleistungen im Rahmen ihrer funktionalen Kompetenz zu erbringen. Soweit es die Ausführung dieses Teils ihres Tätigkeitsbereiches betrifft, sind sie der direkten Weisungsbefugnis des Produkt-Managers unterworfen. In allen anderen Teilbereichen unterstehen sie dem Leiter des zuständigen Funktionsbereiches.

Abb. 19: Die funktionsbezogene Matrix-Organisation

Abbildung 19 zeigt das Grundschema einer funktionsbezogenen Matrix-Organisation, wobei aber einschränkend sogleich hinzugefügt werden muß, daß sich eine so „lupenreine“ Trennung zwischen Funktions- und Produktbereichen wie in der hier gezeigten Modelldarstellung in der unternehmerischen Praxis wohl nur ganz selten vorfinden läßt. Sehr viel häufiger ist hingegen, daß allmählich einzelne Teilbereiche des Gesamtunternehmens zu einer Matrixstruktur verschmelzen, so z. B. die Bereiche Produkt-Management und Vertrieb/Verkauf, wie es in Abbildung 18 bereits aufgezeigt worden ist. Zumeist wird es auch einige Abteilungen für zentrale Dienstleistungen außerhalb der Organisationsmatrix geben, z. B. die Datenzentrale mit Controllerfunktionen, aber auch die zentrale Abteilung für Forschung und Entwicklung. Doch ist gerade die verwirrende Vielfalt der Lösungen und Teilstationen von matrixähnlichen Organisationsformen der Unternehmenspraxis hier ein Anlaß, am analytisch klaren Grundmodell festzuhalten.

3.1.2 Die produktbezogene Form

Bei der hier als „produktbezogen“ gekennzeichneten Matrix-Organisation stellen die Produktbereiche die vertikalen „Spalten“ der Matrix dar, wogegen die Funktionsbereiche die horizontalen „Zeilen“ einnehmen. Sie ist damit genau seitenverkehrt zu der funktionsbetonten Form. *Dullien* bezeichnet sie daher als „seitenverkehrte Matrix" in Unterscheidung zur „echten" Matrix-Organisation[110].

	Produkt-Manager – Bereich I –	Produkt-Manager – Bereich II –	Produkt-Manager – Bereich III –
Funktions-Manager – Einkauf –	PA-Bereich I – Einkauf –	PA-Bereich II – Einkauf –	PA-Bereich III – Einkauf –
Funktions-Manager – Produktion –	PA-Bereich I – Produktion –	PA-Bereich II – Produktion –	PA-Bereich III – Produktion –
Funktions-Manager – Forschung –	PA-Bereich I – Forschung –	PA-Bereich II – Forschung –	PA-Bereich III – Forschung –
Funktions-Manager – Vertrieb –	PA-Bereich I – Vertrieb –	PA-Bereich II – Vertrieb –	PA-Bereich III – Vertrieb –
Funktions-Manager – Finanzen –	PA-Bereich I – Finanzen –	PA-Bereich II – Finanzen –	PA-Bereich III – Finanzen –

PA: Als PA werden hier *Produkt-Assistenten* bezeichnet. Zu ihrem Aufgabenbereich gehört es, dafür zu sorgen, daß die ihnen zugeordneten Produkte von seiten der Funktionsbereiche bestimmte, eng definierte Dienstleistungen erfahren. Für die Inanspruchnahme dieser Dienstleistungen sind sie nach Art und Ausmaß der direkten Weisungsbefugnis der zuständigen Funktions-Manager unterstellt. In allen anderen Tätigkeitsbereichen unterstehen sie dem Leiter des Produktbereiches, dem sie als PA angehören.

Abb. 20: Die produktbezogene Matrix-Organisation

Da bei der hier angewendeten Betrachtungsweise die Unterscheidung beider Formen der Matrix-Organisation auf die jeweilige Entstehungsweise zurückgeführt werden soll, erscheint es sinnvoll, zunächst die eigentlichen Ursachen für den Übergang von der produktorientierten Unternehmensorganisation zur Matrix-Organisation aufzudecken und dann damit die unterschiedlichen Erscheinungsformen zu erklären. Von dem Risiko des Verlustes an Synergieeffekten durch produktorientierte Dezentralisation wurde an anderer Stelle bereits gesprochen (Kapitel 2.4.2). Auch wenn dieser Aspekt keineswegs in seiner Bedeutung unterschätzt werden darf, so ließe sich doch hieraus allein noch nicht die Notwendigkeit der Einführung einer Matrix-Organisation begründen, da es ja jederzeit möglich wäre, neben den funktionalen Abteilungen auf Divisions- bzw. Produktbereichsebene (wie gezeigt) zentrale funktionale Bereiche weiterbestehen zu lassen. Es kommen vielmehr noch zwei weitere Aspekte hinzu:

- zum einen das Bedürfnis der Unternehmensleitung, durch eine weitgespannte organisatorische Klammer die vielfältigen und oftmals divergierenden Aktivitäten der zur Verselbständigung neigenden Produktbereiche wieder miteinander zu verknüpfen und
- zum anderen der gänzlich anders motivierte Versuch, durch das Aufeinan-

110 *Manfred Dullien*, Flexible Organisation, Opladen 1972, S. 80f.

dertreffen von Linienweisungsbefugnis der Produktbereiche mit derjenigen der Funktionsbereiche „Spannungsfelder“ innerhalb der Unternehmensorganisation zu schaffen und eine Art von innerbetrieblichem Wettbewerb entstehen zu lassen[111]. Dieser Wettbewerb soll den ursprünglichen Allokationsmechanismus für Ressourcen und Kapazitäten durch permanente Eingriffe der Unternehmensleitung zunächst auf eine objektivierbare Basis stellen und dann schließlich allmählich vollständig ersetzen: „Die ‚Funktionen‘ der Unternehmung stellen in Form der vorhandenen Kapazitäten das Angebot zur Verfügung, während die ‚Sparten‘ der Unternehmung die Nachfrage nach diesen knappen Kapazitäten entwickeln[112].“

Auch wenn hier nicht im einzelnen auf das recht dornige und zum Teil noch ungelöste Problem der Bildung interner Verrechnungspreise, z. B. für ein System der „pretialen Lenkung“ *(Schmalenbach)*, eingegangen werden kann, so ist die Einführung der Matrix-Organisation doch immerhin ein wichtiger Schritt dahin, in Analogie zum marktwirtschaftlichen Prinzip die verschiedenen Produktbereiche miteinander unternehmensintern in Wettbewerb zu bringen und sie an den Kosten des „organizational overhead“ anteilig zu beteiligen bzw. ihnen diese Kosten auch überhaupt wieder ins Bewußtsein zu rufen. Wobei als Ersatz für den fehlenden internen Allokationsmechanismus durchaus der multidimensionale Entscheidungs-, Koordinations- und Kommunikationsprozeß eingesetzt werden kann, den eine Matrix-Organisation ermöglicht[113].

3.1.3 Vergleich und Synthese

Einer der wesentlichen Unterschiede zwischen beiden Formen der Matrix-Organisation läßt sich aus der rein äußerlichen Vertauschung von Zeilen und Spalten nicht ohne weiteres ersehen; er liegt in der unterschiedlichen Besetzung der Felder innerhalb der Matrix. Bei der funktionsbezogenen Form sind die Leiter der vertikalen Funktionsbereiche oberste Linieninstanz der Spezialisten in den Abteilungen innerhalb der Matrix. Aus der Sicht der Leiter der horizontalen Objektbereiche sind diese Abteilungen unterstützende Dienstleistungsstellen, die nicht (oder doch nur zum Teil) ihrer direkten Weisungsbefugnis unterliegen. Dagegen sind bei der produktbezogenen Matrix-Organisation die Produktbereiche (Divisionen) vertikal angeordnet und besitzen

[111] Vgl.: *Manfred Timmermann*, Systeme der Strukturorganisation. In: K. M. Schöttle (Hrsg.), Jahrbuch des Marketing, Essen 1971, S. 80.

[112] *Manfred Timmermann*, Matrix-Management. In: „Industrielle Organisation“, 40. Jg. (1971), Nr. 7, S. 316.

[113] Ebenda.

eigene funktionale Abteilungen in ihrer Linienkompetenz. Die Autorität der Funktions-Manager erstreckt sich auf die Bestimmung allgemeiner Richtlinien, die die Spezialisten innerhalb der divisionalen Abteilung zu beachten haben[114].

Kurz zusammengefaßt: In der produktbezogenen Form sind die Produkt-Assistenten in den Matrixfeldern Mitglieder der Produktbereiche – bei der funktionsbezogenen Form sind sie Funktions-Assistenten der Funktionsbereiche.

Trotz dieser unterschiedlichen Zuordnung verwirklicht sich in der Matrix-Organisation die „Theorie der funktionalen Kompetenz"[115], denn jeder Assistent erhält entsprechend den anstehenden Aufgaben seine Kompetenzen jeweils von einem fachlich zuständigen Vorgesetzten zugeteilt.

Um eine Synthese zwischen beiden Arten der Matrix-Organisation begründen zu können, sollte man sich aber besser nicht zu sehr nur auf die äußere Form bzw. auf die sich daraus ergebende Differenzierung der Stellenbesetzung konzentrieren, sondern vielmehr vor allem der eigentlichen Intention bei der Schaffung einer Matrix-Organisation Beachtung schenken: der Durchbrechung des Fayolschen Prinzips der „unité de commande", des klassischen Stab-Linien-Denkens zugunsten eines Aufeinandertreffens von vertikaler und horizontaler Weisungsbefugnis, der bereitwilligen Inkaufnahme eines bewußten Konfliktes („deliberate conflict"), freilich nicht im destruktiven, sondern im aufbauenden, problemlösenden Sinne[116].

Gelingt es, diese Intention der Matrix-Organisation tatsächlich zu verwirklichen, so erscheint es letzten Endes unmaßgeblich, ob der entsprechende Assistent auf dem umstrittenen Matrixfeld ursprünglich als Mitglied einem Funktions- oder einem Produktbereich zugehörig war. *Kingdon* bezeichnet die gegenseitige Beziehung der Stelleninhaber in den Matrixfeldern daher folgerichtig als „complementary principle of relationship", das es beiden ermöglicht, zu einer gemeinsamen Problemlösung zu gelangen, obwohl von jeweils unterschiedlichen Gesichtspunkten ausgegangen wird. Daher gilt: „The role that each participant plays in the relationship is defined principally as a function of their shared task[117]." In diesem Sinn entspricht dann eigentlich weder die funktions- noch die produktbezogene Form der Matrix-Organisation vollständig dem Ideal der totalen Gleichberechtigung. Die Dimensionen Verrichtung (Funktion), Objekt (Produkt) und, in der dreidimensionalen Form, auch unter Miteinbeziehung der Dimension Region sollten im Idealfall glei-

[114] Vgl.: *Manfred Dullien*, Flexible Organisation. S. 81.

[115] *Gert Runge*, Unternehmensorganisation. S. 21.

[116] Vgl. *Manfred Dullien*, Flexible Organisation. S. 90ff. und ebenso: *Othmar Hegi*, Projekt-Management. S. 382.

[117] *Donald Ralph Kingdon*, Matrix Organization. Managing Information Technologies. London 1973, S. 61.

chermaßen organisatorisch gewichtet werden, da die Hervorhebung eines Teilaspektes zur Vernachlässigung der beiden anderen führen kann.
Im Idealfall treffen somit drei gleichberechtigte Linienfunktionen aufeinander[118], nämlich die des

Produkt-Managers: Durchführung der produktbezogenen Aktivitäten für das Marketing der ihm zugeordneten Produkte;

Regional-Managers: Wahrung einer einheitlichen Unternehmenspolitik in seiner Region unter Beachtung der spezifischen Erfordernisse auf den jeweiligen Teilmärkten;

Funktional-Managers: Gewährleistung der innerbetrieblichen Koordination aller Marketingaktivitäten in bezug auf den jeweiligen Funktionsbereich.

Timmermann spricht denn auch folgerichtig von horizontalen und vertikalen Linienfunktionen: „In den einzelnen Matrixfeldern entstehen Spannungsfelder zwischen gleichrangigen Linienfunktionen[119].“ Dennoch müssen „auf den bewußt in Kauf genommenen Kompetenzkreuzungen (deliberate points of conflict) Vortrittsregeln“[120] festgelegt werden, die wir im folgenden am Beispiel der denkbaren Ausgestaltung der Weisungsbefugnis zwischen Produkt-Manager und Funktional-Manager (also in einer zweidimensionalen Matrix-Organisation) darstellen wollen:[121]

Fall 1: Stab-Linien-Verhältnis
Der Funktional-Manager hat das Entscheidungsrecht, der Produkt-Manager ist zu Information und Beratung verpflichtet.

Fall 2: Entscheid nach Rücksprache
Der Funktional-Manager hat auch hier das Entscheidungsrecht, muß aber zuvor den Produkt-Manager konsultieren. Dieser kann gegen die Entscheidung Rekurs mit aufschiebender Wirkung bei der nächstübergeordneten Instanz einlegen.

Fall 3: Entscheid im gegenseitigen Einvernehmen
Funktional-Manager und Produkt-Manager müssen im gegenseitigen Einvernehmen gleichberechtigt entscheiden. Kommt keine Einigung zustande, so geht der Fall an die übergeordnete Instanz.

Fall 4: Entscheid nach Rücksprache
Der Produkt-Manager hat das Entscheidungsrecht, der Funktional-Manager muß konsultiert werden und kann gegen die Entscheidung Rekurs beantragen.

[118] Die nachfolgende Unterscheidung ist entnommen aus: *Othmar Hegi*, Projekt-Management. S. 382.
[119] *Manfred Timmermann*, Systeme der Strukturorganisation. S. 80.
[120] *Othmar Hegi*, Projekt-Management. S. 383.
[121] In Anlehnung an die Darstellung bei *Othmar Hegi*. Ebenda, S. 383f.

Fall 5: Stab-Linien-Verhältnis
Der Produkt-Manager hat das Entscheidungsrecht, der Funktional-Manager ist zu Information und Beratung verpflichtet.

Es läßt sich unschwer vorstellen, daß sich der relativ eigenständige Produkt-Manager, wie er hier in der produktorientierten Unternehmensorganisation dargestellt wurde, sich durch den Fall 4 und den Fall 5 zutreffend in seiner Kompetenzstruktur verkörpert sehen wird; ebenso wie die Fälle 1 und 2 eher der Stellung des Produkt-Managers in der funktionsorientierten Organisation entsprechen dürften. Von diesen beiden Extremen in der Kompetenzgestaltung her nähern sich nun jeweils die produktbetonte und die funktionsbetonte Matrix-Organisation in gradueller Abstufung dem Fall 3, der Entscheidung im gegenseitigen Einvernehmen, der wohl das Ideal einer ausgereiften Matrix-Organisation sein dürfte.

3.1.4 Vorzüge und Schwächen

Die Matrix-Organisation vereinigt viele Vorzüge der funktionalen und ebenso der produktorientierten Organisation miteinander; denn das Fachwissen und die Synergieeffekte durch das Bestehen von zentralen Funktionsbereichen bleiben erhalten, zugleich wird aber auch die Produkt- bzw. Marktorientierung durch die Produktbereiche (oder analog: Objektbereiche) wahrgenommen. Darüber hinaus bietet die Matrix-Organisation jedoch noch eine ganze Reihe weiterer wichtiger Vorteile: Es erfolgt ein kombinierter Planungsprozeß auf der Basis der Objekt- und Funktionsbereiche durch gegenseitige Abstimmung und nicht nur durch dirigistische Vorgabe eines übergeordneten Gesamtplanes. Die Erfolgsrückkoppelung geht damit schneller vonstatten, und der Koordinationsmechanismus kann bereits auf unteren Managementebenen einsetzen.
Der von vielen Unternehmen beklagte Mangel an genügend qualifizierten Führungskräften für die Wahrnehmung der Produkt-Management-Funktionen, der schon im Rahmen der produktorientierten Organisation auftrat, taucht in der Matrix-Organisation zwar ebenso auf, jedoch erwächst hier zugleich die Lösungsmöglichkeit, aus der Leitung der Objektbereiche qualifizierte Manager für die höchste Führungsebene zu gewinnen. Durch das Prinzip des bewußten, problemlösenden Konfliktes ergibt sich innerhalb der Spannungsfelder der Matrix ein Lernprozeß, „der eine Objektivierung der Entscheidungs- und Planungsunterlagen durch ein hohes Informationsniveau und eine Führungsqualität des Managements hervorbringt, die vor allem das

Denken des einzelnen Funktions- oder Sparten-Managers im Sinne des umfassenden Unternehmungszieles erweitert[122]."

Außerdem bewirkt dieser besondere Vorteil der Matrix-Organisation, daß durch das Aufeinandertreffen von horizontaler und vertikaler Weisungsbefugnis eine Koordination auf unterer Ebene (wie oben bereits angesprochen) ermöglicht wird. Der jeweilige Assistent in den Matrixfeldern hat die Möglichkeit, sein besonderes Fachwissen voll zur Geltung zu bringen, und ist nicht nur ausführendes Organ: da er sowohl dem Leiter des Objekt- als auch dem des Funktionsbereiches unterstellt ist, kann er bei divergierenden Anweisungen auf Grund seiner spezifischen Kenntnisse beratend und koordinierend tätig sein. Es ist dabei dann letztlich auch unerheblich, ob dieser Stelleninhaber als Funktions-Assistent der produktbezogenen oder aber als Produkt-Assistent der funktionsbezogenen Matrix-Organisation formal zugehörig ist.

Jedoch kann aus dem Prinzip der bewußten Inkaufnahme von Konfliktmöglichkeiten eine wesentliche Schwäche der Matrix-Organisation werden, weil ja durch das Aufeinandertreffen der Weisungsbefugnisse geradezu zwangsläufig Konflikte resultieren – und darunter eben doch nicht nur solche, deren friedliche Austragung problemlösend wirkt. Schädliche Konflikte werden vermehrt dann auftreten, wenn miteinander konkurrierende Träger „horizontaler" oder „vertikaler" Funktionen aufeinandertreffen und Machtkämpfe untereinander austragen; doch ist dies kein Spezifikum der Matrix-Organisation, sondern kann ebenso auch in der funktions- bzw. produktorientierten Organisation auftreten, wie es ja auch schon dargestellt worden ist.

Konflikte im Treffpunkt der Weisungsbefugnisse von „horizontalen" und „vertikalen" Stellen sind dagegen (im allgemeinen) beabsichtigt, weil sie der gegenseitigen Ergänzung der Einflußmöglichkeiten und Fähigkeiten dienen und die Problemlösung beschleunigen[123]. Schädliche Konflikte zeichnen sich im Gegensatz dazu stets dadurch aus, daß sie der Koordination durch eine übergeordnete zentrale Stelle bedürfen. Dafür ein Beispiel: Die Produktbereichsleiter streiten sich um die Zuteilung der gemeinsamen knappen Finanzressourcen. Durch die Zentrale muß nun über die Vorgabe irgendeiner Maßgröße (Verrechnungspreis, Deckungsbeitrag, Budgetansatz) ein Entscheidungskriterium für die Aufteilung geliefert werden. Um es mit *Timmermann*[124] auszudrücken: Der interne Marktmechanismus muß durch zentrale Koordination in ein Gleichgewicht zwischen Angebot und Nachfrage gebracht werden. Die „Schiedsrichterfunktion", die der Unternehmensleitung hierdurch zukommt, ist allerdings auch häufig ein willkommenes Instrument zur direkten Einflußnahme und Ausrichtung auf Zielsetzungen des Gesamtunternehmens.

[122] *Manfred Timmermann*, Matrix-Management. S. 317.
[123] Vgl.: *Manfred Dullien*, Flexible Organisation. S. 91 f.
[124] Vgl.: *Manfred Timmermann*, Matrix-Management. S. 316.

Viele Vorzüge sprechen für die Matrix-Organisation, jedoch ist sie in ihrer erfolgreichen Anwendung auch sehr anspruchsvoll und verlangt ein hohes Maß an Verhandlungsgeschick und an Kooperationsbereitschaft von allen Beteiligten. Dieses Grundkonzept der Matrix-Organisation formuliert *McFarland* sehr treffend so: „The company considers itself a technical democracy of peers, and believes that under these values it will thrive as an enduring source of employment and benefit[125]."

3.2 Der Produkt-Manager als Teil der Matrix-Organisation

Da der Produkt-Manager als Leiter eines Produktbereichs ein wesentlicher Bestandteil der Matrix-Organisation ist, wurde bei der Darstellung dieser Organisationsform folgerichtig die Beschreibung seiner Stellung und seiner Beziehungen zu den Funktionsbereichen in großem Maße vorweggenommen. Ohne unnötige Wiederholungen soll an dieser Stelle nun noch einmal das Wesen der Matrix-Organisation aus der speziellen Sicht des Produkt-Managers dargestellt werden. Insbesondere ist der Versuch beabsichtigt, das Verhältnis zu den jeweiligen Assistenten in den Matrixfeldern zu analysieren, wie es sich bei einer Synthese aus funktions- und produktbezogener Matrix-Organisation ergibt. Im Rahmen dieser Analyse werden die Aufgabenbereiche des Produkt-Managers als Produktbereichsleiter nur insoweit dargestellt, wie sich Unterschiede zu den Aufgaben in der Stellung eines Divisionsleiters ergeben.

Wie bereits ausgeführt, treffen in den Feldern der Matrix horizontale und vertikale Weisungsbefugnisse aufeinander. Für den Funktions-Assistenten bzw. Produkt-Assistenten als Stelleninhaber ergibt sich daraus die Situation, daß er zwei Vorgesetzten zugleich unterstellt ist; dem Funktionsbereichsleiter im Rahmen allgemeiner Anordnungen und Richtlinien, die den funktionalen Bereich betreffen – und dem Objektbereichsleiter in bezug auf eine produktspezifische Aufgabenstellung oder anders ausgedrückt: „Der Produkt-Manager bestimmt, was und wann etwas im Hinblick auf die Entwicklung des Produktes getan werden muß. Der Funktions-Manager legt fest, wie diese Verrichtungen ausgeführt werden sollen[126]."

Für den Produkt-Manager ergibt sich daraus die Aufgabe, seine Programmplanung mit der Unternehmensleitung und den Funktional-Managern zunächst grob abzustimmen. Die Feinabstimmung und ein Großteil der koordi-

[125] *Dalton E. McFarland*, Management. Principles and Practices. New York 1970 (third edition), S. 390.

[126] Vgl.: *Heribert Meffert*, Artikel Marketing. S. 411.

nierenden Tätigkeit kann dann auf der unteren Organisationsebene, den Matrixfeldern, durch die betreffenden Assistenten erfolgen.
Verglichen mit seiner organisatorischen Stellung innerhalb der funktionsorientierten Organisation genießt der Produkt-Manager in der Matrix-Organisation den Vorzug der Gleichberechtigung; er braucht die Funktionsbereichsleiter nicht mehr um ihre Unterstützung zu bitten, sondern er kann die im Rahmen der Marketing-Planung zuvor ausgehandelte Zuteilung von Ressourcen verlangen.
Im Vergleich zu seiner Stellung als Divisionsleiter in der produktorientierten Organisation hat der Produkt-Manager in der Matrix-Organisation allerdings einen Teil seiner Selbständigkeit verloren, zumindest soweit es die uneingeschränkte Verfügungsmacht über eigene Funktionsabteilungen auf Divisionsebene betrifft.

3.3 Spezifische Probleme der Stellung des Produkt-Managers in der Matrix-Organisation

3.3.1 Das Konkurrenzproblem

3.3.1.1 Konkurrenz zwischen Produkt-Manager und Funktions-Manager

In den Spannungsfeldern der Matrix verwirklicht sich, wie zuvor bereits festgestellt, die „Theorie der funktionalen Kompetenz", die besagt, „daß jeder Stelleninhaber Aufgaben und Kompetenz jeweils von einem fachlich zuständigen Vorgesetzten erhält[127]." Diese doppelte Unterstellung der Assistenten in den Matrixfeldern gegenüber den Produkt- und Funktions-Managern kann leicht Anlaß zu Konflikten sein, wenn nämlich die Bereichsleiter versuchen, ihre jeweils eigenen (und zwar divergierenden) Vorstellungen über das „Wie" und „Wann" einer durchzuführenden Aufgabe zugleich zu verwirklichen. Diese Kompetenzenkreuzungen (deliberate points of conflict), an denen beide Manager in Konkurrenz um das „Vorfahrtsrecht" stehen, werden bei der Matrix-Organisation bewußt in Kauf genommen. Durch gegenseitige Verständigung soll eine effiziente Aufgabenlösung herbeigeführt werden. Können sich Produkt- und Funktions-Manager jedoch nicht „zusammenraufen", sondern droht gegenseitige Abkapselung und Abbruch der Kommunikation, so wirkt sich der Konflikt schädlich aus, indem er eine problemlösende Initiative lähmt, weil sich die Kontrahenten mit ihrer jeweiligen Weisungsbefugnis gegenseitig blok-

[127] *Gert Runge,* Unternehmensorganisation. S. 21. Vgl. auch unsere Ausführungen im vorangegangenen Kapitel.

kieren. Diese Situation läßt sich auf zwei Arten bereinigen bzw. vermeiden:

(1) Es wird vorab bzw. ad hoc eine Koordination vollzogen, und zwar entweder auf der unteren Ebene durch das überlegene Spezialwissen des umstrittenen Produkt- bzw. Funktions-Assistenten – oder aber durch eine übergeordnete Instanz, die „zentrale Koordination"[128] auf Geschäftsleitungsebene.

(2) Es werden bestimmte „Vorfahrtsregeln" determiniert, die den „Verkehr" auf der Kompetenzkreuzung für bestimmte Konfliktfälle eindeutig regeln. Diese Richtlinien können entweder bereits in den Rahmen des Planungsprozesses für voraussehbare Problemsituationen eingebaut werden, an dem Produkt- und Funktions-Manager gemeinsam beteiligt sind – oder aber sie können durch eine allgemeingültige Regelung auf Grund von Richtlinien und einer aufgabenorientierten Kompetenzabgrenzung vorgegeben sein, wie im vorangegangenen Kapitel bereits beispielhaft dargestellt wurde.

3.3.1.2 Konkurrenz zwischen Produkt-Manager und Regional-Manager

Eine Konkurrenzsituation zwischen Produkt- und Regional-Manager tritt auf, wenn in die bisher vorrangig betrachtete zweidimensionale Matrix-Organisation als dritte Dimension die Region eingeführt wird. Von dem Konfliktstoff, den die Beziehungen zwischen diesen Managementfunktionen beinhalten, ist schon viel im vorangegangenen Exkurs freigelegt worden, besonders problembeladen erscheint der Konkurrenzstreit um die knappen Kapazitäten der Funktionsbereiche: Auf dem „internen Markt" der Unternehmung stehen nun diesen Bereichen als Anbieter zwei Nachfragerkategorien aus den beiden anderen Dimensionen (Produkt- und Regionalbereich) gegenüber[129]. Wie bereits dargestellt, ist aber auch hier durch sorgfältige Kompetenzabgrenzung innerhalb der beiderseitigen Aufgabensynthese die grundsätzliche Chance zu einer gemeinsamen Lösung der produkt- und marktspezifischen Probleme gegeben. Daneben besteht jedoch ebenso die Gefahr eines unerbittlichen Wettbewerbs und Ressortegoismus, der den gesamtunternehmerischen Interessen letztlich zuwiderläuft[130].

[128] Vgl.: *Manfred Dullien,* Flexible Organisation. S. 92.

[129] Vgl.: *Othmar Hegi,* Projekt-Management. S. 382f.

[130] AMES betrachtet den Konflikt zwischen Produkt- und Markt-(Regional-)Manager als unvermeidlich, denn „... the fundamental purpose of either of these two men is to fight for time and attention from engineering, manufacturing, and sales for their assigned products of markets." Dennoch hält AMES eine Lösung des Problems kombinierten Einsatzes beider Manager durch genaue Aufgaben- und Kompetenzabgrenzung für möglich. *Charles B. Ames,* Dilemma of product/market management. S. 68ff.

3.3.1.3 Konkurrenz der Produkt-Manager untereinander

Die gegenseitige innerbetriebliche Konkurrenz der Produkt-Manager, besonders um knappe Kapazitäten, gehört nicht zu jenen bewußten Konflikten, die aus der Überlappung von vertikalen und horizontalen Kompetenzbereichen resultieren und durch gegenseitige Einigung beseitigt werden können, sondern es muß hier ein Entscheidungskriterium für die Zuordnung der Engpaßfaktoren entwickelt werden. *Timmermann* schlägt dafür z. B. den Deckungsbeitrag je Produkt und Kapazitätseinheit vor oder, falls dieser nicht zu ermitteln ist, den entsprechenden Budgetansatz[131]. Neben dieser Lösungsmöglichkeit existieren noch eine ganze Reihe weiterer Zuteilungsverfahren, die aber hier nicht weiter erörtert werden müssen, da sie Gegenstand ausführlicher Betrachtungen im dritten Hauptteil der vorliegenden Arbeit sein werden. Vorab kann hierzu aber allgemein festgestellt werden, daß die größte Problematik solcher Entscheidungskriterien neben der oft zweifelhaften Praktikabilität besonders in den hohen Anforderungen liegt, die damit an das betriebliche Rechnungswesen gestellt werden.

3.3.2 Das Verhaltensproblem

Der Produkt-Manager ist in der Matrix-Organisation weniger ein Koordinator als ein Vertreter der Interessen seines Produktes[132]. Sein Verhalten gleicht daher weder dem, das er seinen eingeschränkten Weisungsbefugnissen zufolge in der funktionsorientierten Organisation an den Tag legen mußte, noch entspricht es der relativen Selbständigkeit und Entscheidungsfreiheit, die er als Divisions- oder Brand-Group-Leiter besaß. Vielmehr muß der Produkt-Manager in der Matrix-Organisation beide Verhaltensweisen in sich vereinigen und sich nach Bedarf flexibel den jeweiligen Gegebenheiten und Handlungsspielräumen anpassen können. Verfolgt er z. B. die Maßnahmen im Rahmen seiner Produktpolitik zu entschlossen autoritär, so kann es dazu führen, daß die Assistenten in den Matrixfeldern nur unwillig seine Anordnungen ausführen und sich besonders eng an die jeweils ja ebenso gültigen Vorschriften der Funktionsbereichsleiter halten; die produktpolitischen Maßnahmen also nicht beratend unterstützen, sondern eher durch „Dienst nach Vorschrift" zu blokkieren versuchen. Außerdem kann eine Reaktion des entsprechenden Funktionsbereichsleiters erfolgen, weil dieser befürchtet, der Produkt-Manager

[131] Vgl. dazu ausführlich: *Manfred Timmermann*, Systeme der Strukturorganisation. S. 80. Ebenso: *Friedrich Wille*, Management mit Profit Centers. S. 39ff.

[132] Vgl.: *Heribert Meffert*, Artikel Marketing. S. 411.

wolle seine Kompetenzen willkürlich erweitern. Ist der Produkt-Manager in der Handhabung seiner Vollmachten jedoch zu nachlässig, so besteht die Gefahr, daß er faktisch Machteinbußen erleidet, weil er sein Produktprogramm nicht mehr fest „im Griff" hat und weil die kooperierenden Funktions-Manager oft nur allzu bereitwillig ihren Kompetenzbereich allmählich ausweiten, wenn ihnen von seiten des Produkt-Managers kein entschiedener Widerstand entgegengesetzt wird. Die Bedeutung maßvollen, aber entschlossenen Auftretens ist aber vor allem dann entscheidend, wenn sich der Produkt-Manager mit seinen rivalisierenden Berufskollegen innerbetrieblich auseinandersetzen muß; denn sonst wird es ihm schwerlich gelingen, im Wettstreit um die stets knappen Ressourcen den optimalen Anteil für seine Produkte „herauszuholen".

Kurz gesagt: Der Produkt-Manager muß sein Verhalten zwischen der Szylla allzu autoritären Gebarens und der Charybdis zu großer Nachgiebigkeit den jeweiligen Erfordernissen diplomatisch anpassen und entsprechend flexibel oder entschlossen auftreten.

3.3.3. Das Anforderungsproblem

Aus dem für einen Produkt-Manager in der Matrix-Organisation notwendigen Verhalten lassen sich einige Schlüsse über die für ihn erforderlichen Charaktereigenschaften ziehen: Verhandlungsgeschick und Kommunikationsfreudigkeit, aber auch Durchsetzungsvermögen sollten einen erfolgreichen Produkt-Manager auszeichnen. Neben diesen charakterlichen Anforderungen muß er jedoch ebenfalls über hohe fachliche Qualitäten verfügen, denn wie *Runge* es schon andeutet, haben die personellen Probleme auf Grund mangelnder fachlicher Qualifikation, die schon aus der produktorientierten Organisation bekannt sind, für die Besetzung der Stelle eines Produktbereichsleiters in der Matrix-Organisation die gleiche Relevanz, muß er doch über alle Funktionen informiert sein, ihr Zusammenwirken verstehen und koordinieren können[133]. Entsprechend sind die Anforderungen an die physische und psychische Belastbarkeit in dieser typischen „Aufsteigerposition" besonders hoch. Dafür birgt ein guter Produktbereichsleiter dann aber auch alle Voraussetzungen für eine Besetzung von Spitzenpositionen in sich, da seine Tätigkeit ja ohnehin schon ein hohes Maß an unternehmerischem Denken und Handeln von ihm verlangt.

[133] Vgl.: *Gert Runge*, Unternehmensorganisation. S. 23.

3.3.4 Das Beurteilungsproblem

Ein weiteres Problem ist das der Beurteilung der individuellen Leistung eines Produkt-Managers innerhalb der Matrix-Organisation. Besonders schwerwiegend wirkt sich hier das Verlassen der reinen Stab-Linien-Struktur aus: Die Identität von Verantwortung und Autorität ist nicht gegeben.
Durch die wechselseitige Überlappung der Zonen zugeordneter Weisungsbefugnisse der Produkt-, Funktions- und, in der dreidimensionalen Matrix, der Regional-Manager ist es häufig nicht mehr möglich, einem von ihnen die alleinige Verantwortung für einen Mißerfolg am Markt aufzubürden, da dieser ja Weisungen von den beiden anderen auf deren Spezialgebieten unterworfen war. Konsequenterweise schlägt *Hegi* als Lösungsversuch „eine geteilte Verantwortung, die sich im einzelnen nach dem Beitrag zum Entscheid richtet", vor[134]. In der Praxis dürfte eine solche Teilverantwortung allerdings nur schwer identifizierbar sein und kann zu einem Abwälzen der Verantwortungslast nach dem Parkinsonschen „Schwarzer-Peter-Prinzip" auf die jeweils mit an der Entscheidung beteiligten Manager führen. Als Folge sind Risikoscheu und Entscheidungsunlust zu befürchten; die Neigung, bei allen Problemfällen eine „Rückversicherung" von seiten der übergeordneten Instanz einzuholen, wird sich zunehmend als Hindernis der intendierten Verantwortungsdelegation erweisen.
Dennoch kann die genaue Abgrenzung der Teilverantwortlichkeiten je nach Art und Umfang der Aufgabensynthese durchaus hilfreich sein – wenn zugleich allen Beteiligten klargemacht wird, daß die Gesamtleistung des Teams und nicht der Einzelbeitrag entscheidendes Kriterium für die Erfolgsbeurteilung ist. Nur so kann sich innerhalb der Funktions- bzw. Produktteams jener „Korpsgeist" entwickeln, der für eine gemeinschaftliche Aufgabenlösung notwendig ist und der das eigentliche Wesensmerkmal der Matrix-Organisation ausmachen sollte.

4. Vorläufige Zusammenfassung

Nachdem im ersten Hauptteil die Konzeption des Produkt-Managements vorgestellt worden ist, ging es im zweiten Hauptteil vornehmlich darum, die Einsatzmöglichkeiten in den verschiedenen organisatorischen Grundmodellen von Unternehmensstrukturen aufzuzeigen. Dabei ließ sich feststellen, daß der Status, die Aufgabensynthese und der Verantwortungsbereich höchst unter-

[134] *Othmar Hegi*, Projekt-Management. S. 384.

schiedlich gestaltet werden konnte, der instrumentelle Teilcharakter dieser Managementkonzeption wurde erkennbar. „Overall, the product manager system is rather like weather: Everyone would like to do something about it, but no one quite knows what. And, like the weather, it looks as if it's here to stay[135]."

Um dem Begriffswirrwarr der mit der Bezeichnung „Produkt-Manager" verbundenen Vielzahl von Stellenbeschreibungen der Unternehmenspraxis zu entgehen und zugleich die normativen Komponenten dieser Managementkonzeption entsprechend ihrer Bedeutung stärker zu gewichten, war es notwendig, einige klare definitorische Trennstriche zu ziehen. Auch so blieben aber noch zahlreiche, der jeweiligen Unternehmensstruktur angemessene Differenzierungen in der organisatorischen Ausgestaltung bestehen. Dies ist zugleich auch die Ursache dafür, warum in dem nun folgenden Gliederungsteil über „Einsatz-Kontrollverfahren und Erfolgsbeurteilung" keine allgemeingültige Lösung für dieses in der Literatur bisher weitgehend vernachlässigte Problem angeboten werden kann. Vielmehr lassen sich nur einige Ansätze aufzeigen, die zum Teil direkt aus der Unternehmenspraxis entnommen worden sind, zum Teil aber auch bereits analog für andere organisatorische Einheiten („profit-center" und „investment-center") Anwendung gefunden haben. Diese Ansätze können je nach dem Bedingungsrahmen in verschiedenen Kombinationsmöglichkeiten auch für das Produkt-Management eingesetzt werden.

[135] *Yvonne S. Roscow*, Product managers: Just what do they do? S. 21.

III. Einsatz-Kontrollverfahren und Erfolgsbeurteilung

1. Der Kontrollbegriff

Obwohl über die Notwendigkeit systematischer Ausübung von Kontrollfunktionen kaum Zweifel bestehen, hat diese grundsätzliche Einsicht durchaus nicht immer zur Folge, daß auch der Bedarf einer ständigen Überprüfung der Handlungsabläufe innerhalb einer Unternehmensorganisation voll erkannt wird. Vielmehr haben erst Unternehmenswachstum, die infolge ständig wechselnder Konsumentenwünsche notwendige Diversifikation und die damit zunehmend komplexer werdenden Organisationsstrukturen die Sensibilität des Top-Managements für diesen Problemkreis gesteigert.

Ein erster Lösungsansatz, um dieser Herausforderung durch erhöhte unternehmerische Flexibilität gerecht zu werden, war die Einführung des Produkt-Managements; ein zweiter Schritt sollte im parallel dazu verlaufenden Aufbau eines Management-Kontroll-Systems (MKS) bestehen. Die Notwendigkeit hierfür begründet sich dadurch, daß mit fortschreitender Verantwortungs- und Entscheidungsdelegation die Möglichkeiten der Exekutivorgane zunehmen, von den Zielen der Unternehmung abweichende Interessen zu verfolgen. Daher muß durch Kontrolle gewährleistet werden, daß zwischen den Handlungskonsequenzen der Mitglieder der Unternehmensorganisation und den Zielsetzungen des Gesamtunternehmens zumindest Kompatibilität, im optimalen Fall sogar Zielkongruenz besteht[1].

Das Erreichen dieses Optimums an unternehmensbezogener Motivation ist aber nicht nur deswegen keineswegs selbstverständlich, weil, wie *Galbraith* überzeugend dargestellt hat, die „Technostruktur" einer Unternehmensorganisation ganz eigenständige Zielvorstellungen zu realisieren versucht[2], sondern darüber hinaus kann der einzelne Manager in seinem begrenzten Tätigkeitsbereich und Informationshorizont bei bestem Willen nicht immer zutreffend beurteilen, ob seine Entscheidungen in allen ihren Konsequenzen

[1] Die Realisierungswahrscheinlichkeit dieses Optimums ist nicht sehr hoch, daher: „... the most we can realistically aim for is a minimum amount of conflict between individual goals and corporate goals."
Robert N. Anthony, John Dearden, Richard F. Vancil, Management Control Systems. Text, Cases, and Readings. Homewood, Illinois, revised edition 1972, S. 5.

[2] Vgl.: *John Kenneth Galbraith,* Die moderne Industriegesellschaft. München und Zürich 1968, vor allem die Kapitel XIff.

dem angestrebten Gesamtziel der Unternehmung voll entsprechen oder nicht.

Wie sich somit zeigen läßt, ist die Einführung eines MKS streng daran gebunden, daß die strategische Planung der Unternehmensleitung in die Formulierung einer übergeordneten Zielsetzung einmündet und daß sich dann wiederum aus diesem Oberziel entsprechende, operationale Subziele für die nachgeordneten Managementebenen ableiten lassen. Um diesem Anspruch eines „management by objectives" (*Odiorne*)[3] gerecht werden zu können, empfiehlt sich bei der Zielformulierung die Beschränkung auf möglichst leicht zu ermittelnde und hinreichend quantifizierbare Größen, wie es am Beispiel „Umsatz" und „Gewinn" in den nachfolgenden Kapiteln dargestellt werden wird. Da jedoch in der Unternehmenspraxis die Möglichkeit einer Verantwortungsdelegation für Umsatz- bzw. Gewinnziele häufig nicht gegeben ist, werden statt dessen – ganz nach den jeweiligen Erfordernissen – höchst unterschiedliche qualitative Zielsetzungen mit dem Einsatz von Produkt-Managern verbunden. Wegen der großen praktischen Bedeutung wird dieser Art von Zielvorgabe ein eigenständiges Kapitel zugeordnet.

Nachdem diese notwendige Voraussetzung für den MKS abgeklärt worden ist, läßt sich der *Begriff der Kontrolle* tätigkeitsbezogen wie folgt definieren als: „Komplex aller Maßnahmen zur Regelung der Ablauforganisation des betrieblichen Zielerreichungsprozesses". Damit umfaßt der hier verwendete Kontrollbegriff – abweichend vom überwiegenden deutschen Sprachgebrauch[4] – nicht nur den Prozeß der Überwachung, den laufenden Soll-Ist-Vergleich, sondern enthält ebenfalls den Prozeß der Steuerung und gleicht damit mehr dem Wesensinhalt des amerikanischen „management control" als „process by which managers assure that ressources are obtained and used effectively and efficiently in the accomplishment of the organization's objectives"[5].

Aus dem Kontrollieren als einem Vorgang eher passiven Überwachens soll damit ein weitgehend selbständig ablaufendes System ineinanderübergreifender Regelungsmechanismen mit „built-in-stabilizern" geschaffen werden, das verhindert, daß letztendlich dann doch wieder alle Entscheidungen an die Unternehmensspitze herangetragen werden. Zugleich freilich erhöht die Formalisierung der Beurteilungskriterien innerhalb der einzelnen Stadien des Zielerreichungsprozesses auch die Transparenz der Ablauforganisation selbst und bietet so vermehrt Gelegenheit zu gezielten Eingriffen bei Fehlentwicklungen: Wird ein Subziel nicht erreicht, so ist das Aktionsfeld damit abgesteckt; auch wird sich niemand mehr aus seiner Kompetenz „herausreden" können. Damit

[3] Vgl.: *George S. Odiorne*, Management mit Zielvorgabe. Management by Objectives. München 1971.

[4] Siehe dazu ausführlich: *Erich Frese*, Kontrolle und Unternehmensführung. Entscheidungs- und organisationstheoretische Grundfragen. Wiesbaden 1968, S. 49f.

[5] *Robert N. Anthony u. a.*, Management Control Systems. S. 5.

allein ist der Wirkungsradius eines effizienten MKS aber noch keineswegs völlig erschlossen, vielmehr bietet sich hier auch ein idealer Ansatzpunkt für eine bessere Ausschöpfung des in jeder Unternehmensorganisatin noch brachliegenden „human capital". Nur allzu häufig werden die Fähigkeiten von Mitarbeitern nicht voll erkannt und das tatsächliche Einsatzpotential damit nicht zur Entfaltung gebracht[6]. Die Verbindung von Planung, Überwachung und Steuerung gemäß dem hier gewählten Kontrollbegriff erlaubt nun aber nicht nur eine optimale Ausrichtung aller Aktivitäten auf die gesamtunternehmerische Zielsetzung, sondern zugleich auch eine Bewertung zielkongruenten Handelns eines jeden Mitglieds der Gesamtorganisation. Das MKS „wird damit (auch) zu einem Förderungsinstrument für den Mitarbeiter und ist automatisch Grundlage für ein leistungsgerechtes Entgelt, für zielgerichtete, wirkungsvolle Weiterbildung und für die Erhaltung der Beweglichkeit im Hinblick auf die Einsatzmöglichkeiten eines Mitarbeiters"[7].

Durch die Objektivierbarkeit des einzelnen Beitrags zur Erreichung der Subziele und durch die Transparenz des Kontrollprozesses selbst wird zudem einer Beeinträchtigung der menschlichen Beziehungen, des „Betriebsklimas", vorgebeugt, die häufig dann eintritt, wenn Vorgesetzte sich der ihnen selber zumeist unangenehmen Aufgabe unterziehen sollen, eine Leistungs- und Verhaltensbeurteilung von Untergebenen aufgrund „allgemeiner Beschreibungen" zu fällen[8]. Die Ausrichtung formaler Beurteilungskriterien auf die „Meßlatte" quantifizierbarer Teilziele erhöht die Fähigkeit zu realistischer Selbsteinschätzung und hilft so, unnötige Konflikte zu vermeiden.

Nach dieser Begründung der gewählten Ausgangsbasis soll sich im nun folgenden eine ausführliche Darstellung der einzelnen Phasen des Kontrollprozesses, speziell für den Einsatz von Produkt-Managern, anschließen.

[6] Vgl.: *Markus Keller, Eduard von Moos,* Motivation und Führungsleistung. In: „Management-Zeitschrift", Jg. 1976, Nr. 1, S. 13ff. (zitiert: S. 15).

[7] *Markus Keller,* Kontrolle auf Führungsebene. In: „Industrielle Organisation", Jg. 1975, Nr. 2, S. 69ff. (zitiert: S. 71).

[8] Vgl. hierzu den schon „klassischen" Aufsatz von *Douglas McGregor,* An uneasy look at performance appraisal. Wiederabdruck in: „HBR", Jg. 1972, Sept.–Oct., S. 133ff.

2. Elemente des Kontrollprozesses

2.1 Die Zielvorgabe

Im Vorangehenden wurde der Aspekt der strategischen Unternehmensplanung als notwendige Grundlage für den Management-Kontrollprozeß bereits angesprochen, hier stellt sich nun das Problem der Umsetzung in Zielvorgaben für die Exekutivorgane. Die langfristig orientierte Unternehmensstrategie mit ihren aufgrund der Datenunsicherheit notwendigerweise unscharfen Vorgaben bedarf zu ihrer Durchsetzung eines ganzen Bündels detaillierter Einzelpläne für taktisch orientierte Maßnahmen.
Während die Formulierung des langfristigen Unternehmenszieles ureigenste Funktion des Unternehmers selbst bzw. der mit der unmittelbaren Unternehmensleitung beauftragten Manager ist, sind an dem Umsetzungsprozeß auch die nachgeordneten Managementebenen (und damit auch das Produkt-Management) beteiligt.

Abb. 21: Die Ableitung der Zielvorgaben

Abbildung 21 zeigt diesen Kommunikationsfluß zwischen den drei Managementebenen, der schließlich in die Ableitung der jeweiligen Zielvorgaben einmündet. Die Notwendigkeit der ständigen Rückkoppelung (Direktive – Kommentar – Modifikation) begründet sich durch die unterschiedlichen Informationshorizonte auf den verschiedenen Managementebenen; so wird sich die Unternehmensleitung bei der Festlegung der strategischen Zielsetzung vornehmlich an gesamtwirtschaftlichen Daten orientieren, am Verlauf von

Branchenkonjunkturen und an langfristigen Wachstumsaspekten; wogegen die Leiter der Funktions- und der Produktbereiche (Exekutiv-Management) vorrangig die Möglichkeiten der eigenen Abteilungen als Handlungsgrundlage in Betracht ziehen werden; das Operational-Management, also die Spezialisten in den Fachabteilungen, sowie (und vor allem) die Vertriebs- und Verkaufsmanager sind im Gegensatz dazu dem „point of purchase“ am nächsten und werden sich entsprechend vorrangig von den unmittelbaren Markterfordernissen und Kundenwünschen leiten lassen.
Es ergibt sich somit eine äußerst wichtige gegenseitige Ergänzung des jeweiligen Informationsstandes, deren Vernachlässigung negative Rückwirkungen auf die Durchsetzbarkeit der Zielvorgaben hätte. Darüber hinausgehend entscheidet die Beteiligung aller Managementebenen am Zielfindungsprozeß auch, ob die Bedingungen der „Fairness“ und der „Zielkongruenz“[9] gewährleistet sind, ohne deren Einhaltung der Management-Kontrollprozeß an innerer Widersprüchlichkeit sonst letztlich scheitern müßte.

Fairness bedeutet in diesem Zusammenhang, daß die Zielvorgaben realistisch und damit für den Angewiesenen grundsätzlich erfüllbar sein müssen und daß er nur für das verantwortlich gemacht werden darf, was auch tatsächlich seiner Beeinflußbarkeit unterliegt.
Zielkongruenz bedeutet dagegen, daß die Vorgabe der Subziele den Betroffenen dahingehend motiviert, seine Aktivitäten (auch) im Sinne der Gesamtzielsetzung des Unternehmens auszurichten – mit anderen Worten: Es muß gewährleistet sein, daß der gesamte Zielkomplex in sich widerspruchsfrei ist, mithin die Erfüllung von Zielerreichungsgraden auf den unteren Ebenen auch ansteigende Zielerreichung auf den höheren Ebenen bewirkt.

2.1.1 Umsatzziele

Als Beispiel soll davon ausgegangen werden, daß ein Unternehmen auf drei Teilmärkten mit je einem Produktbereich vertreten ist. Als (hier interessierender) Teil der unternehmensbezogenen Zielsetzung[10] wird angestrebt, unter Sicherung einer angemessenen durchschnittlichen Kapitalrendite den Marktan-

[9] Siehe dazu auch: *Richard F. Vancil*, What kind of management control do you need? In: „HBR“, Jg. 1973, March–April, S. 77.

[10] Die unternehmensbezogene Zielsetzung ist in der Realität ungleich vielschichtiger, als hier der Einfachheit halber angenommen wird. So unterscheidet man z. B. häufig wie folgt:
ein *leistungswirtschaftliches* Ziel (Produktion von Gütern und Dienstleistungen);
ein *soziales* Ziel (Führungsstil, Verhalten der Mitarbeiter) und ein *finanzwirtschaftliches* Ziel (Erzielung existenzsichernder Gewinne).
Siehe dazu z. B.: *Markus Keller, Eduard v. Moos*, Motivation und Führungsleistung. S. 13ff.

teil auf den Teilmärkten A und B zu halten, auf dem Teilmarkt C jedoch innerhalb der nächsten fünf Jahre um die Hälfte zu steigern. Für die Zielvorgabe ergibt sich dann die folgende Rechnung:

	Ist-Situation 1970			Soll-Situation 1975			
Teilmarkt Produktbereich	Umsatz auf dem Teilmarkt (Mio. DM)	Umsatz des Unternehmens (Mio. DM)	Marktanteil	Geschätztes Wachstum des Teilmarktes	Umsatz auf dem Teilmarkt (Mio. DM)	Marktanteil (Ziel)	Umsatz des Unternehmens (Mio. DM)
A	200	40	20%	20%	240	20%	48
B	800	80	10%	10%	880	10%	88
C	100	20	20%	100%	200	30%	40

Da es sich in dem ausgewählten Beispiel um eine am Umsatz orientierte Zielgröße handelt, könnte eine Vorgabe auf Bereichsebene etwa dadurch entstehen, daß die Leiter der Produktbereiche (bzw. der Marketing-Leiter) eine Beurteilung darüber abgeben, ob und wenn ja, auf welche Weise sie die vorgegebenen Ziele für realisierbar halten und welche Ressourcen dazu entsprechend zur Verfügung gestellt werden müßten. Die Leiter der Funktionsbereiche haben dann ihrerseits zu beurteilen, ob die angeforderte Unterstützung mit den vorhandenen Mitteln gewährleistet werden kann oder ob zusätzliche Investitionen erforderlich sind. Außerdem müssen sie Vorschläge unterbreiten, wie die Forderungen der Produktbereichsleiter (bzw. die des Marketing-Leiters) miteinander kompatibel gemacht werden könnten. Dem Leiter der Finanzabteilung schließlich fällt die undankbare Aufgabe zu, die jeweiligen „Blütenträume" auf den Boden des wirtschaftlich Vertretbaren herabzuholen.

Wie die Abbildung bereits zeigt, wird die Entscheidungsfindung von einem ständigen Feedback mit zugeordneten Fachleuten aus den Stabsstellen bzw. aus den untergeordneten Managementebenen begleitet. Der Produkt-Manager, sofern nicht als Produktbereichsleiter ohnehin „hauptamtlich" und unmittelbar an der Entscheidungsfindung beteiligt, ist eine der wichtigsten Informationsquellen überhaupt, denn von ihm wird die intime Kenntnis der Nachfrage- und Konkurrenzstruktur auf dem betroffenen Teilmarkt erwartet; beurteilt er die antizipierten Absatzmöglichkeiten negativ, so wird man daran nicht vorbeigehen können.

Die Funktionen und Verantwortungsbereiche des Produkt-Managements bei der Erfüllung einer Umsatzzielvorgabe durch die Unternehmensleitung sollen im nun folgenden anhand eines Beispiels aufgezeigt werden. Es ist dabei unerheblich, ob die Umsatzvorgabe auf die Beibehaltung oder aber Steigerung eines bestimmten Marktanteils abzielt – wie in dem vorangegangenen Rechenbeispiel –, vielmehr kommt es darauf an, die Unterscheidung zwischen Umsatzverantwortlichkeit und Gewinnverantwortlichkeit klar herauszustellen. Aus diesem Grund – und wegen der Praxisnähe – wurde das Beispiel einer „reinen" Verkaufsdivision gewählt, deren Muttergesellschaft ihren Sitz im Ausland hat; dort liegt ebenfalls der gesamte Produktions- und Beschaffungsbereich, zusammen mit anderen zentralen Funktionsbereichen, so daß die Kostenverantwortlichkeit für diese Bereiche eindeutig nicht bei der Verkaufsdivision liegt. Die Verkaufsdivision selbst wird von einem Produkt-Manager geleitet, der in der Unternehmenspraxis dann zumeist als „Geschäftsführer", „Produktgruppenleiter" oder „Unternehmensbereichsleiter" bezeichnet wird. Seiner Linienverantwortung untersteht eine Matrix-Organisation von Produkt-Managern, die einen Teilbereich der gesamten Produktgruppe betreuen, und von Verkaufsleitern („Sales-Managern"), die für die Vertriebs- und Verkaufsorganisation in jeweils einer bestimmten Region zuständig sind. Unterstützt wird der Divisionsleiter durch einen Controller, der den gesamten Datenkranz auf Divisionsebene verfügbar machen kann und der zugleich an das Management-Informations-System (MIS) des Gesamtunternehmens angeschlossen ist. Außerdem stehen auf Divisionsebene noch einige funktionale Service-Abteilungen zur Verfügung. Insgesamt ergibt sich somit eine Organisationsstruktur, wie sie Abbildung 22 zeigt.

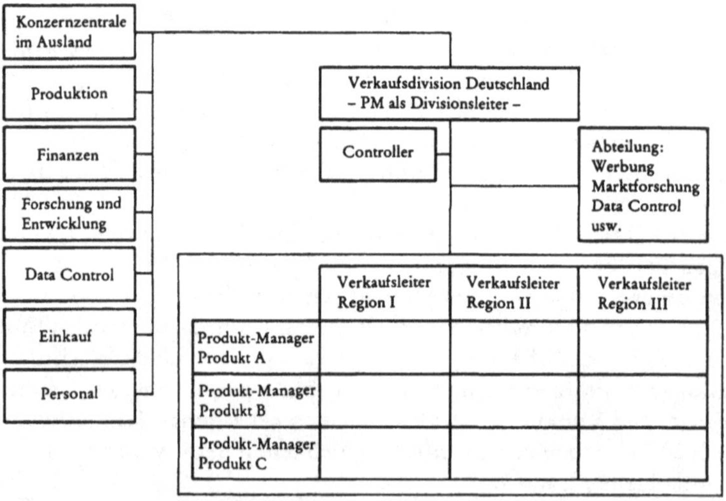

Abb. 22: Gliederung einer Verkaufsdivision mit Matrixstruktur

Die Festlegung der divisionsbezogenen Umsatzvorgabe geht nun so vonstatten, daß von seiten der Auslandszentrale für den Bereich „Deutschland" für jeden Artikel des Produktbereiches bestimmte Absatzmengen und Gewinnaufschläge zu einem vorkalkulierten Einstandspreis vorgeschlagen werden. Die Kosten- und die Preisstruktur sind damit für den Leiter der Verkaufsdivision (im wesentlichen)[11] ein Datum, die Abnahmemengen dagegen sind insoweit variabel, wie der Divisionsleiter seinen durch die größere Marktnähe bedingten Informationsvorsprung gegenüber der Konzernzentrale ausspielen kann. Dabei ist er seinerseits wiederum von den Kenntnissen der produktspezifischen Teilmärkte seiner Produkt-Manager abhängig; denn diese müssen realistische Absatzgrößen und entsprechend durchsetzbare Preisvorstellungen entwickeln. Eine Ergänzung dazu bilden die Aussagen der Verkaufsleiter über die Aufnahmefähigkeit der Vertriebs- und Verkaufsorganisation. Der Controller schließlich hat die auf Divisionsebene entstehenden Kosten einzuschätzen und die Vorkalkulation zu überprüfen.

Gemeinsam erarbeiten Divisionsleiter, Controller, Produkt-Manager und Verkaufsleiter dann schließlich ein divisionsbezogenes „Preis-Mengen-Gerüst", sozusagen als Entgegnung auf die Vorgaben aus der strategischen Planung für das Gesamtunternehmen. Dem Divisionsleiter obliegt es dann, die (eventuell) divergierenden Zielvorstellungen von Konzernzentrale und Divisionsebene miteinander in Einklang zu bringen.

Aus dem solchermaßen ermittelten Absatzmengenplan entsteht dann durch Aufrechnung der Stückkosten (mit Sendungskosten), der Gewinnvorgaben je Artikel sowie der konzern- und der divisionsbedingten anteiligen Gemeinkosten ein Umsatzbudget für die Vorkalkulation, das in der Planungsperiode dann anzustreben ist.

Die Produkt-Manager haben auf Divisionsebene dafür zu sorgen, daß die Absatzvorgaben für ihre Produkte eingehalten werden; das Controlling versorgt sie hierzu laufend mit Umsatzstatistiken, Soll-Ist-Vergleichen u. dgl. Für alle verkaufsfördernden Maßnahmen, für die Beanspruchung von externen Werbeagenturen und Marktforschungsunternehmen kann der Produkt-Manager über ein Werbebudget verfügen, das ihm vom Divisionsleiter zugeteilt wird. Die Höhe dieses Budgets und die vollständige oder teilweise Ausschöpfung desselben stehen nun aber nicht in direktem Zusammenhang mit einer eventuellen Erfolgsbeurteilung nach den erreichten Umsatzzielen. Diese Art der Einsatz-Kontrolle verbietet sich hier wegen der Verantwortungsteilung, die mit der Matrix-Organisation einhergeht: Produkt-Manager und Verkaufsleiter tragen gemeinsam die Verantwortung für das Erreichen der Umsatzziele, denn ihre Aktivitäten greifen vielfältig ineinander über, es gibt häufig Kompe-

[11] Gemeint ist hier, daß der Divisionsleiter nicht kurzfristig und direkt in die Kosten- und Preisstruktur des Gesamtunternehmens eingreifen kann. Dennoch wird die durch die größere Marktnähe bedingte Qualität seiner Beurteilung bei der Festlegung von Einstands- und Verkaufspreisen sicherlich Berücksichtigung finden; denn ein Mitspracherecht in diesem Stadium bildet die eigentliche Grundlage für die spätere Übertragung von Umsatzverantwortung.

tenzüberschneidungen. Dies hat, wie später noch gezeigt werden wird, erhebliche Auswirkungen auf die Wirksamkeit eventueller Maßnahmen zur Einsatz-Kontrolle und (vor allem) auf die Möglichkeit der Erfolgsbeurteilung.

Für den Produkt-Manager als Divisionsleiter ist die Situation indes eine völlig andere; denn er kann für die Einhaltung der in Absprache mit der Unternehmensleitung getroffenen Umsatzziele sehr wohl zur Verantwortung gezogen werden. Es ist ein Kriterium seiner erfolgreichen Tätigkeit, die Absatzchancen auf den ihm zugewiesenen Produktmärkten realistisch einzuschätzen, seine untergebenen Produkt-Manager und Verkaufsleiter im Hinblick auf die Zielsetzung des Gesamtunternehmens zu motivieren und entsprechend optimal einzusetzen. Um das anvisierte Umsatzziel erreichen zu können, steht dem Divisionsleiter dabei ein Werbebudget zur Verfügung, das er seinen Produkt-Managern für Werbekampagnen, Messerepräsentationen u. dgl. wie auch seinen Verkaufsleitern für regionale verkaufsfördernde Maßnahmen zur Verfügung stellen kann. Die Höhe dieses Divisionsbudgets ist ebenso Gegenstand der Verhandlungen mit der Konzernleitung wie die Vorgabe der Umsatzziele. Auch hier soll wieder ein Beispiel der Erläuterung dienen: Die Verkaufsdivisionen A, B und C erzielen den gesamten Umsatz der Muttergesellschaft. Im Rahmen der strategischen Planung ist als grober Richtwert für die Bestimmung des durchschnittlich für erforderlich gehaltenen Werbeaufwands ein Verhältnis von 1:10 zu den Umsätzen aus Erfahrungswerten ermittelt worden, d. h. also, daß auf 10 Millionen Umsatz eine Million für Werbeausgaben (und ähnliches) anfällt. Auf diese Weise läßt sich leicht ein Richtwert für das Werbebudget des Gesamtunternehmens ermitteln; der Anteil der Divisionen an diesem Budget bemißt sich dann wiederum aus ihrem prozentualen Beitrag zum Gesamtumsatz.
Im weiteren soll nun davon ausgegangen werden, daß der Konzern der strategischen Planung zufolge für die anstehende Planungsperiode ein Umsatzwachstum von 10% anstrebt. Diese Planungsgröße ergibt einen „Erlösklumpen" („lump of revenues"), der nun auf die einzelnen Produktgruppen und Divisionen aufgeteilt werden muß. Die Aufgabe der Divisionsleiter besteht jetzt darin, gemäß ihrer Einschätzung der Absatzsituation auf den jeweiligen Produktmärkten einen Anteil des geplanten Umsatzwachstums zu übernehmen, zugleich die Kosten für die Durchsetzung ihrer Absatzpläne zu ermitteln und entsprechende Budgetanforderungen zu stellen.
Man darf wohl getrost davon ausgehen, daß jeder Divisionsleiter bei der Abschätzung der Wachstumschancen seiner Produktmärkte recht besonnen, bei der Bestimmung des angeblich notwendigen Werbebudgets dagegen recht großzügig verfahren wird – mit anderen Worten: die Absatzpläne und die Budgetanforderungen der einzelnen Divisionsleiter werden insgesamt und in bezug auf die finanziellen Möglichkeiten nicht miteinander kompatibel sein.

In dem nun einsetzenden „Tauziehen" zeigt sich besonders die Fragwürdigkeit der strategischen Planung für die Ableitung konkreter taktischer Maßnahmen; denn es müßte sich schon um ausgesucht wenig „clevere" Divisionsleiter handeln, die es nicht fertigbrächten, schwerwiegende Argumente dafür vorzubringen, warum gerade auf ihren Produktmärkten der Richtwert für den Umfang des Werbebudgets als unrealistisch anzusehen sei.
Wie auch immer der Leistungswettbewerb um die (stets) knappen finanzwirtschaftlichen Ressourcen dann jeweils ausgehen mag, so ist der Divisionsleiter nach der erzielten Einigung doch auf jeden Fall an seine Umsatzvorgabe und an sein Werbebudget gebunden und für das Erreichen der Zielsetzungen voll verantwortlich. Stellen sich am Ende der Planungsperiode bei der Nachkalkulation erhebliche Abweichungen vom Umsatzbudget heraus, so mag das Verschulden dafür durchaus bei den untergebenen Produkt-Managern oder Verkaufsleitern liegen – zu vertreten hat es aber auf jeden Fall der Divisionsleiter.
Von Interesse wäre hier wohl noch die Anmerkung, daß fast alle der im Rahmen der vorliegenden Forschungsarbeit hierzu befragten Unternehmen angaben, daß es bei den Prognosen der Produkt-Manager vor allem auf die realistische, treffsichere Einschätzung der Absatzchancen ankäme, denn dies sei ja gerade einer der entscheidenden Vorteile, der mit dem Einsatz von Produkt-Managern verbunden sei.
Es gilt also nicht etwa derjenige Produkt-Manager als gut, der fünf Prozent Umsatzwachstum erreichen zu wollen angibt und dann zehn Prozent tatsächlich „herausholt", sondern entscheidend ist „to hit the margin". Übertriebenes Wagnisdenken wird als ebenso unvorteilhaft für das Gesamtunternehmen angesehen wie allzu große Vorsicht. Fehlschläge durch z. B. zu aggressive Verkaufsmethoden („stock pressure") können die gesamte strategische Planung des Unternehmens durcheinanderbringen, zu einer Fehlallokation betrieblicher Ressourcen führen und unter Umständen sogar den Bestand des Unternehmens gefährden, indem nämlich ein Divisionsleiter, um kurzfristige Erfolge aufweisen zu können, die Sicherung der langfristigen Stellung des Unternehmens am Markt außer acht läßt.

2.1.2 Gewinnziele

Im zweiten Hauptteil wurde die produktorientierte Gliederung der Unternehmensstruktur nach Divisionen bereits vorgestellt. Der Produkt-Manager als Divisionsleiter genoß in dieser Organisationsform sehr viel Selbständigkeit und hatte einen relativ weitgesteckten Entscheidungsspielraum. Das hierin zum Ausdruck kommende Maß an Verantwortungsdelegation hat sein Pendant in entsprechenden Führungsprinzipien, von denen eines, die Umsatzver-

antwortung, im vorangegangenen Kapitel an einem Beispiel aus der Unternehmenspraxis bereits dargestellt wurde. Der Erfolg des Leiters der Verkaufsdivision bestand nämlich darin, mit dem ihm vorgegebenen Werbebudget den größtmöglichen (bzw. den antizipierten) Absatz zu realisieren, wobei Preise und Kosten für ihn weitgehend ein Datum waren. Einer der dafür angegebenen Gründe, warum hier den Divisionsleitern keine Gewinnverantwortung übertragen wurde, lag darin, daß man ihnen in diesem Falle auch eine (zumindest in Grenzen) autonome Festsetzung der Preise hätte zugestehen müssen. Bei einem Konzern, der – wie in unserem Beispiel – in mehreren westeuropäischen Ländern zugleich jeweils organisatorisch selbständige Verkaufsdivisionen unterhält, hätte dies aber unkalkulierbare Verschiebungen in der Preisstruktur für die Produktpalette des Unternehmens zur Folge haben können. Angesichts der engen wirtschaftlichen Verflechtung innerhalb Westeuropas wäre daraufhin ein Durchschlagen eventueller Preisdifferenzen auf die benachbarten nationalen Teilmärkte unausweichlich gewesen. Als Folge hätte die strategische Planung unter erheblichen Unwägbarkeiten gelitten, und es wäre unter Umständen eine unliebsame Preiskonkurrenz zwischen den Verkaufsdivisionen entstanden, da die Produkt-Manager Absatzerfolge auf Kosten ihrer Kollegen in den anderen Divisionen hätten suchen können. Für den Konzern war daher wichtig, die Absatzpreise den Preisstrukturen der verschiedenen Absatzländer anzugleichen. Den dafür notwendigen Überblick konnte jedoch nur die Konzernzentrale haben und nicht der einzelne Divisionsleiter. Daher blieb es in diesem Falle organisatorisch bei reinen Verkaufsdivisionen und dem Führungsprinzip der Umsatzverantwortlichkeit.
Einer der Gründe dafür, warum Unternehmensleitungen Entscheidungen über Preise (und Gewinne) nicht gern aus der Hand geben, wurde damit bereits angegeben. Warum aber sollte eine Unternehmensleitung überhaupt zu dem Führungsprinzip Gewinnverantwortung übergehen? Die Antwort darauf ist stark von den Möglichkeiten der Erfolgskontrolle abhängig, die sich der Unternehmensleitung in einer durch Wachstum und Diversifikation komplex gewordenen Unternehmensorganisation überhaupt noch bieten; denn
- wie sonst als über den Divisionserfolg könnte eine wirksame Kontrolle durchgeführt werden?
- Welche andere Motivation wäre denkbar, die den leitenden Manager gleichermaßen auf das Hauptziel des Unternehmens ausrichtet?
- Wie ließe sich eine größere Bereitschaft zur flexiblen Reaktion auf unmittelbare Markterfordernisse erzielen als durch Gewinnverantwortung?

Dies alles sind Fragen, die eine Ausrichtung auf Gewinnverantwortung zu suggerieren scheinen; doch darf dabei nicht vergessen werden, daß mit der Delegation von Gewinnverantwortung auch erhebliche Abgrenzungsprobleme einhergehen. Vom Standpunkt der praktischen Durchsetzbarkeit stehen diesem Unterfangen nämlich eine ganze Reihe von abweisenden Gründen gegenüber; denn

- wie können Kosten zugeordnet werden, welche Gewinngrößen sind ableitbar?
- Welche Stabsdienste sollen zentral, welche sollen divisional zugeordnet werden?
- Wie findet man Manager mit den erforderlichen Führungsqualitäten?

Das wohl größte Problem bei der Übertragung von Gewinnverantwortung besteht aber darin, zu verhindern, daß der betreffende Manager Maßnahmen ergreift, die zwar die Erfolgskriterien für seine Einheit positiv beeinflussen, der Unternehmung insgesamt aber dennoch Schaden zufügen. *Shillinglaw*[12] nennt dafür das folgende Beispiel: Der Leiter einer als Profit Center geführten Division wird mit Gemeinkosten im Verhältnis zu seinem Anteil am Absatzvolumen des Gesamtunternehmens belastet. Bei sinkendem Absatz erwies es sich somit für ihn als vorteilhaft, das hohe Preisniveau zu halten und dafür weitere Absatzverluste in Kauf zu nehmen, da diese ja ebenfalls seinen Gemeinkostenanteil vermindern würden. Während das Gesamtunternehmen durch diese Maßnahmen in die Verlustzone geriet, wies das Profit Center nahezu unverändert hohe Gewinne auf.

Ein weiteres Beispiel nennt *Solomons*[13]: Leiter von Divisionen mit eigenem Produktionsapparat und eigener Forschungsabteilung sind in der Lage, kurzfristig ihren Gewinn ganz unabhängig von der tatsächlichen Umsatzsituation zu manipulieren, etwa indem sie Forschungsvorhaben zurückstellen, Abschreibungen unangemessen niedrig ansetzen, nicht sofort notwendige Reparaturen zurückstellen usw. Durch eine derartige „milking-the-business-policy“ kann eine Division „heruntergewirtschaftet“ werden und dennoch während dieser Zeit hohe Gewinne ausweisen, ein Problem, das im dritten Gliederungsteil dieser Arbeit noch ausführlich diskutiert werden wird.

Um diesen Gefahren auszuweichen, zugleich aber die starke Motivationsförderung durch die Vorgabe von Gewinnzielen auszunutzen, wird häufig der Weg gewählt, die Verantwortung nur sukzessive zu delegieren. Im wesentlichen lassen sich dabei drei Stationen unterscheiden: das Marketing-Center, das Profit-Center und das Investment-Center.

Das Marketing-Center läßt sich unmittelbar aus dem zuvor erläuterten Beispiel einer Verkaufsdivision ableiten, indem nämlich davon ausgegangen wird, daß die Höhe des bewilligten Werbebudgets mit der erzielten Umsatzsteigerung in Verbindung gebracht werden kann, um die Ausgabeneffizienz der

[12] Vgl.: *Gordon Shillinglaw,* Guides to Internal Profit Measurement. In: „HBR“, March/April 1957, S. 82ff.

[13] Vgl.: *David Solomons,* Divisional Performance. Measurement And Control. Homewood, Illinois 1972, S. 60f.

Marketingaktivitäten des Divisionsleiters zu beurteilen und um als Zielvorgabe zu dienen.
Die *Zielvorgabe für ein Marketing-Center* könnte demnach auf einer Berechnung wie folgt basieren:

Marketing-Center x: Produkt A

	Umsatzerlöse
–	Einstandskosten und Sendungskosten der Produkte
–	Umlage der Konzern-Gemeinkosten
–	Umlage der Divisions-Gemeinkosten
=	Brutto-Verkaufserfolg der Division
–	Werbebudget
=	Netto-Verkaufserfolg der Division

Obwohl hier nur ein ganz einfaches Beispiel gewählt wurde, ist das Grundprinzip der Berechnung der Zielvorgabe für das Marketing-Center klar erkennbar: Es sollen all jene Kosten außer Ansatz bleiben, die vom Produkt-Management nicht unmittelbar oder zumindest nur unwesentlich beeinflußt werden können. Auf diese Weise kommt man am Schluß dieser Berechnung dann schließlich auf eine Größe („profit plus advertising"), anhand derer sich der Erfolg des Marketing-Centers beurteilen läßt. Die Relation von Werbebudget (unter dem hier alle Marketingausgaben zusammengefaßt werden) und Brutto-Verkaufserfolg, z. B. 60:40 oder 70:30 usw., läßt sich leicht ermitteln und ist eine handliche Maßgröße für die Effizienz, mit der das Produkt-Management die Marketingausgaben in Erlössteigerungen umgesetzt hat.
Obwohl es gerade in diesem Fall sehr darauf ankommt, daß dem Produkt-Management Mitbestimmung und Vetorecht bei der Festsetzung der Verkaufspreise und der Einstandskosten eingeräumt werden, kann letztlich doch nur die unmittelbar seiner Verfügungsgewalt unterliegende zweckmäßige Verwendung des Werbebudgets als Zielvorgabe dienen. Anders verhält es sich dagegen, wenn das Marketing-Center auch über einen eigenen Distributions- und Verkaufsapparat verfügt, denn dann kann auch die Gestaltung dieser Kosten zur Beurteilung mit herangezogen werden.

Als *Profit-Center* soll im folgenden eine Division bezeichnet werden, die im Gegensatz zur reinen Verkaufsdivision stets über einen eigenen Einkaufs-, Produktions- und Distributionsapparat verfügt[14] und deren Leiter entsprechend als Zielvorgabe eine Maßgröße für den Divisionserfolg erhält, die auch eine Beeinflussung der Herstellungs- und Vertriebskosten berücksichtigt.

[14] Siehe dazu ausführlich: *Otto H. Poensgen*, Geschäftsbereichsorganisation. Opladen 1973, S. 28f.

Dieser *Zielvorgabe für ein Profit-Center* könnte z. B. folgende Berechnung zugrunde liegen[15]:

Profit-Center x: Produkt A
Umsatzerlöse
– Umlage der Konzern-Gemeinkosten
– Fixkosten, die nicht der Kontrolle des Divisionsleiters unterliegen

---

= Umsatz minus fremdbestimmte Kosten
– kontrollierte Fixkosten
– variable Kosten

= Divisionserfolg

Wie die Rechnung sogleich zeigt, liegt das Kernproblem in der Bestimmung der „kontrollierten" Fixkosten[16]. Entscheidungshilfe kann hier nur das Ausmaß sein, mit dem der Divisionsleiter an den Investitionsentscheidungen beteiligt ist. Denkbar wäre ein Lösungsverfahren, daß eine bestimmte Grundausstattung der Division mit Personal und mit Produktionsmitteln prädeterminiert, die der Divisionsleiter (zumindest) kurzfristig nicht abbauen darf, und daß darüber hinaus ein Budget für Neuinvestitionen (Betriebsmittel, Forschungsvorhaben, Personal u. dgl.) vorgesehen wird, das der Verfügungsgewalt des Divisionsleiters unterliegt, dessen Umrechnung als Fixkostenanteil aber dafür auch unmittelbar in die Zielvorgabe mit eingeht. Vermieden werden muß auf jeden Fall, daß die Zielvorgabe so „eng" wird, daß dem Produkt-Manager als Divisionsleiter nur wenig Möglichkeiten verbleiben, seine Vorstellungen der „optimalen" Produkt- und Marketingkonzeption in die Tat umzusetzen, sein kreatives Potential mithin nicht voll ausgeschöpft wird. Andererseits darf aber auch nicht der Fall eintreten, daß die Zielvorgabe so „weit" ausfällt, daß durch bloße Manipulation in der Kostenrechnung ein der Vorgabe genügender Divisionserfolg erreicht werden kann.
Generell ist aber als großer Vorteil anzusehen, daß der Produkt-Manager im Profit-Center-System seine Einsatzmöglichkeiten und produktspezifischen Kenntnisse tatsächlich von der Produktidee bis zur Markteinführung und Betreuung des fertigen Produktes voll verantwortlich entfalten kann. Voraussetzung hierfür ist allerdings, daß – wie das Modell es vorsieht – sich die Abgrenzung der einzelnen Profit-Center voneinander in möglichst eindeutiger Weise vollziehen läßt. Andernfalls bläht sich der Bestandteil der von der Divisionsleitung nicht kontrollierbaren Kosten immer weiter auf und mindert somit die Möglichkeit der Übertragung von Gewinnverantwortung.

Das *Investment-Center* unterscheidet sich vom Profit-Center vor allem dadurch, daß nun auch die Investitionsentscheidungen voll dem Divisionsleiter

[15] Vgl.: *Gordon Shillinglaw,* Guides to Internal Profit Measurement. S. 85.
[16] Ebenda, S. 86ff.

übertragen werden[17]. Die häufig schwer zu vollziehende Abtrennung der kontrollierbaren und der nicht-kontrollierbaren fixen Kosten auf Divisionsebene entfällt somit völlig, denn es bleiben nur noch die leichter bestimmbaren Konzern-Gemeinkosten übrig, die die Erfolgsrechnung der Division beeinflussen. Entsprechend bietet es sich an – und gilt mitunter als Kennzeichen des Investment-Centers überhaupt[18] –, den Divisionserfolg über eine Kennzahl zu messen, die den Bezug zwischen dem von der Konzernleitung eingesetzten Kapital, dem „Investment", und dem erzielten Divisionsgewinn herstellt.
Für den Leiter des Investment-Centers ist der Konzern somit vor allem Kapitalgeber und Zentrum der strategischen Planung[19], alle kurzfristig wirksamen, taktischen Entscheidungen im „unternehmerischen" Vorfeld bleiben dagegen ganz seiner Verantwortung überlassen. In der Funktion des Leiters eines Investment-Centers kann der Produkt-Manager somit auf der vollen Bandbreite des Spektrums produktbezogener Initiative tätig werden und seine Einsatzmöglichkeiten bestmöglich entfalten – zugleich hat er in dieser Position freilich auch die größten Möglichkeiten, Maßnahmen zum Schaden der Gesamtunternehmung zu ergreifen.
Die *Zielvorgabe für ein Investment-Center* könnte, den vorangegangenen Beispielen entsprechend, etwa auf folgender Berechnung basieren[20]:

	Investment-Center x: Produkt A
	Umsatzerlöse
–	Umlage der Konzern-Gemeinkosten
=	Umsatz minus fremdbestimmte Kosten
–	Fixkosten
–	variable Kosten
=	Divisionserfolg zu Kapital-Investment
=	Kennzahl für den Divisionserfolg

Wie diese Kennzahl im einzelnen ermittelt werden kann und welche Aussagen sie zuläßt, ist Gegenstand des Kapitels über Einsatz-Kontrollverfahren und braucht daher hier nicht weiter erörtert zu werden. Wichtig ist dagegen festzuhalten, daß die Zielvorgabe für ein Investment-Center sich an der Höhe des in der Division eingesetzten Kapitels orientiert.

[17] Ebenda.

[18] Siehe dazu unsere Ausführungen zur produktorientierten Unternehmensorganisation und ebenso *Otto H. Poensgen*, Geschäftsbereichsorganisation, S. 29.

[19] Daher wurde für diese Unternehmensstruktur in anderem Zusammenhang der Begriff „Conglomerate" verwendet, der im deutschen Sprachgebrauch der „reinen Holding-Gesellschaft" entsprechen würde.

[20] Dazu ausführlich: *Gordon Shillinglaw*, Guides to Internal Profit Measurement. S. 85ff. und vor allem: *Otto H. Poensgen*, Geschäftsbereichsorganisation.
Besonders die Kapitel VII, 3 und VIII, 2 (S. 206ff. und S. 228ff.).

Das Kernproblem der Übertragung von Gewinnverantwortlichkeit nach dem Investment-Center-Verfahren auf das Produkt-Management besteht darin, daß bei dieser Methode – anders als bei einem Profit-Center – auch volle Kostenverantwortlichkeit gegeben sein muß. Es wäre zwar noch zu vernachlässigen, daß der Produkt-Manager die Umlage der Konzern-Gemeinkosten nicht bestimmen kann, viel schwerer wiegt dagegen, daß in der Praxis zwischen den einzelnen Divisionen zumeist ein vielfältiges Netz von Interdependenzen besteht, sei es über gegenseitige Vorleistungen, sei es über die gemeinsame Nutzung von Service-Abteilungen oder Produktionsanlagen, und somit eine exakte Abgrenzung des jeweils beeinflußbaren Divisionserfolges oft zunichte gemacht wird oder doch zumindest aufwendige Umrechnungsverfahren mit dennoch zweifelhafter Gültigkeit verlangt[21].

Diese Probleme zeigen bereits, daß das Konzept der Delegation von Gewinnverantwortung durch die Konstruktion von Investment-Centern und (in geringerem Maße) auch für Profit-Center nur dann voll anwendbar ist, wenn keine oder jedenfalls nur vernachlässigbare Interdependenzen zwischen den divisionalisierten Bereichen bestehen. Da diese Voraussetzungen in der Regel aber nur bei sehr großen, konglomeraten Unternehmen gegeben sind, findet sich in der unternehmerischen Praxis der Bundesrepublik Deutschland die Übertragung von Gewinnverantwortlichkeit an das Produkt-Management zumeist nur in der abgeschwächten Form des Marketing-Centers, bei dem die genannten Probleme nicht mit gleichem Gewicht auftreten können.

Die in der Vergangenheit recht häufigen schlechten Erfahrungen deutscher Unternehmen mit der allzu sorglosen Übernahme des ja schließlich nicht ohne Grund in Amerika entstandenen Produkt-Managements[22] lassen heute vielfach einen Trend erkennen, der dahin zu gehen scheint, die Handlungsfreiheit des Produkt-Managers lieber zurückzustutzen als weiter auszudehnen und statt dessen die Gemeinschaftsverantwortung eines Teams in den Vordergrund zu stellen. Der Produkt-Manager findet sich daher heute eher in der „Sachbearbeiterfunktion" eines Marketingspezialisten als in der organisatorisch (ziemlich) selbständigen Stellung eines Divisionsleiters, wie sie im zweiten Hauptteil dieser Arbeit beschrieben worden ist. Nichtsdestoweniger bedeutet

[21] Mit der Problematik der Leistungsverrechnung zwischen Erfolgsbereichen hat sich WILLE ausführlich auseinandergesetzt:
Friedrich Wille, Management mit Profit-Centers. Moderne Unternehmensführung mit Erfolgsbereichen. München 1970.

[22] Gemeint ist hiermit, daß der Produkt-Manager, um erfolgreich sein zu können, ganz bestimmte Einsatzbedingungen vorfinden muß. Dazu gehört vor allem ein Umdenken aller Beteiligten im Hinblick auf neu anzuwendende Marketingkonzeptionen. Die Bereitschaft hierzu wurde in deutschen Unternehmen aber erst durch den Übergang vom Verkäufermarkt der 50er Jahre zum Käufermarkt der 60er Jahre gefördert, so daß die voreilige Übernahme der amerikanischen Managementkonzeption schon von daher unter ungünstigen Erfolgsaussichten stand.

dies eine – wenn auch freiwillige – Beschränkung in der vollen Anwendung der Gesamtkonzeption.

2.1.3 Qualitative Ziele

Die Vorgabe qualitativer Zielsetzungen für den Einsatz von Produkt-Managern findet sich vorrangig bei solchen Unternehmen, die mit der Einführung dieses in Deutschland ja noch relativ neuen Managementkonzepts gerade erst begonnen haben und daher nicht gleich das Wagnis des Sprungs der Übertragung von Umsatz- und/oder Gewinnverantwortung eingehen möchten. Häufig sind zudem auch noch zahlreiche Abgrenzungs- und Organisationsprobleme zu überwinden, die nur eine allmähliche Verantwortungsdelegation möglich machen. Im folgenden werden daher einige Beispiele für die Vorgabe qualitativer Ziele erläutert, und zwar gleich im Zusammenhang mit den jeweiligen Unternehmen, bei denen sie Anwendung gefunden haben.
Unter den mit dem Einsatz von Produkt-Managern verbundenen qualitativen Zielsetzungen wurde in den Forschungsinterviews zu dieser Arbeit am häufigsten die *Steigerung der Marketing-Effizienz* genannt. Offensichtlich hat also die Übersättigung vieler Produktmärkte und die damit verbundene Aufsplitterung in diversifizierte Produkte nicht nur die Sensibilität für eine rasche und vorausschauende Reaktion auf Markterfordernisse gestärkt, sondern außerdem auch zu der Erkenntnis geführt, daß sich mit bloßem „Schrotschuß-Marketing“ kein nachhaltiger Nachfrageeffekt erzielen läßt und zudem die Kostenentwicklung auf diesem Sektor eine gezieltere Vorgehensweise zur Erhöhung der Effizienz der Marketingausgaben gebietet. Die Bundesrepublik Deutschland ist in den letzten Jahren in bezug auf die Entwicklung der Media-Kosten ohnehin zu einem der teuersten Länder der Welt geworden, und da die Ausgaben mit dieser Kostenexplosion nicht mithalten konnten, kommt der Media-Selektion als einer der wichtigsten Aufgaben des Produkt-Managers größte Bedeutung zu. Da heute in der Konsumgüterindustrie häufig mit einer Pay-Off-Periode von 2 bis 3 Jahren nur für die Relaunch-Kosten eines Produktes gerechnet werden muß (mehr oder weniger, je nach Belastung mit Overhead-Kosten), gilt es als eine Hauptfunktion des Produkt-Managers, die Marketingmittel so effizient wie möglich einzusetzen.
Als Beispiel sei hier ein Unternehmen aufgeführt, das auf vielen, völlig unterschiedlichen Produktmärkten tätig ist, die jeweils einem Produkt-Gruppenleiter und mehreren Produkt-Managern zur Betreuung zugewiesen sind. Wegen dieser starken Segmentierung spielt der jeweilige Marktanteil keine große Rolle, auch ist der Beitrag des einzelnen Produktes zum Gesamtumsatz recht gering. Um nun trotz der durch die produktspezifischen Erfordernisse be-

dingten organisatorischen Aufsplitterung eine wirksame Kontrolle der Marketingausgaben zu gewährleisten, ist der gesamte Marketing-Bereich als eigenständiges Service-Center ausgegliedert und untersteht einem besonderen Leiter, der für das gesamte Marketing-Budget des Unternehmens verantwortlich ist. Die Produkt-Manager aus den (mehr technisch orientierten) Produktbereichen sind dem Marketing-Leiter zwar nicht direkt unterstellt, sondern nehmen diesen Bereich als Service-Stelle in Anspruch, haben aber für die Zuteilung von Marketingmitteln ein „access promotion budget" zur Genehmigung vorzulegen. Dieses Budget enthält einen Datenkranz von Ist-Kosten (nach Erfahrungswerten) für im einzelnen genau festgelegte Marketing-Aktivitäten (z. B. Messerepräsentationen, Kundenbesuche, Sondervorführungen, Werbemittel) und eine Schätzung der zu erwartenden Umsatz- und Gewinnergebnisse für den Zeitraum von fünf Jahren. Bei der Aufstellung dieses Budgetvorschlages kann der Produkt-Manager auf das detaillierte Management-Informations-System des Unternehmens zurückgreifen. Abgesehen von den sonstigen Kosten, die der Produkt-Manager ohnehin nicht oder doch nur unwesentlich beeinflussen kann, erstreckt sich sein Gestaltungsspielraum somit hauptsächlich auf die Prognosetätigkeit und die Aufteilung der (hier) sogenannten „Informationskosten" innerhalb seines Marketing-Budgets. Der Marketing-Leiter überprüft nach Vorlage dieses Budgets, ob der Produkt-Manager die Ausgaben sinnvoll geplant hat, insbesondere auch, ob die Umsatz- und Gewinnprognosen realistisch sind.
Gelingt es dem Produkt-Manager nun, den Marketing-Leiter von seinen Vorschlägen zu überzeugen, so wird der Budgetvorschlag genehmigt. Ansonsten muß so lange verhandelt werden, bis eine Einigung erreicht werden kann. Auch danach werden die im Budget vorgesehenen finanziellen Mittel nicht auf einmal, sondern nur sukzessive für jede Aktion freigegeben, so daß der Marketing-Leiter eine starke Kontrollfunktion nicht nur auf die Höhe, sondern auch auf die Gestaltung des zeitlichen Ablaufs der Marketingausgaben ausüben kann.
Produkt-Manager und Marketing-Leiter sind somit – aus jeweils anderer Perspektive – in diesem Beispiel die Garanten dafür, daß die Marketingmittel so effizient wie nur möglich eingesetzt und die „Streuverluste" damit minimiert werden. Der Produkt-Manager ist hierbei Ausgangspunkt der produktspezifisch angepaßten Marketingaktivitäten, von ihm wird erwartet, daß er kreatives Denkvermögen und nüchternen „business-sense" miteinander zu verbinden versteht.

Die Zielsetzung „*Intensivierung der Kundenpflege*" ist für den Einsatz von Produkt-Managern vor allem bei solchen Unternehmen kennzeichnend, die eine ständige Verbindung zu einer überschaubaren Anzahl von anspruchsvollen Großkunden haben. Dabei ist davon auszugehen, daß dieser Kundenkreis

zwar nicht (mehr) so klein ist, daß die Unternehmensleitung selber die Verbindung zu den Abnehmern aufrechterhalten könnte, aber auf der anderen Seite auch wieder nicht so groß oder doch zumindest in ihren Ansprüchen zu empfindlich, als daß sich auf eine intensive – und qualifizierte – Betreuung verzichten ließe.
Bezeichnenderweise findet sich daher der Produkt-Manager in einer dieser Zielsetzung entsprechenden Tätigkeit vor allem auf eng begrenzten Absatzmärkten, wie etwa für Luxusgüter (Champagner, Exklusiv-Kosmetik, Haute Couture u. dgl.) oder aber auf Absatzmärkten für „schwache" Produkte, d. h. für Produkte, die (ansonsten) keine starke Präferenzbindung an den Abnehmer haben.
Als Beispiel hierfür sowie für die häufig gegebene Notwendigkeit, statt auf das bloße Verkaufen „gedrillte" Sales Manager besser qualifizierte Produkt-Manager einzusetzen, soll ein Unternehmen der Photobranche angeführt werden. Dieses Unternehmen entwickelt (unter anderem) Farbfilme und fertigt entsprechend Color-Abzüge in den verschiedensten Vergrößerungen an. Das Spektrum der Kunden reicht unter quantitativen Gesichtspunkten vom Kaufhaus-Großabnehmer bis zum Studiophotographen und unter qualitativen Gesichtspunkten von der Massenware bis zur hochwertigen Spezialanfertigung. Da sich auf dem Absatzmarkt zahlreiche Produzenten mit jeweils kleinen Marktanteilen als Konkurrenten gegenüberstehen, ist der Spielraum für die Preisgestaltung relativ gering, z. T. werden die Preise auch durch das Diktat einiger Großabnehmer bestimmt. Außerdem unterscheiden sich die angebotenen Dienstleistungen (Entwicklungen) und Produkte (Color-Abzüge) der jeweiligen Anbieter in technischer Hinsicht nur unwesentlich voneinander; hinzu kommt, daß die Möglichkeiten, durch besondere Ausgestaltung des Produktes (äußere Aufmachung, Verpackung, Werbeeffekte u. dgl.) neue Kundenkreise zu erschließen, äußerst begrenzt sind, da die Konfrontation mit dem Endnachfrager für das Unternehmen praktisch ausfällt.
All diese Restriktionen spielten so lange nur eine untergeordnete Rolle, wie der Absatzmarkt mit dem allgemeinen „Freizeitboom" stark expandierte, als sich dann aber eine Sättigungsgrenze abzuzeichnen begann, verschärfte sich sofort der Konkurrenzkampf der Anbieter untereinander.
Das hier betrachtete Unternehmen mußte im Gefolge dieser Entwicklung feststellen, daß es bei dem besonders hart umkämpften Kundenkreis der Studiophotographen fortwährend Abnehmer verlor, wogegen es auf den anderen Bereichen nach wie vor seine starke Marktstellung innehalten konnte.
Eine eingehende Analyse der Ursachen dieses Mißerfolgs ergab, daß das bisher überwiegend in der Vertriebsorganisation eingesetzte Verkaufspersonal den Ansprüchen der Studiophotographen in fachlicher Hinsicht nicht entsprach und daher vielfach abgelehnt wurde. Andere Unternehmen boten individuelle Beratung und intensive Kundenpflege und wurden deswegen vorgezogen.

Offensichtlich hatte das rasche Wachstum des Marktes das von uns betrachtete Unternehmen dazu verleitet, dem Aufbau einer umfangreichen und pünktlich liefernden Vertriebsorganisation (und damit Verkaufsorganisation) unbedingten Vorrang zu geben – die produktspezifische individuelle Kundenpflege war dagegen in den Hintergrund getreten.
Dieser Mangel konnte nach und nach durch den Einsatz von Produkt-Managern erfolgreich ausgeglichen werden, die zwar eine gründliche Marketingausbildung (durch Schulung innerhalb und außerhalb des Unternehmens) aufwiesen, vom Beruf her aber hochqualifizierte Photographenmeister waren.
Diesen Produkt-Managern wurde nun die Aufgabe gestellt, durch intensive Kundenpflege das Unternehmen in Angelegenheiten der Beratung, Kostenkalkulation und Akquisition nach außen zu vertreten, zugleich aber auch in einem ständigen Rückkoppelungsprozeß dafür Sorge zu tragen, daß innerhalb des Unternehmens die technischen Voraussetzungen für die Umsetzung der Kundenwünsche geschaffen wurden. So ließ sich die entstandene Informationslücke zwischen den Kunden und dem Produzenten durch den Einsatz von Produkt-Managern unter der Zielsetzung der Intensivierung der Kundenpflege wieder schließen.

Die Zielsetzung „*Sicherung der Markentechnik*" wird vor allem von solchen Unternehmen mit dem Einsatz von Produkt-Managern verbunden, bei denen die Marktstellung und das Ansehen des Hauses durch die Wertschätzung bestimmter, meist „traditioneller" Produktmarken von seiten der Kunden determiniert werden. Bei näherer Betrachtung erweist sich diese Wertschätzung dabei in vielen Fällen als weniger durch das geprägt, was als objektives Qualitätskennzeichen der Produktmarke angesehen und durch technische oder sensorische Prüfungen nachgewiesen werden könnte, sondern wird vielmehr stark von den subjektiven Empfindungen des Kunden beeinflußt, von den gefühlsmäßigen Assoziationen, die er mit dem Erwerb des Produktes verbindet. Der überaus komplexe Begriff der Produktqualität entzieht sich somit vordergründig rationalen Zweckmäßigkeitsüberlegungen. So werden häufig Form, Farbe, ja sogar Art und Aufwand der Verpackung mit Qualitätsvorstellungen verknüpft, auch kann die Wahl der Verkaufswege (z. B. über Feinkost-Geschäfte, Boutiquen) dabei eine Rolle spielen. Der Käufer verbindet offenbar bei manchen Produkten die persönliche Wertschätzung damit, ob er seine höchst individuellen Empfindungen darüber, wie ein qualitativ hochwertiges Produkt auszusehen habe, durch die äußere Aufmachung, den Preis, das durch die Werbung geförderte Markenimage (und ähnliche Parameter) bestätigt findet. Die Aufgabe des Produkt-Managers besteht bei einer solchen Zielsetzung vorrangig darin, die Nachfrager in ihren (positiven) Vorstellungen über die Produktmarke zu bestärken, zugleich aber auch darauf zu achten, daß die Produktmarke durch allzu starres Festhalten an einem bestimmten Konzept nicht plötzlich veraltet – obwohl sogleich wieder einschränkend gesagt werden muß, daß „ein wenig altmodisch" der Traditionspflege auch durchaus dienlich sein kann. Wie sich somit zeigen läßt, verlangt die Erfüllung des mit dieser Zielvorstellung verbundenen Aufgabenspektrums vom Produkt-Manager sehr viel Einfühlungsvermögen und intime Kenntnis der für die Produktmarke maßgebenden Kundenkreise – mit bloßen „Verkaufskanonen" ist hier nichts zu erreichen, aber viel zu verderben.

Ganz zum Abschluß soll noch eine Zielsetzung erwähnt werden, die zwar bei direkter Befragung der Unternehmen nur selten ausdrücklich mit dem Einsatz von Produkt-Managern in Verbindung gebracht wurde, aber dennoch indirekt eine große Rolle spielt: die *Kontrolle der Kosteneffizienz.*

Die Tätigkeit des Produkt-Managers hat bei Massenartikeln hier ihre größten Auswirkungen. Er ist Garant sowohl für die Unternehmensleitung als auch für den Nachfrager, daß kostengünstig produziert wird: Der Produkt-Manager merkt (gewöhnlich) als erster, wenn ein Produkt am Markt gegenüber kostengünstiger hergestellten Produkten in der Preiskonkurrenz nicht mithalten kann – er sollte aber auch der erste sein, der hier Abhilfe zu schaffen vermag, denn kaum jemand sonst im Unternehmen ist vergleichbar mit den produktspezifischen Vorzügen und Schwächen vertraut.

Dazu ein Beispiel: Als der Markt für „Weichspüler" erschlossen wurde, gab es auf diesem Marktsegment zunächst praktisch keine Konkurrenz. Entsprechend brauchte sich der Produkt-Manager in diesem speziellen Fall wegen des Konkurrenzvorsprungs kaum Gedanken über die Kosten zu machen, vielmehr spielten bei der Preisgestaltung Überlegungen darüber eine Rolle, wieviel eine Hausfrau für den angebotenen Vorteil auszugeben bereit sein würde. Nach Anfangserfolgen zog die Konkurrenz dann allerdings alsbald nach, und außerdem zeigte sich die starke Konjunkturabhängigkeit dieses Produktes durch den tiefen Absatzeinbruch in den Jahren 1967/68. Diese verschlechterten Absatzbedingungen hatten dann eine völlige Umgestaltung der bisherigen Preis- und demzufolge auch der Kostenstruktur für diese Produktgruppe zur Folge. Weniger als in Phasen ungezügelten Wachstums, „im Boom kann jeder verkaufen", zeigt sich hier der Vorteil der größeren Flexibilität durch das Produkt-Management – auch wenn bei der Einführung dieses Konzeptes zunächst ganz andere Gesichtspunkte im Vordergrund gestanden haben mögen.

In diesem Zusammenhang kommt der Sicherung, aber auch der gezielten Veränderung der Produktqualität eine große Bedeutung zu. Es verhält sich nämlich keineswegs so, daß mit Änderungen der Produktqualität unmittelbar steigende bzw. abnehmende Nachfrage korreliert werden könnte, vielmehr spielt hier das Problem der Empfindungsschwelle des Nachfragers, die „consumer noticeability", eine große Rolle. Der Produkt-Manager muß positive Qualitätsänderungen durch entsprechende Werbemaßnahmen seinen Kunden „verkaufen", in das Bewußtsein rücken, um diese Empfindungsschwelle zu überwinden. Auf der anderen Seite gilt aber auch, daß unter Kostendruck allmähliche, unter dem Sensibilitätsniveau ablaufende, negative Qualitätsänderungen möglich sind, ohne daß zwangsläufig ein Absatzrückgang eintreten müßte. Diesen Spielraum für sein Produkt genau zu kennen, diese „Manövriermasse" für kostensenkende Maßnahmen auszuschöpfen, ist auch eine wichtige Funktion des Produkt-Managers.

2.2 Das Management-Kontroll-System (MKS)

Dem eingangs gewählten Kontrollbegriff entsprechend muß auf der zweiten Stufe des Kontrollprozesses (also nach der Zielvorgabe) ein MKS aufgebaut werden, das eine zuverlässige Koordination von strategischen Unternehmenszielen und kurzfristigen Bereichszielen ermöglicht. Das zu entwickelnde System hat dabei vor allem zwei Hauptanforderungen zu genügen:

(1) Es muß eine ständige Überwachung der Management-Aktivitäten im exekutiven Bereich durch laufenden Soll-Ist-Vergleich ermöglichen, und
(2) es muß jederzeit Gelegenheit für steuernde Eingriffe bei erkennbaren Fehlentscheidungen bieten.

Diese Ansprüche an ein MKS stehen indes der ursprünglichen Intention, nämlich der Erweiterung der Entscheidungs- und Verantwortungsdelegation, zunächst einmal diametral entgegen; denn ein Regelungsmechanismus, der diesen Anforderungen entspräche, würde jede Eigeninitiative im Keime ersticken. Aus diesem Grunde muß in das MKS noch zusätzlich eine Toleranzschwelle eingebaut werden, so daß nicht bei jeder Abweichung sogleich „die Warnlampen aufleuchten" und die Geschäftsleitung zum Eingreifen provozieren. Diese flexible Meßlatte, von *Berg* so treffend als „rubber yardstick" bezeichnet[23], ist es letztendlich, die den eigentlichen Entscheidungsspielraum ausmacht, den das Exekutiv-Management und in unserem Zusammenhang speziell das Produkt-Management besitzt.

Über diese Hauptanforderungen, die an ein MKS gestellt werden müssen, hinausgehend ist es selbstverständlich, daß das Kontrollsystem auch der jeweiligen Unternehmensstruktur angepaßt sein muß. Als erstes Beispiel soll daher im folgenden ein System dargestellt und erläutert werden, das auf einer relativ „engmaschigen" Marketing-Planung basiert, daher vor allem in jenen Unternehmungen Anwendung findet, die zwar noch nach funktionalen Bereichen

[23] Vgl.: *Norman Berg*, Strategic Planning in Conglomerate Companies. In: HBR, May–June 1965, S. 89.

gegliedert sind, in denen aber bereits eine allmähliche Umorientierung zum Marketing als eigentlichem Schwerpunkt der unternehmerischen Aktivitäten stattgefunden hat, was ja auch durch den Einsatz von Produkt-Managern unterstrichen wird. Dieses System besteht daneben aber auch in jenen Unternehmungen, die zwar bereits produktorientiert gegliedert sind, in denen die Delegation von Ergebnisverantwortlichkeit aber noch nicht in dem Maße fortgeschritten ist, daß die für Profit- oder Investment-Center zugeschnittenen Kontrollkonzepte Anwendung finden könnten. Die Kontrolle bezieht sich daher in diesen Fällen vorrangig auf die einzelnen Aktivitäten, die (im hier interessierenden Bereich) der Produkt-Manager entfaltet, um die im Marketing-Plan vorgegebenen Ziele durchzusetzen.

Im zweiten Teil dieses Kapitels werden dagegen gerade jene Kontrollverfahren im Vordergrund stehen, die auf weitgehender Übertragung von Gewinnverantwortlichkeit basieren. Entsprechend bezieht sich die Kontrolle hier vorrangig auf die erfolgswirksamen Ergebnisse, die der Produkt-Manager innerhalb seines autonomen Handlungsspielraums erzielt hat. Zur Unterscheidung werden die erstgenannten Systeme als *„ablaufsteuernde Management-Kontroll-Systeme“* und die zweitgenannten als *„ergebnissteuernde Management-Kontroll-Systeme“* bezeichnet. Am besten läßt sich die unterschiedliche Gestaltung dieser beiden Kontrollsysteme anhand der nachfolgenden graphischen Darstellung verdeutlichen.

Der Zeitpunkt, zu dem der Einsatz von Produkt-Managern gewöhnlich ernsthaft in Erwägung gezogen wird, kennzeichnet im Wachstumsprozeß der Unternehmensorganisation den Übergang von Phase 2 zu Phase 3. Wenn nämlich die Lenkung ausschließlich oder doch überwiegend durch direkte Anweisungen von seiten der Unternehmensleitung vor dem Problem steht, wie bei einer durch inneres Wachstum zunehmend unübersichtlicheren Unternehmensstruktur den rasch wechselnden Markterfordernissen flexibel und reaktionsschnell entgegnet werden könnte. Um Fehlentscheidungen durch Überlastung zu vermeiden, bietet sich in dieser *„Leitungskrise“* dann die Lösung an, durch die allmähliche Ausdehnung von weiteren Entscheidungskompetenzen auf die Ebene des Exekutiv-Managements auch Verantwortung zu delegieren. Dieser Anpassungsvorgang kennzeichnet dann die Phase 3 und entsprechend, durch Einbindung des (zumeist) neu eingesetzten Produkt-Managements in eine detaillierte Marketing-Planung, das ablaufsteuernde Management-Kontroll-System.

Der nächstfolgende Übergang ist spätestens dann fällig, wenn eine wirksame Kontrolle der Unternehmensleitung über die vielfältigen Aktivitäten des Exekutiv-Managements durch das Auseinanderklaffen der jeweiligen Informations- und Planungshorizonte zunehmend illusorisch wird (*„Kontrollkrise“*). In dieser, der vierten Entwicklungsphase ist eine Übertragung von Gewinnverantwortlichkeit auf die Manager in Erfolgsbereichen nach dem Konzept

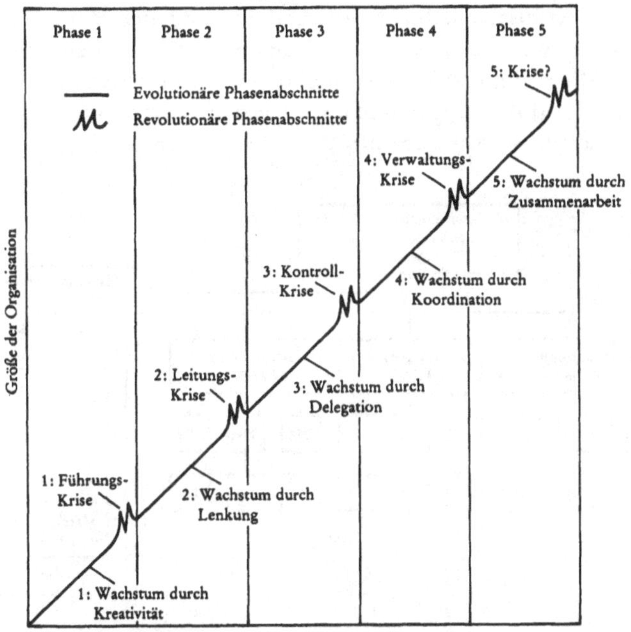

Quelle: *Larry E. Greiner,* Evolution and revolution as organizations grow. In: Harvard Business Review, Juli–August 1972, S. 41. Zitiert bei: *Ludwig C. Poth,* Marketing Management in Fallstudien. Zweite, überarbeitete und erweiterte Auflage, München 1976, S. 236.

Abb. 23: Wachstumsphasen der Organisation

von Profit- oder Investment-Centern als Lösung anzusehen. Die oberste Geschäftsleitung kann sich dann voll auf die Konzipierung von Unternehmensstrategien und die Ableitung kompatibler Zielvorgaben sowie auf die Koordination der Planung in den Erfolgsbereichen konzentrieren – entsprechend findet hier das ergebnissteuernde Management-Kontroll-System seine Anwendung.

2.2.1 Marketing-Planung als Kontrollinstrument

In dem vorangegangenen Kapitel 2.1 wurde die Ableitung von Marketing-Plänen durch die Umsetzung von Zielvorgabe der Unternehmensleitung in operationale Teilziele und Einzelmaßnahmen bereits ausführlich dargestellt. Im jetzt folgenden Abschnitt soll daher die Beschreibung der Planungsfunktion in den Hintergrund treten und statt dessen die Kontrollfunktion der Marketing-Planung in das Zentrum der Betrachtung rücken.

Zur besseren Veranschaulichung des Aufbaus und der Wirkungsweise des Kontrollsystems wird auch hier wieder von einem praktischen Beispiel ausgegangen. Der Marketingbereich des dabei betrachteten Unternehmens gliedert sich nach drei Produktgruppen und einem Servicebereich, so daß sich das folgende Organisationsschema ergibt:

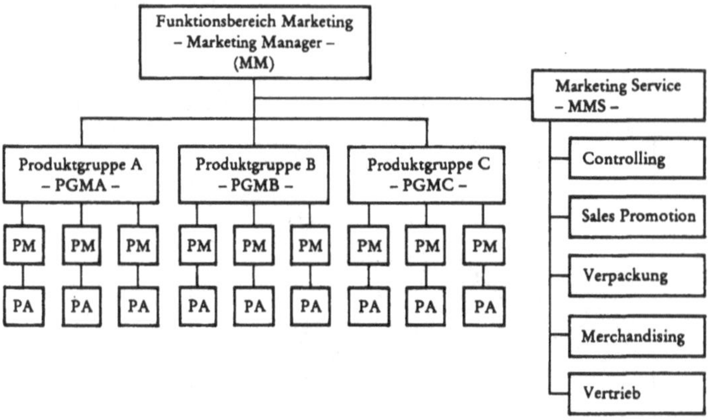

Wie die Abbildung erkennen läßt, ist das Produkt-Management in unserem Beispiel auf mehreren Ebenen zugleich integriert. Im operationalen Bereich, der untersten Leitungsstufe, steht der Produkt-Assistent (PA) als Gehilfe des Produkt-Managers (PM). Die von den einzelnen PMs betreuten Produkte werden dann zu Produktgruppen zusammengefaßt, deren Leitung einem Produktgruppen-Manager (PGMA, B, C) obliegt. Dies ist zugleich auch die Aufstiegsposition der Produkt-Manager in den Bereich des Exekutiv-Managements. Die Position des Marketing-Managers (MM) gehört im dargestellten Beispiel bereits zur Geschäftsleitungsebene, dem Top-Management. Der Leiter der Abteilung „Marketing-Service" (MMS) besitzt eine Sonderstellung; ihm unterstehen die funktionalen Abteilungen auf der Bereichsebene, und außerdem nimmt er noch wichtige Kontrollfunktionen wahr, wie später noch gezeigt werden wird.

Nach Ablauf der ersten Phase des Planungsprozesses für die jährliche Marketing-Planung gibt MM die mit der Unternehmensleitung vereinbarten Ziele, die Prioritäten für die daraus abgeleiteten Marketingmaßnahmen und die vorläufigen Etatansätze für die Planperiode bekannt. Den PM und den PA erstellt sich daraus die Aufgabe, Einzelmaßnahmen und Einzelpläne für die jeweiligen Produkte zu entwickeln. Diese Pläne werden von den PGM dann innerhalb der Produktgruppen miteinander koordiniert, zusammengefaßt und dann an den Marketing-Manager weitergereicht. Dieser hat nun seinerseits für die Abstimmung der Vorschläge von seiten der PGMs zu sorgen, vertritt das Endergebnis der verdichteten Einzelpläne dann gegenüber der Geschäftsleitung und holt deren Genehmigung ein. Vom gesamten, dann schließlich endgültig ausgehandelten Etatansatz verbleibt ein vorab festgelegter Prozentsatz als „Eingreifreserve" in der unmittelbaren Verfügungsgewalt des Marketing-Managers, die Restmittel können daran anschließend sukzessive von den Produktgruppen-Managern für die festgelegten Einzelaktionen abgerufen werden.

Für das hier vorrangig interessierende Kontrollsystem ist nun von besonderer Wichtigkeit, welche Struktur die Marketing-Pläne aufweisen, auf welche Art und Weise sie zustande kommen und wie bei ihrer Durchsetzung verfahren wird. Dazu auch hier wieder ein praktisches Beispiel:

Marketing-Plan 1978

Kostenstelle: 115 *Produktgruppe:* A *Artikel:* x

(1) Planungsgrundlagen

		Ist-Werte			Soll-Werte		Perspektive	
	Einheit	1974	1975	1976	lfd. Jahr	Planjahr	1979	1980
Absatz	TSt	1 800	1 700	1 700	1 900	2 000	2 100	2 200
Umsatz	TDM	8 500	8 500	8 600	10 000	10 500	11 200	12 800
Deckungs-beitrag	TDM	4 100	4 300	4 350	5 000	4 900	5 200	5 400
Marktanteil	%	38	36	35	35	38	40	42

Abb. 24: Beispiel für einen Marketing-Plan

(2) Beurteilung der Marktsituation

Durch Unterlassen rechtzeitiger Sortimentsbereinigung hat der Artikel x seit 1974 nahezu fortlaufend an Marktanteilen verloren. Im laufenden Jahr konnte für diesen Artikel durch getrennte, verstärkte Markenwerbung der Abwärtstrend erstmals gestoppt werden. Die Absatzlage für das Planjahr wird optimistisch beurteilt.

(3) Erläuterung des Marketingziels

Durch Fortsetzung der verstärkten Markenwerbung soll der Marktanteil in der mittelfristigen Perspektive auf über 40% gesteigert werden.

Im Planjahr 1978 wird eine Steigerung des Marktanteils auf 38% angestrebt; der Absatz soll gegenüber dem laufenden Jahr (Soll-Wert) um 5% gesteigert werden.

(4) Mittelfristige Strategie

Das Sortiment, in dem der Artikel x bislang angeboten wurde, soll neu gestaltet werden. Außerdem ist eine Fortsetzung der bislang schon erfolgreichen getrennten Markenwerbung für diesen Artikel geplant.

(5) Maßnahmen im Planjahr

TDM 125	TV-Einschaltungen (4) jeweils zu den Höhepunkten des saisonalen Absatzverlaufes (Zielgruppe: Endverbraucher).
TDM 60	Direktwerbeaktionen jeweils zu Saisonbeginn (Zielgruppe: Wiederverkäufer).
TDM 20	Neugestaltung des Displaymaterials durch besondere Dekostoffe (Zielgruppe: Einzelhandel/Endverbraucher).

In der gleichen Form werden für jeden Artikel innerhalb jeder Produktgruppe entsprechende Planungsunterlagen erarbeitet. Die Verdichtung erfolgt dann zunächst für die jeweilige Produktgruppe und schließlich in Form einer Zusammenfassung für den gesamten Bereich als „Marketing-Budget", mit dem dann, wie bereits beschrieben, verfahren wird. Ist der Abstimmungsprozeß bis dahin abgelaufen, so müssen jetzt detaillierte Durchführungsbeschreibungen und Kostenberechnungen für die in den Einzelplänen vorgesehenen Maßnahmen erarbeitet werden. Eine solche Maßnahmendarstellung könnte etwa so aussehen, wie es die nachfolgende Abbildung zeigt.

Aufgabe und Ziel dieser Maßnahmendarstellung ist es, einen formalen Rahmen für alle Marketing-Aktivitäten zu schaffen, der eine detaillierte Erfassung aller finanzwirksamer bzw. nicht-finanzwirksamer Kosten auf einheitliche Art und Weise garantiert, die zeitliche Verteilung dieser Kosten über das Planjahr transparent macht und damit insgesamt eine wirksame und fortlaufende Kontrolle über alle Maßnahmen und ihre jeweilige Kostenentwicklung ermöglicht. Der Bereich des Marketing-Service spielt dabei eine wichtige Rolle; denn die Funktionsspezialisten in den hier zugeordneten Abteilungen leisten den PM und PA wertvolle Dienste bei der Vorausschätzung der Kosten. Die Abteilung Controlling kann dafür das erforderliche Datenmaterial aus vergleichbaren vorangegangenen Aktionen liefern und sorgt zugleich für die laufende Erfassung der entstehenden Ist-Werte. Über diesen kontinuierlichen Soll-Ist-Vergleich kann sich der PM bzw. der PGM jederzeit darüber informieren, welchen Erfolg seine Maßnahmen am Markt hatten (Absatzstatistiken), welche Kosten ihm dafür entstanden sind (Ist-Kosten-Entwicklung) und welche Mittel ihm zur Durchführung weiterer Aktionen noch zur Verfügung stehen (Soll-Ist-Abweichung).

Ganz unabhängig von dieser Kontrollperspektive erlaubt die kontinuierliche Anwendung dieses Verfahrens auch dem Marketing-Manager und damit der Geschäftsleitungsebene, jederzeit Einblick in das Geschehen innerhalb der Produktgruppen zu nehmen, so daß auch in vertikaler Richtung das recht-

Marketing-Maßnahmen 1978

Kostenstelle: 115 *Produktgruppe:* A *Artikel:* x

Etatposten	Projekt und Kostenart	Termin	Auflage bzw. Einschaltungen	Zielgruppe	TDM finanzwirksame Kosten	TDM nichtfinanzwirksame Kosten	TDM Gesamtkosten
115.13	*TV-Einschaltungen*						
	Einschaltgebühren	April/Mai	2	Endverbraucher	60		
	Einschaltgebühren	Aug./Sept.	2	Endverbraucher	60		
	Produktionskosten	April	1		5		125
115.14	*Direktwerbeaktionen*						
	Gratisverteilungen	April	200	Wiederverkäufer		20	
		August	200	Wiederverkäufer		20	
	Prospekte	April	400	Wiederverkäufer	10		
		August	400	Wiederverkäufer	10		60
115.15	*Displayneugestaltung*						
	Dekomaterial	März/April	350	Einzelhandel	20		20
					165	40	205

Abb. 25: Beispiel einer Maßnahmendarstellung

zeitige Erkennen und die Kontrolle möglicher Fehlentwicklungen gewährleistet ist. Einer denkbaren „Verschleierungstaktik"; durch Umschichtung von Mitteln innerhalb des Marketing-Plans wird durch strikte Zweckbindung aller Etatposten – sofern sie eine gewisse Obergrenze überschreiten – vorgebeugt, so daß auch hier die Gelegenheiten zur diskreten „Schönung" von Erfolgsergebnissen minimiert werden können.

Da die ausführliche Beschreibung aller Einzelmaßnahmen, so wichtig sie für die Kostenrechnung und die Artikelerfolgskontrolle auch sein mag, dennoch sehr bald unübersichtlich wird, muß eine Kumulation dieser Einzeldaten erfolgen. Dies geschieht im Rahmen eines „Produkt-Budgets", das etwa folgendes Aussehen haben kann:

Produkt-Budget 1978

Kostenstelle: 115 *Produktgruppe:* A *Artikel:* x

	1. Quartal		2. Quartal		3. Quartal		4. Quartal		Gesamt	
Kosten in TDM	Ist	Soll	Ist	Soll	Ist	Soll	Ist	Soll	Ist	Soll
Medienwerbung			70	65	65	60				
Verkaufsförderung	18	20	8	10	8	10				
Rabatte und Prämien										
Public Relations										
Honorare										
Externe Mafo										
Sonstiges										
Finanzwirksame Kosten	18	20	78	75	73	70	—	—	169	165
Innerbetriebliche Leistungen			20	20	20	20			40	40
Nicht-finanzwirksame Kosten			20	20	20	20			40	40
Gesamtkosten	18	20	98	95	93	90			209	205

Abb. 26: Beispiel für ein Produkt-Budget

Die einfache Unterteilung der Kostenträgergruppen ließe sich noch nach Bedarf beliebig weiter auffächern und verfeinern, doch soll dieses Beispiel ja nur die wesentliche Struktur eines Produkt-Budgets aufzeigen. Auch so werden aber bereits einige grundlegende Probleme erkennbar:

(1) Wie läßt sich der saisonalen Häufung von Ausgabeströmen begegnen?
(2) Nach welchem Maßstab sollen innerbetriebliche Leistungen verrechnet werden?
(3) Was kann man gegen Sollwertabweichungen unternehmen?

Die Bewältigung des Problems saisonaler *Ungleichverteilung von Ausgabeströmen* ist zwar eigentlich eine Angelegenheit der Finanzabteilung, die ja ohnehin in dieser Hinsicht bereits durch die Aufstellung des Produkt-Budgets eine wirkungsvolle Unterstützung erfährt, doch kann das Produkt-Management darüber hinausgehend noch weitere Maßnahmen ergreifen, um zu einer Entzerrung der saisonalen Ballungen beizutragen, indem z. B. völlig neue Produkte oder auch Produktinnovationen entwickelt werden, die sich eben gerade in der ansonsten verkaufsarmen Zeit gut absetzen lassen. Auf diese Weise können eine breitere Risikostreuung und eine gleichmäßigere Finanzentwicklung erreicht werden. Typische Folge solcher Strategien ist das bereits beschriebene Entstehen von „Conglomerates" – im kleineren Rahmen zeigen sich diese Bestrebungen in zunehmender Diversifikation.

Für die *Verrechnung innerbetrieblicher Leistungen* findet sich eine breite Palette angebotener Lösungen in der Literatur[24] – ohne daß freilich dieses Problem in allen Nuancen bewältigt worden wäre. Um den wissenschaftlichen Bemühungen nicht eine weitere Facette hinzuzufügen und um das „Über-den-Daumen-Peilen" der Praktiker nicht erläutern zu müssen, mag daher hier der schlichte Hinweis genügen, daß, wenn irgend möglich, Preise für vergleichbare Leistungen von außerhalb des eigenen Unternehmens als Verrechnungsbasis genommen werden sollten – wobei allerdings sogleich wieder einschränkend hinzugefügt werden müßte: ... sofern nicht mit der willkürlichen Festlegung bestimmter Verrechnungspreise eine bewußte innerbetriebliche Umlenkung von Ressourcen beabsichtigt ist.

Dem Problem von *Sollwertabweichungen* wird man zwar grundsätzlich auch durch genaueste Planung und ständige Kontrolle nicht völlig entgehen können, doch lassen sich die Auswirkungen solcher Divergenzen durch einige (weitere) vorbeugende Maßnahmen immerhin in zu bewältigenden Dimensionen halten.
Eine dieser Schutzvorkehrungen war, wie bereits dargestellt, derjenige Anteil vom Marketing-Budget, der als „eiserne Reserve" beim Marketing-Manager zurückgehalten wird; eine weitere Maßnahme bestand in der Zweckbindung der Mittel, so daß nicht ausgeschöpfte Etatposten zur weiteren Verfügung verbleiben. Über diese institutionalisierten Notreserven hinausgehend bietet aber das System der dualen Kostenschätzung und Kostenfortschreibung an sich schon die Gewähr, daß Probleme durch Budgetabweichungen in überschaubaren Grenzen bleiben werden. Dieses System sieht vor, daß auf der einen Seite PM und PA für jedes durchzuführende Projekt möglichst exakte Kostenentwicklungspläne aufstellen und auch die dann tatsächlich anfallenden Kosten laufend beobachten – daneben aber auch von den Funktionsspezialisten im Servicebereich eine parallel dazu laufende Vergleichsrechnung durchgeführt wird. Treten in diesem System der dualen Kostenkontrolle ernst zu nehmende Divergenzen auf – wobei sich hinter „ernst zu nehmend" die festzulegende Toleranzschwelle verbirgt –, so müssen (zunächst) der zuständige PGM und der MMS versuchen, einen Konsens herbeizuführen, gelingt dies jedoch nicht, so hat sich über den Marketing-Manager die Hauptgeschäftsleitung mit dem Problem zu befassen. Im Normalfall wird man sich aber wohl vorher schon

[24] Unter der Vielzahl von Veröffentlichungen zu diesem Thema sei besonders hingewiesen auf: *Otto H. Poensgen*, Geschäftsbereichsorganisation. Hier vor allem Kapitel XIV: „Die Lieferbeziehungen zwischen den Geschäftsbereichen", S. 457ff.

einigen, um ein „Hineinregieren" in die eigenen Entscheidungsbereiche erst gar nicht zu provozieren.
Wie abschließend festgestellt werden kann, läßt sich im Rahmen der Marketing-Planung solchermaßen ein sehr wirkungsvolles und umfassendes Kontrollsystem zur Erreichung quantitativer Zielvorgaben (hier: Umsatzsteigerung) aufbauen. Dieses System kann immer dann Anwendung finden, wenn eine Kontrolle der einzelnen Maßnahmen innerhalb der dem Produkt-Management übertragenen Marketing-Funktionen angestrebt wird.

2.2.2 Evaluationssysteme

Da das ablaufsteuernde MKS aber auch ein Instrument der Menschenführung sein soll, weist die rein formal rechnerische Vorgehensweise der Marketing-Planung insoweit einen Mangel auf, als sie in erster Linie eine Kontrolle der Termine und Kosten darstellt. Demgegenüber bleibt der persönliche Einsatz, die Leistung des einzelnen, völlig außer Ansatz. Darüber hinausgehend erfaßt die Beschränkung des ablaufsteuernden Kontrollsystems auf die quantitativen Komponenten der Einzelaktivitäten all jene Fälle nicht, in denen finanzielle Mittel zwar termingerecht und sollwertentsprechend, aber ansonsten ökonomisch sinnlos „verpulvert" werden – nur weil man die Fehlleistung bei der Bedarfschätzung für den Etatansatz nicht eingestehen möchte (die öffentliche Verwaltung, aber auch Großunternehmen liefern dafür immer wieder höchst lehrreiche Beispiele)[25].
Aus diesen Gründen genügt ein Kontrollsystem, das sich auf die bloße formale Überwachung und Steuerung einer Soll-Ist-Entwicklung beschränkt, noch nicht den hier zu stellenden Ansprüchen. Auch wegen des eingangs aufgestellten Gebots der Fairness muß das Kontrollsystem die qualitative Komponente,

[25] Ein zwar etwas andersgeartetes, den Sachzusammenhang aber dennoch sehr anschaulich beschreibendes Beispiel aus der amerikanischen Unternehmenspraxis liefert SMITH für den nutzlosen Aufwand, der häufig mit Marktforschungsstudien betrieben wird. Er nennt im wesentlichen drei Gründe, warum finanzielle Mittel für „pseudo-research" verschleudert werden:
1. Organizational politics: Die Inanspruchnahme der Marktforschung soll Macht über finanzielle und personelle Ressourcen bewirken, soll Entscheidungen – häufig genug im nachhinein – rechtfertigen oder soll als Sündenbock für eigene Fehleinschätzungen herhalten.
2. Service promotions: Der Aufwand für die Marktforschung soll Kunden beeindrucken und Gründlichkeit bei der Entscheidungsfindung vortäuschen.
3. Personal satisfaction: Der Umgang mit Marktforschungsinstituten und die Verwendung „wissenschaftlicher" Untersuchungen bestärkt das Selbstwertgefühl und verleiht das Image eines Managers, der ständig mit der modernsten Forschungsentwicklung Schritt hält.
Dazu ausführlich: *Stewart A. Smith,* Research and pseudo-research in marketing. In: „HBR", March–April 1974, S. 73ff. (Zitat S. 74).

d. h. die Bewertung des individuellen Leistungsbeitrags mit erfassen, wobei ein positives, etwa der Teamarbeit besonders zuträgliches Verhalten ebenfalls als Leistungsbeitrag zu bewerten wäre. Diesem Zweck dienen Beurteilungsverfahren, die dem amerikanischen Sprachgebrauch entsprechend hier als „Evaluationssysteme" bezeichnet werden sollen.

Ein solches Evaluationssystem ist nun aber nicht nur Führungsinstrument innerhalb eines ablaufsteuernden Kontrollsystems zur Erzielung optimaler Leistungsqualität, sondern ist darüber hinaus auch Förderungsinstrument für die Mitglieder einer Organisation, um sie ihren tatsächlichen Fähigkeiten und Neigungen entsprechend einsetzen und weiterentwickeln zu können. Dieser duale Charakter eines Evaluationssystems unterstreicht dessen Bedeutung innerhalb einer Unternehmensstruktur, die auf eine Delegation von Entscheidungsbefugnis und entsprechende Verantwortungsübertragung ausgerichtet ist: Nur wenn das individuelle Leistungspotential erkannt wird, lassen sich Möglichkeiten und Grenzen kooperativen Führungsstils abstecken.

Indes ist die praktische Einführung eines derartigen Evaluationssystems gewöhnlich mit zahlreichen Problemen und Widerständen verbunden, die teils durch menschliche Unzulänglichkeiten, teils aber auch durch Unsicherheiten bei der angemessenen methodologischen Vorgehensweise bedingt sind. Als menschliches Problem erweist sich häufig die Abneigung vieler Vorgesetzter, über ihre Untergebenen schriftlich fixierte Beurteilungen abzugeben, wofür zumeist folgende Begründungen angeführt werden[26]:

- Sie fühlen sich für diese Aufgabe nicht hinreichend vorbereitet.
- Sie möchten ihre Untergebenen nicht öffentlich kritisieren (und schon gar nicht darüber Rechenschaft ablegen).
- Sie mißtrauen dem Aussagegehalt und der Beweiskraft von Evaluationsverfahren.

Diese Gegenargumente sind in ihrer Relevanz höchst zwiespältig zu beurteilen. So kann es vor dem realen Handlungshintergrund zwar als durchaus befremdend erscheinen, einen wohlvertrauten Mitarbeiter wie ein Objekt, wie eine Maschine nach Leistungsgrad und Einsatzfähigkeit „abqualifizieren" zu müssen; auch können Zweifel hinsichtlich der Zuverlässigkeit von Evaluationsverfahren, wie später noch gezeigt werden wird, in bestimmter Hinsicht durchaus angebracht sein, doch kann dies alles nicht verdecken, daß es häufig ganz andere Gründe als die vorgebrachten sind, auf die sich die Abwehrhaltung gegen eine Offenlegung der Beurteilungskriterien begründet. Viele Vorgesetzte scheuen sich nämlich lediglich davor, ihre diskret angewendeten Maßstäbe offenbaren und (womöglich) begründen zu müssen. Statt dessen

[26] Hier wird Bezug genommen auf einen Artikel von DOUGLAS McGREGOR aus dem Jahre 1957: An uneasy look at performance appraisal. Wiederabdruck in: „HBR", Spt.–Oct. 1972, S. 133ff.

werden dann häufig bloße Floskeln vorgeschoben, die sich jeder Objektivierbarkeit entziehen, wie etwa „da verlasse ich mich ganz auf meine Menschenkenntnis“ oder „das weiß man doch aus Berufserfahrung“.
Von seiten der Untergebenen besteht indes ein vitales Interesse daran, daß diese jede Willkür einschließenden diskreten Beurteilungskriterien zugunsten eines besser durchschaubaren Systems verdrängt werden. Darüber hinaus wird auch oft übersehen, daß ein transparentes unternehmensinternes Entlohnungs- und Beförderungssystem einen nicht zu unterschätzenden Motivationsfaktor darstellt.
Jedes Mitglied der Organisation vermag dann nämlich seine eigene Stellung innerhalb der hierarchischen Ordnung zu erkennen und seine Aufstiegschancen realistisch einzuschätzen. Außerdem besteht dann auch keine Unklarheit mehr über den mit der eigenen Position verbundenen und folglich erwarteten persönlichen Leistungsbeitrag – entsprechend kann man sich daraufhin auch gegen ungerechte Behandlung zur Wehr setzen. Wahrscheinlich liegen hier die wahren Gründe, warum viele Vorgesetzte Evaluationssysteme innerlich ablehnen: Der anonyme „Beurteilungsmechanismus“ ist ein wirksames Druckmittel, ein Damoklesschwert über den Untergebenen. Solch ein System schafft aber auch Unsicherheit über den eigenen Status und wird schließlich jede Entscheidungsteilnahme und Eigeninitiative im Keime ersticken. Es ist kaum vorstellbar, daß in einer derartigen „Betriebsatmosphäre“ z. B. ein Produkt-Manager seine vielfältigen Aufgaben entscheidungsfreudig und selbständig in Angriff nehmen könnte. Entsprechend erscheint es auch nicht als zufällig, daß gerade ein mit dem Einsatz von Produkt-Managern so überaus erfolgreiches Unternehmen wie *Procter & Gamble* mit besonderem Nachdruck ein unternehmensspezifisches Evaluationssystem aufgebaut hat (wie später noch gezeigt werden wird), das sich vor allem durch einfachen Aufbau und entsprechend große Transparenz auszeichnet.
Damit gelangen wir nun bereits zu den Anforderungen, die an ein funktionierendes Evaluationssystem gestellt werden müssen: Gute Überschaubarkeit durch einfachen Aufbau und gleichförmige Anwendung der Beurteilungskriterien auf allen Stufen der Unternehmenshierarchie ist mit eine der wichtigsten Voraussetzungen dafür, daß Reibungsverluste durch internes Intrigenspiel vermieden werden und daß leistungsstimulierende Impulse vom Kontrollsystem selbst ausgehen. Im Idealfall sollte eine partnerschaftliche Arbeitsatmosphäre mit gegenseitiger Leistungsanerkennung resultieren. Entscheidungsverzögernde und arbeitszeitraubende „Grabenkämpfe“ und Nepotismus jeder Form werden damit zwar nicht völlig ausgeschlossen – das zu fordern, wäre auch wohl unrealistisch –, aber doch immerhin bis auf ein offenbar unvermeidliches Ausmaß reduziert.
Als zweite Anforderung an ein Evaluationssystem gilt, daß die Beurteilung der Leistung und des Verhaltens unbedingt auf den spezifischen Bezugsrahmen

beschränkt bleiben muß, innerhalb dessen der Betreffende tätig ist. Die Notwendigkeit hierzu erhellt, wenn man sich die methodologischen Schwierigkeiten vergegenwärtigt, die einer Generalisierung von Einzelbeurteilungen gegenüberstehen; denn jemand mag in einer bestimmten Leistungssituation z. B. Kreativität und Durchsetzungsvermögen bewiesen haben und wird dennoch unter andersgearteten Bedingungen vielleicht sogar völlig versagen. Es gibt somit keinen allgemeinen Bezugsrahmen, der sich als „Meßlatte" über alle Positionen hinweg anwenden ließe, geschweige denn, daß damit alle spezifischen Leistungsanforderungen abgedeckt werden könnten. Daher darf jede Einzelbeurteilung nur für die ganz bestimmte Leistungssituation gelten, in der der Betreffende gestanden hat, eine allgemeine Übertragbarkeit ist nicht gegeben[27]. Diese Gebundenheit der Einzelergebnisse ist ohne Zweifel ein gravierender Mangel eines jeden Evaluationssystems, dem allerdings – wie aufgeführt – eine ganze Reihe bedeutender Vorteile gegenüberstehen. Außerdem bliebe es ja noch ohnehin fraglich, ob eine Beurteilung auf Grund von „Menschenkenntnis" und „Berufserfahrung" tatsächlich bessere Ergebnisse bei der Stellenbesetzung zur Folge hätte. Als Lösung bietet sich eine Synthese beider Beurteilungsformen an, und zwar dergestalt, daß man die beiden letztgenannten Faktoren, deren eigenständiger Wert für eine Beurteilung mit ausgenutzt werden sollte, zusammen mit einem davon unabhängigen sonstigen Evaluationssystem zum Einsatz bringt. Der Mangel fehlender Vergleichbarkeit individueller Leistungssituationen könnte dann dadurch geheilt werden, indem man sowohl den Vorgesetzten als auch den Untergebenen voneinander unabhängig beurteilen läßt, ob die bisherige Position bereits alle Fähigkeiten ausschöpft oder ob eine andere Stellung (und wenn ja, welche) innerhalb der Unternehmensorganisation nicht besser dazu geeignet wäre, die individuellen Leistungsreserven voll zur Entfaltung zu bringen. Auf diese Weise wäre es möglich, sowohl die Selbsteinschätzung des Betroffenen als auch die Erfahrung und Übersicht des Vorgesetzten wirkungsvoll miteinander kombiniert zum Einsatz zu bringen.

Als drittes wäre noch die Forderung zu stellen, daß, wie bereits angedeutet, das Evaluationssystem die Beurteilung der individuellen Arbeitsleistung und gleichermaßen auch die dabei zutage getretenen Verhaltensweisen einschließen sollte. Diese Forderung erweist sich deswegen als notwendig, weil die erfolgreiche Tätigkeit in Führungspositionen sehr häufig davon abhängig ist, ob und, wenn ja, auf welche Weise ein gutes Arbeitsverhältnis mit den Untergebenen erreicht wird – ganz abgesehen davon, daß bestimmte Organisationsstrukturen, wie z. B. die Matrix-Organisation, bei fehlender Bereitschaft und Fähigkeit zur Teamarbeit ohnehin nicht wirksam funktionieren können.

[27] Siehe dazu ausführlich: *Marco Capol*, Leistungsbeurteilung als integriertes Führungsmittel. In: „Industrielle Organisation", Jg. 1974, Nr. 5, S. 217ff. (insbesondere S. 218).

Als Beispiel für den ersten Fall ließe sich der exzentrische, kooperationsunwillige, dabei aber äußerst kreative „Brainstormer" anführen, der wohl in einer Werbeabteilung gut aufgehoben sein mag, sich aber kaum für eine Position eignen dürfte, in der es auf die Zusammenarbeit mit anderen entscheidend ankommt. Des weiteren ist der einsame wissenschaftliche „Tüftler" für die Forschungsabteilung vielleicht unersetzlich, wäre als deren Leiter aber wohl in der falschen Position.

Diese Beispiele zeigen, daß die erbrachte Arbeitsleistung allein noch kein maßgebliches Evaluationskriterium darstellen kann, vielmehr gilt vor allem für ein ablaufsteuerndes Kontrollsystem, daß ebenso danach gefragt werden muß, auf welche Weise die zu beurteilende Leistung erzielt wurde.

Im nun folgenden soll die praktische Durchführung eines Evaluationsverfahrens anhand eines Beispiels (Abb. 27) aufgezeigt werden, das sich in seiner Struktur dem bei *Procter & Gamble* verwendeten Evaluationssystem angleicht, jedoch auf die besonderen Ansprüche des Untersuchungsthemas hin angepaßt wurde. Zum Teil sind die entsprechenden Ausdrücke aus dem amerikanischen Sprachgebrauch mit angegeben.

Dieser Leistungs- und Verhaltensbeurteilung hätte sich dann noch ein Fragenkomplex anzuschließen, der die Aufgaben des Vorgesetzten hinsichtlich der weiteren Ausbildung und Beratung seiner Untergebenen umfaßt. Die Bedeutung des Evaluationssystems als unternehmensinternes Förderungsinstrument wird hier besonders deutlich. Im folgenden werden die Fragen zunächst der Reihe nach aufgeführt und daran anschließend dann insgesamt kommentiert.

Wann kann der Betreffende eine Beförderung erreichen?
Welche Position käme dafür in Frage?
Welchen nächsten Schritt könnte man zur Vorbereitung der Beförderung unternehmen?
Wie könnte die bisherige Position besetzt werden?

Welche Stelle strebt der Betreffende selbst an?
Was unternimmt er, um sich selbst voranzubringen?
Was unternehmen Sie, um den Betreffenden zu fördern?

Der erste Teil des Fragenkomplexes ist der Lösung des Beförderungsproblems gewidmet. Es kommt hier vor allem darauf an, möglichst frühzeitig begabte Nachwuchskräfte für Führungsaufgaben zu erkennen und in ihrer Entwicklung zu fördern. Dies gilt ganz besonders für Produkt-Manager, und zwar aus mehreren Gründen. Zunächst einmal, weil die Position selbst recht hohe Anforderungen an den Stelleninhaber stellt und weil sie zugleich eine Position ist, von der aus dem Gesamtunternehmen durch eine Fehlbesetzung großer Scha-

Personalbeurteilungsbogen
(„personal inventory sheet")

An: Produktgruppenleiter/Marketing-Leiter

Von: Produkt-Manager, Marke „x"

Für: Produkt-Assistent

Name:	*Titel:*	*Arbeitsplatz:*
H. Meier	Produkt-Assistent	Produktgruppe I – Marke „x" –

I. Tätigkeitsbeschreibung („description of work")
Hier hat eine detaillierte Beschreibung der einzelnen Aufgaben (z. B. Business Analysis, Vorbereitung von Werbemaßnahmen) zu erfolgen, die der Betreffende während der Beurteilungsperiode alleinverantwortlich oder in Gemeinschaft mit anderen durchgeführt hat. Insbesondere ist der Verlauf der Einzelmaßnahmen darzustellen. Die Aktivitäten und das Verhalten des Betreffenden sind daran anschließend als Erfolgs-(oder Mißerfolgs-)beitrag kritisch zu bewerten.

II. Kooperationsbereitschaft („teamwork ability")
Der Umgang des zu Beurteilenden mit Untergebenen, Gleichgestellten und mit Vorgesetzten ist ein wichtiges Merkmal für eine Verhaltensbewertung und eine Prüfung seiner Fähigkeit, Führungsaufgaben wahrzunehmen. Auch hier ist wieder anhand konkreter Einzelaktionen darzustellen, ob der Betreffende z. B. Eigeninitiative entwickelt, ob er bereitwillig Ideen und Vorschläge anderer aufgreift, ob er sich als Mitläufer oder als Anführer in ein Team einzufügen versteht u. dgl.

III. Besondere Fähigkeiten („specific strength")
Der Vorgesetzte soll hier individuelle Stärken des zu Beurteilenden, die ihm in konkret zu beschreibenden Handlungssituationen aufgefallen sind, aufführen. Entscheidend dabei ist, daß er sich dabei nicht auf eigene Vermutungen über die potentiellen Fähigkeiten des Untergebenen verlassen soll, sondern daß diese Fähigkeiten (z. B. Kreativität, analytische Begabung) auch zum Ausdruck gekommen sein müssen.

IV. Besondere Schwächen („specific weaknesses")
Entsprechend zum Vorhergehenden sind hier konkrete Leistungssituationen zu beschreiben, in denen der zu Beurteilende entweder versagt hat oder in denen er auf Grund seiner bisher erworbenen Kenntnisse und Fähigkeiten noch keinen vollwertigen Beitrag erbringen konnte („areas of improvement"), wie z. B. bei unerwartet auftretenden Führungsaufgaben, bei Verhandlungen mit externen Stellen (Marktforschungsinstituten, Fachhandel, Werbeträgern u. dgl.).

V. Gesamteindruck („overall evaluation")
Unabhängig von einzelnen Handlungssituationen soll der Vorgesetzte hier auf Grund seiner Menschenkenntnis und Berufserfahrung seinen persönlichen Eindruck von der Leistung des Untergebenen wiedergeben. Diesem Kommentar schließt sich dann eine Einschätzung des Gesamteindrucks nach einer einfachen Skala an:

Poor		Below Average		Average		Good		Excellent		Outstanding
0	1	2	3	4	5	6	7	8	9	10

Abb. 27: Beispiel für die Durchführung eines Evaluationsverfahrens

den entstehen kann. Ein weiterer Grund ist wohl nicht so offensichtlich, in der Praxis aber von großer Bedeutung: Gute Produkt-Manager sind rar, und da sich viele – besonders mittelständische – Unternehmen kein eigenes Ausbildungssystem leisten können oder wollen, sind sie auf Abwerbung angewiesen. Ein begabter Produkt-Assistent bei *Unilever, Henkel* oder *Procter & Gamble* erhält in der Regel eine ganze Reihe guter Angebote „von außen", so daß diese Unternehmen von einem relativ breiten Ausbildungskegel ausgehen müssen, um den Abwerbungsverlusten Rechnung zu tragen. Entscheidend ist daher das frühzeitige Erkennen und die Gewährleistung rascher Aufstiegsmöglichkeiten der Nachwuchskräfte. Bei *Procter & Gamble* gewinnt darüber hinaus die Nachwuchsförderung auch noch dadurch an Bedeutung, daß das Unternehmen Spitzenpositionen nur durch Kräfte aus den eigenen Reihen besetzt. Dieses Prinzip des „to promote only from within" ist ein starker Motivationsfaktor, da hier eben ganz offensichtlich jeder Brand Assistant den „Marschallstab im Tornister" trägt und sich ihm tatsächlich „all the way up" alle Aufstiegsmöglichkeiten eröffnen. Für das Unternehmen selbst ist die Verfolgung dieses Prinzips allerdings nicht ganz unproblematisch, da bei Besetzung einer Spitzenposition diejenigen Manager, die geglaubt hatten, ebenfalls ganz „dran" gewesen zu sein, dann gewöhnlich zu anderen Unternehmen abwandern. So besteht die Gefahr, daß bei einem Revirement von Führungspositionen zugleich mehrere andere Spitzenkräfte verlorengehen. Allerdings verbirgt sich auch dahinter wieder ein großer Vorteil: Durch die verhältnismäßig starke Fluktuation wird der Durchfluß von der Management-Basis zur Unternehmensspitze sehr beschleunigt, so daß in Verbindung mit dem Prinzip des „to promote only from within" ein revolvierendes System entsteht, das für einen ständigen „Generationswechsel" innerhalb der Führungspositionen sorgt – ohne daß darunter die Kontinuität des Gesamtmechanismus auch nur im geringsten gefährdet werden könnte. Durch diese geschickte Handhabung des Evaluationssystems kann sich die Organisation immer wieder von selber entschlacken, und die Struktur bleibt einfach und überschaubar, so daß jede Intrige sofort erkannt wird. Aktives „Aussortieren" ist daher nur in seltenen Fällen notwendig.

Der zweite Teil des Fragenkomplexes kennzeichnet den Gedankenaustausch zwischen Vorgesetzten und Untergebenen, mit Hilfe dessen erkannt werden soll, wo die Interessen des Betroffenen selbst liegen, und was unternommen werden könnte, um ihn in dieser Richtung zu fördern und zu unterstützen. Die Verpflichtung des Vorgesetzten hierzu wird ausdrücklich angesprochen, sie gehört zur Erfüllung seiner Führungsaufgaben[28]. Auch für den Untergebe-

[28] „The superior's role is to help the man relate his self-appraisal, his, targets', and his plans for the ensuing period to the realities of the organization." *Douglas McGregor*, An uneasy look at performance appraisal. S. 135.

nen ist dieses persönliche Gespräch von großem Nutzen, denn – zumindest wird das in der Mehrzahl der Fälle so gehandhabt – gewöhnlich bleibt ihm die eigene Beurteilung verborgen. Durch das Gespräch hat er aber die Möglichkeit, genauer zu erfahren, was von ihm in Zukunft verlangt wird, welche Chancen das Unternehmen ihm bietet, und was er selbst für seinen beruflichen Aufstieg noch tun kann und muß[29].

Das Ausbildungsprogramm kann dann entweder in einer unternehmensinternen Schulung bestehen, so etwa durch Versetzen in besonders dafür geschaffene Positionen in anderen Abteilungen, oder aber es verläuft außerhalb des Unternehmens, indem der Betreffende für die Teilnahme an Kursen von externen Managementinstituten ausgewählt wird.

Zum Abschluß soll nun noch die Frage erörtert werden, wie das bisherige Evaluationssystem zweckmäßig erweitert werden könnte. An erster Stelle wäre hier daran zu denken, daß gleich zu Anfang des Beurteilungsbogens noch weitere Angaben zur Person, zum Ausbildungsweg und zur bisherigen Laufbahn innerhalb des Unternehmens von Bedeutung sein könnten. Dies wird vor allem dann eine Rolle spielen, wenn für eine eventuelle weitere Beförderung eine besondere technische oder kaufmännische Ausbildung notwendig ist. Des weiteren kann es wünschenswert sein, unter den Abschnitten III und IV (siehe Abb.) eine Aufgliederung des Bewertungsprofils erfolgen zu lassen, so daß eine detailliertere Stellungnahme möglich wird. *Keller* schlägt hierfür die Bewertung folgender Einzelfaktoren vor[30]:

Verhaltensmerkmale als Mitarbeiter:

Anpassungsfähigkeit
Instruktionsgeschick
Koordinationsgeschick
Durchsetzungsvermögen
Verhandlungsgeschick
Umgangsformen
Kontrolltätigkeit
Entscheidungsvermögen
Initiative im Arbeitsbereich
Zusammenarbeit und Information
Selbständigkeit der Aufgabenerfüllung
Beratung des Vorgesetzten

[29] „No longer is the subordinate being examined by the superior so that his weaknesses may be determined; rather, he is examining himself, in order to define not only his weaknesses but also his strengths and potentials." Ebenda, S. 136.

[30] Entnommen aus: *Markus Keller*, Kontrolle auf Führungsebene. In: „Industrielle Organisation", Jg. 1975, Nr. 2, S. 69ff. (Zitat S. 73).

Manuelle Geschicklichkeit
Denkvermögen
- planend
- schöpferisch
- systematisch
- praktisch
- wirtschaftlich

Verhaltensmerkmale als Vorgesetzter:
Geschick im Setzen von Teilzielen
Informationsgeschick
Mitarbeiterförderung, Motivation
Dienstaufsicht und Erfolgskontrolle
Kontaktfähigkeit
Delegationsvermögen

Zuletzt nun noch einige Hinweise zum Aufbau der Beurteilungsskala. In dem angeführten Beispiel wurde zwar nur für die abschließende Gesamtbeurteilung eine Skala angegeben, doch ließe sich diese ohne weiteres auch z. B. auf die oben angeführten einzelnen Leistungsfaktoren anwenden. Zu beachten ist dabei generell, daß der subjektive Bemessungsspielraum des Vorgesetzten möglichst eng gehalten werden sollte. Es erscheint als sehr viel günstiger, möglichst an konkreten Beispielen Arbeitsleistungen darzustellen und zu bewerten, als den Vorgesetzten lediglich „Zensuren" austeilen zu lassen. *Capol* schlägt daher ein Bewertungssystem nach vier Stufen vor[31]:

U = unbefriedigend, d. h. die Leistung des Betreffenden war fachlich und/ oder ausführungsmäßig ungenügend.
B = befriedigend, d. h. die Leistung entsprach gerade noch dem im Unternehmen üblichen quantitativen und qualitativen Standard.
G = gut, d. h. ohne zusätzliche Hinweise, Korrekturen und Kontrollen durch den Vorgesetzten entsprach die Leistung dem erwarteten Standard.
A = ausgezeichnet, d. h. die Leistung übertraf ohne zusätzliche Einwirkungen des Vorgesetzten die gestellten quantitativen und qualitativen Anforderungen.

Die Einführung dieser vier Stufen soll dem Vorgesetzten das methodische Vorgehen erleichtern und den Erfüllungsgrad der geforderten Leistung in einer Teilfunktion angeben[32] – keineswegs kann aber damit die statistische Grundlage einer allgemeinen Qualifikationsmethode geschaffen werden, denn

[31] Dazu ausführlich: *Marco Capol,* Leistungsbeurteilung als integriertes Führungsmittel. S. 220.
[32] Ebenda.

auch hier wieder gilt das Gesetz der Unvergleichbarkeit von Leistungssituationen.

2.2.3 Break-Even-Projektionen

Unter den ergebnissteuernden Kontrollsystemen soll im nun folgenden zunächst ein Verfahren dargestellt und erläutert werden, das es der Unternehmensleitung auf einfache Weise ermöglicht, die Entwicklung von Umsätzen und Werbekosten innerhalb der jeweiligen Planperioden zu kontrollieren.
Im Gegensatz zum gewohnten Vorgehen bei der Break-Even-Analyse, die ja eine exakte Ermittlung von Abgrenzung der Kosten für die einzelnen Produkte voraussetzt[33], soll bei der hier vorgeschlagenen Methode dem Umstand Rechnung getragen werden, daß der Produkt-Manager in der ganz überwiegenden Mehrzahl der Fälle kaum Einflußmöglichkeiten auf den Verlauf der fixen und der proportionalen Kosten hat, ihm ebenso die Gestaltung der Absatzpreise von seiten der Unternehmensleitung vorgegeben wird, und er in dieser Hinsicht höchstens Vorschläge unterbreiten kann[34]. Um den eingangs vorgebrachten Anforderungen an ein MKS nach Fairness und Gewährleistung von Zielkongruenz zu genügen, erscheint es daher als sinnvoll, in das Kontrollverfahren nur solche Größen mit einzubeziehen, die dem direkten Einflußbereich des Produkt-Managers tatsächlich unterliegen. Wie Umfrageergebnisse unter Produkt-Managern zeigen, kann ganz überwiegend zu diesen primären Einflußfaktoren nur die Gestaltung und Verwendung des Werbebudgets sowie die Prognose der Umsatzentwicklung für das entsprechende Produkt bzw. die Produktgruppe gerechnet werden[35].
Die Zielkongruenz wird in dem hier vorgeschlagenen Kontrollverfahren durch den Abstimmungsprozeß zwischen Produkt-Management und Unternehmensleitung für die Umsatzvorgabe bzw. das Werbebudget gewährleistet. An Stelle der ansonsten bei der Break-Even-Analyse zentralen Betrachtung der Gewinnschwelle als Schnittpunkt von Erlös- und Kostenfunktion wird bei der hier dargestellten Methode von der Unternehmensleitung eine Relation zwischen Umsatzvorgabe und dem dafür genehmigten Werbebudget vorgegeben, die der Produkt-Manager innerhalb der Planperiode zu realisieren hat, d. h.

[33] Siehe dazu ausführlich: *Jürgen Wild*, Product-Management. Ziele, Kompetenzen und Arbeitstechniken des Produktmanagers. 2. Auflage, München 1973, S. 175ff.

[34] Den Einflußbereich des Produkt-Managers in der Unternehmenspraxis erläutert eine Umfrage von DILLER. Vgl.: *Hermann Diller*, Das Selbstverständnis der Produkt-Manager. In: „Zeitschrift für Organisation", Jg. 1975, Heft 2, S. 86ff.

[35] Dazu: *Richard M. Clewett* und *Stanley F. Stasch*, Shifting role of the product manager. Three empirical studies provide clues for executives in applying the product management concept. In: „HBR", Jan.–Feb. 1975, S. 69ff.

für ihn liegt der „break-even-point" im Erreichen dieses Sollwerts – alles jenseits davon gilt als sein persönlicher Erfolg. Allerdings muß auch hier wieder einschränkend hinzugefügt werden, daß ein allzu „großzügiges" Überschreiten der Sollvorgabe Zweifel an der Marktkenntnis und Prognosefähigkeit des betreffenden Managers erwecken und damit sehr negativ wirken dürfte. Das solchermaßen vereinfachte Verfahren der Break-Even-Projektion veranschaulicht die nachfolgende Abbildung.

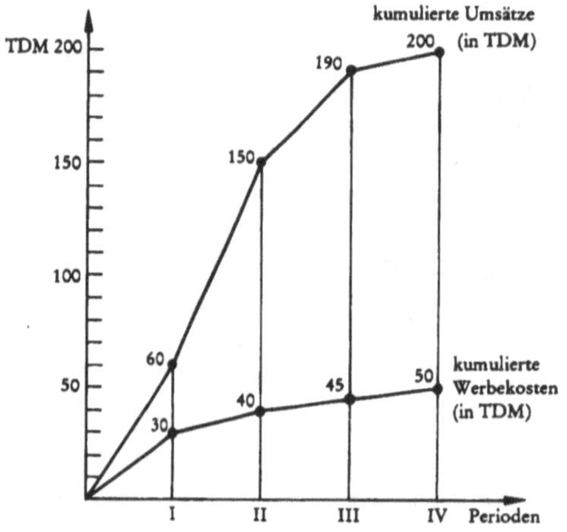

	Perioden I	II	III	IV	Σ
Periodenumsätze	60	90	40	10	200
Werbekosten je Periode	30	10	5	5	50
Relation	2:1	9:1	8:1	2:1	4:1

Abb. 28: Umsatz-Werbekosten-Projektion

Den Ablauf des Kontrollverfahrens hat man sich nun so vorzustellen, daß, wie bereits an anderer Stelle beschrieben, zunächst zwischen Produkt-Manager und Unternehmensleitung bzw. dem Marketing-Leiter bestimmte Umsatzvorgaben ausgehandelt werden und dann dementsprechend eine Aufteilung des insgesamt vorhandenen Werbeetats erfolgt. So hat in dem angeführten Beispiel der Produkt-Manager innerhalb des gesamten Planungszeitraums mit einem Werbeaufwand von 50 TDM einen Umsatz von 200 TDM zu realisieren, d. h. die für ihn gültige Break-Even-Relation beträgt 1:4; mit einer Einheit Werbung muß er vier Einheiten Umsatz erwirtschaften.

Das Hauptproblem in der Anwendung der Methode besteht dabei vor allem in der Tatsache, daß sich die realen Umsätze und Werbeausgaben wohl kaum linear und schon gar nicht parallel zueinander entwickeln werden, sondern vielmehr gewöhnlich starken saisonal bzw. ablauftechnisch bedingten Schwankungen unterliegen. Dies hat wiederum zur Folge, daß entsprechend zwischenzeitlich auch Abweichungen von der als Gesamtergebnis angestrebten Break-Even-Relation auftreten werden. Der Produkt-Manager muß daher solche kurzfristigen Divergenzen bei der Projektion der Umsatzentwicklung antizipieren und dies im Rahmen seiner Produktstrategie durch eine geeignete Aufteilung des Einsatzes der Werbemittel berücksichtigen. Im abgebildeten Beispiel umfaßt der Planungshorizont vier Einzelperioden, d. h. bei einem Kontrollzeitraum von insgesamt einem Jahr wären für jedes Vierteljahr Zwischenergebnisse zu ermitteln und von seiten des Produkt-Managers gegenüber der vorgesetzten Instanz zu vertreten. Diese Zwischenergebnisse sind in der Tabelle unter dem Schaubild aufgeführt. Man erkennt, daß bei dem Produkt, für das die Umsätze und Werbekosten gelten sollen, offenbar starke saisonale Absatzschwankungen vorliegen, und demzufolge auch der Einsatz der Werbemittel höchst unterschiedlich verläuft. Wenn z. B. die Planperioden den Vierteljahren des Kalenderjahres entsprechen, so entfällt der bei weitem größte Anteil der erzielten Umsätze (aber auch der Werbeausgaben) in die erste Jahreshälfte. Es könnte sich also demnach um ein Produkt handeln, das vor allem im Frühjahr und im Frühsommer nachgefragt wird. Im Herbst und Winter fällt der Absatz dagegen zurück, und der Werbeaufwand sinkt auf ein „Stand-By-Ausmaß". Bei der Ermittlung der Erfolgsschwelle für den Produkt-Manager kann man nun für jede Planperiode das kumulierte Umsatz- und Werbekostenergebnis aus der Zeichnung ablesen und die jeweiligen Relationen errechnen:

	Perioden			
	I	II	III	IV
kum. Umsätze	60	150	190	200
kum. Werbekosten	30	40	45	50
Relation	2:1	3,75:1	4,22:1	4:1

Man erkennt, daß die Break-Even-Relation bereits während der dritten Periode erreicht wird, womit sich die Bedeutung der richtigen Einschätzung der saisonalen Entwicklung und der entsprechenden Terminierung des Werbeaufwands für den Produkt-Manager beweist.

Abschließend sollte noch darauf hingewiesen werden, daß dieses einfache Verfahren natürlich rein rechnerisch auf Veränderungen vor allem des Nenners (Werbekosten) äußerst sensibel hinsichtlich der sich dann ergebenden Break-Even-Relationen reagiert. Es wäre nun allerdings ein großes Mißverständnis, die beschriebene Kontrollmethode auf ein bloßes Fixieren dieser Rechengröße isolieren zu wollen, vielmehr offenbart sich die gesamte Bandbreite der Wirkungsmöglichkeit erst darin, daß dem Produkt-Manager eine individuelle und marktgerechte Ausgestaltung seiner Produktstrategie erlaubt wird, er aber dennoch in seiner Projektion an ein festes Mindestendergebnis (Umsatzvorgabe, Werbebudget) gebunden bleibt und zur fortlaufenden Kommentierung der Zwischenergebnisse verpflichtet ist. Die heftige Reaktion der Soll-Wertgröße auf eventuelle Abweichungen von der antizipierten Entwicklung wirkt sich dabei auf die praktische Bedeutung des Verfahrens eher positiv aus.

Von dieser Kontrollfunktion abgesehen stellt die Break-Even-Relation auch ein gutes Kennzeichen für die Effizienz dar, mit der Marketingmittel eingesetzt worden sind. Denn man muß dabei berücksichtigen, daß aus der Perspektive der Konzernleitung eine wirksame Kontrolle der einzelnen Marketingaktivitäten, wie sie das ablaufsteuernde MKS fordert, häufig illusorisch erscheint. Die Relation von Werbeaufwand zu Umsatzergebnis ist dagegen eine handliche Maßgröße – trotz vieler Unzulänglichkeiten.

Das bisherige Modell der Break-Even-Projektion läßt sich durch Einführung von Kostenverantwortlichkeit schrittweise erweitern. Wurden bisher lediglich Werbekosten in die Berechnung mit einbezogen, wie es (an anderer Stelle) für eine als Marketing-Center bezeichnete Organisationsform des Produkt-Managements bereits vorgeschlagen worden war, so können nun auch noch zusätzlich Bestandteile der fixen und der variablen Kosten entsprechend der Konzeption von Profit- bzw. Investment-Centern mit dem Ansatz erfaßt werden. Es sei hierzu an die Definitionen in Kapitel 2.1.1 im ersten Hauptteil und ganz besonders an die Ausführungen hierzu in Kapitel 2.1.2 des dritten Hauptteils erinnert. Die praktische Vorgehensweise soll die nachfolgende Abbildung veranschaulichen[36].

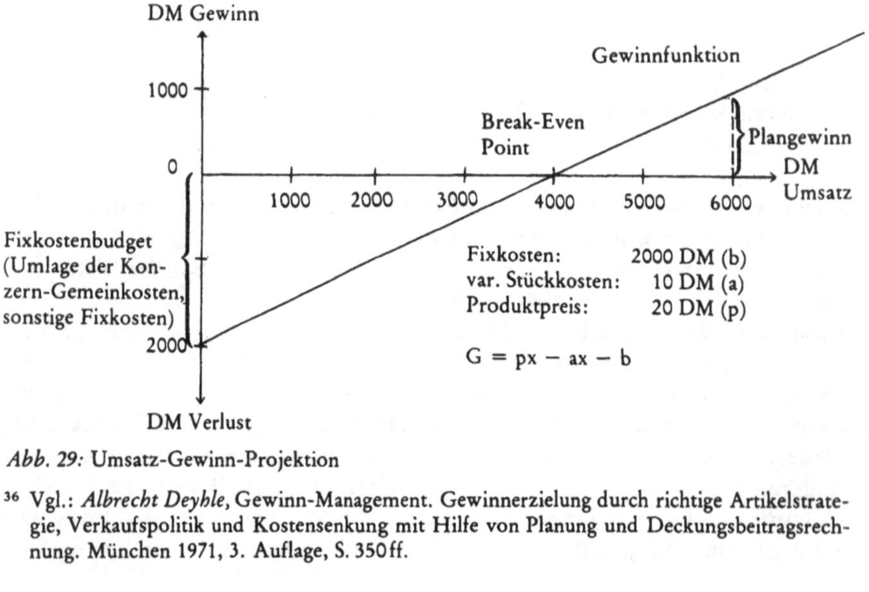

Abb. 29: Umsatz-Gewinn-Projektion

[36] Vgl.: *Albrecht Deyhle*, Gewinn-Management. Gewinnerzielung durch richtige Artikelstrategie, Verkaufspolitik und Kostensenkung mit Hilfe von Planung und Deckungsbeitragsrechnung. München 1971, 3. Auflage, S. 350ff.

Im Gegensatz zu der vorangehenden Situation, in der der Produkt-Manager lediglich über die Verteilung und den zeitlichen Einsatz seines Werbebudgets entscheiden konnte, stehen ihm nun erheblich mehr Aktionsparameter zur Verfügung. Ist z. B. für seine Division die Realisierung einer absoluten Gewinngröße für die Planperiode vorgegeben, so ergibt sich für ihn daraus eine Gewinnfunktion der folgenden Form: Plangewinn = Umsatzerlöse minus variable Kosten minus Fixkosten (siehe Abbildung).

Am wenigsten Einfluß wird der Produkt-Manager als Geschäftsbereichsleiter auf die Höhe der Fixkosten ausüben können, da hier die Umlage der Konzern-Gemein-Kosten als Datum eingeht und außerdem gewöhnlich zumindest ein Teil der „Investment-Basis" der Verfügungsgewalt des Geschäftsbereichsleiter entzogen wird, d. h. er darf zumeist nicht willkürlich Produktionsanlagen stillegen, Personal entlassen, um seine Erfolgsbilanz von daher aufzubessern (Ausnahme: Investment-Center). Der Ansatzpunkt der Gewinnfunktion ist somit nur in sehr engen Grenzen versetzbar. Um so mehr Möglichkeiten bieten sich dagegen durch eine Veränderung der Steigung der Gewinnfunktion an. Eine solche Steigungsänderung kann durch eine Variation des Absatzpreises (p) oder aber durch eine Verminderung der variablen Stückkosten (a) vorgenommen werden, um so bei alternativen Umsatzgrößen den Plangewinn realisieren zu können.

Dem solchermaßen erweiterten Entscheidungsspielraum des Produkt-Managers steht indes eine Einschränkung der Kontrollmöglichkeiten gegenüber. Das Kontrollverfahren bei dieser Vorgehensweise ist auf eine Überprüfung der vorgelegten Break-Even-Projektion und auf eine abschließende Ergebnisüberprüfung begrenzt, zwischenzeitlich wird man den Leitern der Geschäftsbereiche wegen ihres Informationsvorsprunges und ihrer besseren Vertrautheit mit den Gegebenheiten der regionalen Produktmärkte wohl oder übel vertrauen müssen. Allerdings gilt auch hier „Vertrauen ist gut – Kontrolle ist besser": So haben viele Unternehmen zugleich mit der Gliederung nach Geschäftsbereichen auch ein mit der Unternehmensspitze integriertes Controlling-System auf Bereichsebene geschaffen, so daß durch dieses „management accounting" wenigstens hinsichtlich der Basisinformationen mit dem Geschäftsbereichsleiter gleichgezogen werden kann[37]. Um die Bedeutung eines Controlling-Systems vor Augen zu führen, sollte wohl an dieser Stelle auf das Problem des „Organizational Slack" näher eingegangen werden. Dieses Phänomen, für das die etwas unglückliche wörtliche Übersetzung „Schlupf der Organisation" vorgeschlagen wurde[38], kennzeichnet in der hier anzuwendenden Bedeutung den Manipulationsspielraum, der, in unserem Beispiel einem Produkt-Manager, durch die in ihrer Zweckmäßigkeit nicht vollständig zu

[37] Dazu ausführlich: Ebenda, S. 180ff.

[38] Dazu ausführlich: *Otto H. Poensgen*, Geschäftsbereichsorganisation. S. 129f.

kontrollierende Verwendung von finanziellen und personellen Ressourcen entsteht. Es wurde vorangehend schon angedeutet, wie Plangewinne „geschönt" bzw. den eigenen Zwecken dienlich gemacht werden können. Ebenso wird es häufig undurchschaubar bleiben, ob Marketingmittel tatsächlich verkaufsoptimal eingesetzt und ob mögliche Absatzchancen vollständig ausgeschöpft wurden. So verbleibt mit steigender Entscheidungsdelegation ein immer größerer Spielraum, in dem der Produkt-Manager seinen Informationsvorsprung für persönliche Zwecke ausnutzen kann.
Allerdings wirkt sich der Organizational Slack auch in entgegengesetzter Richtung aus: Der autonom handelnde Produkt-Manager vermag in vielen Fällen die Tragweite seiner Entscheidungen für das Gesamtunternehmen nicht völlig abzuschätzen, auch hat er im allgemeinen nur unbestimmte Vorstellungen über die Toleranzschwelle, mit der seine Vorgesetzten sein Verhalten beurteilen. Alles dies schafft Unsicherheit.
Die Integration einer Controlling-Funktion in den Leitungsaufbau einer Unternehmensorganisation ist daher nicht nur ein Instrument innerhalb des MKS, sondern fördert darüber hinaus auch das gegenseitige Verständnis und schafft Vertrauen, indem es diese Unsicherheit durch Organizational Slack weitgehend beseitigt. Es wäre aber ganz verkehrt, daraus nun zu schließen, daß der Controller im Sinne des deutschen Sprachgebrauchs ein „Kontrolleur" sei, vielmehr besteht seine Funktion in einer Objektivierung der Planungsinformationen oder wie *Deyhle* es ausdrückt: „... er sorgt dafür, daß jeder sich selber kontrollieren kann im Hinblick auf die von der Geschäftsleitung gesetzten Ziele[39]."

2.2.4 Rentabilitätskennzahlen: Return-on-Investment

In dem soeben abgeschlossenen Kapitel war häufig die Rede von „Plangewinn" und entsprechend wurde das Kontrollverfahren darauf abgestellt, die Realisierung dieser vorgegebenen Gewinngröße als Endergebnis auf jeden Fall sicherzustellen. In diesem Kapitel wäre nun zu fragen, wie man in einem ergebnissteuernden MKS zur Festlegung dieser Gewinngröße gelangt, welche Komponenten in sie eingehen und wie sie sich zur Lenkung von Erfolgsbereichen und (insbesondere) von Kapitalbereichen einsetzen läßt.
Eines der für diesen Zweck am häufigsten verwendeten Steuerungsinstrumente ist der „Return-on-Investment" (ROI). Dieses von *DuPont de Nemours* bereits um 1920 entwickelte und eingesetzte Verfahren setzt als Erfolgsmaßstab

das Verhältnis von Gewinn zu eingesetztem Kapital an, und zwar zunächst wie folgt:

$$\mathrm{ROI} = \frac{G}{V} \times 100.$$

Um neben der Rendite des eingesetzten Vermögens als Endergebnis auch auf die Erfolgsursachen rückschließen zu können, wird der ROI-Begriff dann später zu der Formel[40]:

$$\mathrm{ROI} = \frac{G}{U} \times \frac{U}{V}$$

erweitert, wobei die einzelnen Symbole folgende Bedeutung haben[41]:

G = Betriebsergebnis vor Ertragsteuern (operative earnings)

V = Vermögen, wobei das Anlagevermögen zu Anschaffungswerten zugrunde gelegt wird (investment)

U = Umsätze aus Verkäufen und innerbetrieblichen Leistungen (sales and transfers)

In diese aggregierten Größen fließen die folgenden „Verursachungsfaktoren der Rentabilität" ein[42]:

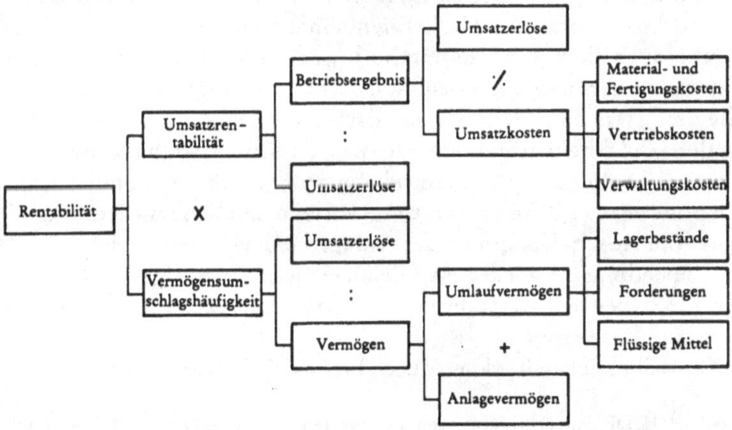

Quelle: *Klaus Lüder,* Investment-Center-Kontrollverfahren. In: Rechnungswesen und Betriebswirtschaftspolitik. Festschrift für *Gerhard Krüger,* hrsg. v. M. Layer und H. Strebel, Berlin 1969, S. 308.

Abb. 30: Verursachungsfaktoren der Rentabilität

[40] Vgl.: *Klaus Lüder,* Investment-Center-Kontrollverfahren zur Steuerung dezentralisierter Großunternehmen. In: Rechnungswesen und Betriebswirtschaftspolitik, Festschrift zum 65. Geburtstag für Gerhard Krüger, hrsg. von M. Layer und H. Strebel, Berlin 1969, S. 307.

[41] Ebenda, S. 308.

[42] Ebenda.

Die Abbildung läßt sogleich erkennen, daß bei der Ermittlung des ROI den Größen „Vermögen", „Kosten" und „Erlöse" zentrale Bedeutung zukommt. Und in der Tat, wie sich zeigen läßt, treten hier Abgrenzungsprobleme auf, die auch bei „exzessivem" Einsatz des betrieblichen Rechnungswesens kaum zu bewältigen sein werden[43]. So wäre bei der Berechnung der Umsatzerlöse zwischen Verkäufen nach außerhalb des Unternehmens und der Leistungsverrechnung von Erfolgsbereichen untereinander zu unterscheiden. Die hierbei auftretende Problematik bei bestehenden Interdependenzen und/oder bei Nichtexistenz von vergleichbaren Marktpreisen ist an sich schon nur dann befriedigend aufzulösen, wenn hinsichtlich der Relevanz von ROI-Kennzahlen zur Erfolgsbeurteilung unter diesem Aspekt Abstriche hingenommen werden, doch treten bei der Ermittlung der Kosten ebenfalls ganz ähnliche Probleme auf, denn auch hier schlägt mangelhafte Effizienz von Kostenstellen, die zwar außerhalb des Kapitalbereichs stehen, aber mit diesem durch Lieferbeziehungen verbunden sind (z. B. „Service-Centers"), voll auf die Verantwortlichkeit des Bereichsleiters durch. Am schwerwiegendsten sind jedoch die Bedenken, die hinsichtlich der festzulegenden Investment-Basis (Vermögen) geltend gemacht werden müssen. Jeder Produkt-Manager als Kapitalbereichsleiter wird erkennen, daß sich durch eine Manipulation dieser Größe sehr viel leichter und schneller Steigerungen seines ROI erzielen lassen, als ihm dies durch risikoreiche und kostenintensive Marketingmaßnahmen möglich wäre. Allerdings spielt dabei auch die Bewertungsmethode noch eine Rolle[44]. Würde man nämlich das Anlagevermögen mit dem Wiederbeschaffungswert ansetzen, so entspräche dies zwar einer betriebstechnisch realistischen Einschätzung, würde jedoch den Gleichheitsgrundsatz verletzen, da dann je nach technischem Standard und bisheriger Abschreibungsdauer willkürlich bestimmten Kapitalbereichen ohne eigenes Zutun Bewertungsvorteile zufallen würden. Nur ein Ansatz, der vom Anschaffungswert der Anlagen ausgeht, vermag hier die „Waage in der Beurteilung"[45] wieder ins Gleichgewicht zu bringen. Obwohl dieser Ansatz von daher befriedigt, bringt er jedoch eine ganze Reihe anderer Probleme mit sich, denn

– der Kapitalbereichsleiter kann durch bloßes „Nichtstun", nämlich dadurch,

[43] Obwohl BUDDE dem ROI-Verfahren insgesamt positiv gegenübersteht, wird in seinen Erläuterungen zur Anwendung doch einiges von der Problematik erkennbar. Vgl. daher vor allem: *Rainer Budde*, Return on Investment. Rentabilitätsstrategie als Zielsystem. Berlin 1973, S. 43ff.

[44] Eine ganze Reihe die Problematik erläuternder Beispiele findet sich bei: *Robert N. Anthony, John Dearden, Richard F. Vancil*, Management Control Systems. Text, Cases, and Readings. Homewood, Illinois, revised edition 1972, S. 339ff. Eine sehr gute und mit ausführlichen Beispielen versehene Beschreibung der Anwendungsmöglichkeiten findet sich in Kapitel 23 „Break-Even and Cost-Volume-Profit Analysis" bei: *Adolph Matz* und *Othel J. Curry*, Cost Accounting. Planning and Control. Fifth Edition, Cincinnati (Ohio) 1972, S. 652ff.

[45] Ebenda, S. 48.

daß er nicht neu investiert, seine Investment-Basis verringern bzw. sein ROI steigern.

- Jede Investition, die nicht in den ersten Nutzungsperioden bereits einen hohen Kapitalrückfluß aufweist, sondern auf längerfristige Wachstumsperspektiven ausgerichtet ist, wirkt sich negativ auf den ROI aus[46]. Die Bewertungsmethode ist somit wachstumsfeindlich.
- Außerdem wird sich eine gewisse Ausrichtung des Kapitalbereichsleiters in der Wahl der Methode und des Zeitpunktes für Abschreibungen nach seinen „ROI-Erfordernissen" nie völlig ausschalten lassen, d. h. Abschreibungen werden zumindest teilweise nicht betriebstechnisch sinnvoll, sondern willkürlich vorgenommen.

Selbst wenn man diesen Schwächen des ROI-Systems durch Einbau zusätzlicher Kontrollfaktoren begegnen könnte, so bliebe dennoch die eigentlich ja gewünschte Ausrichtung der Kapitalbereichsleiter auf die Rentabilitätsrate nicht ohne schädliche Nebenwirkungen, denn wenn man sich an dieser Stelle an die verschiedenen Möglichkeiten der Zielvorgabe als Voraussetzung für den MKS erinnert, so wird klar, daß der gesamte Komplex der qualitativen Ziele, aber auch das Ziel der Marktanteilssteigerung außer Ansatz bleibt. Ebenso wird ein Produkt-Manager als Kapitalbereichsleiter wohl kaum ein teures Ausbildungsprogramm für Nachwuchskräfte finanzieren wollen oder die Marktstellung seines Unternehmens durch großzügige Public-Relations-Förderung verstärken, wenn ihm dies nicht kurzfristige Erfolge bringt, sondern womöglich noch seinen ROI senkt. Die Position eines Produkt-Managers ist so oder so ein „Schleudersitz", und wenn dann noch kurzfristig manipulierbare Kriterien zur Erfolgsbeurteilung herangezogen werden, so braucht es nicht zu verwundern, wenn gesagt wird: „It is our conviction that ROI for divisional performance evaluation can be so misleading that it is destructive[47]."

Dennoch ist das umstrittene ROI-Verfahren von großer Bedeutung, zumindest in der amerikanischen Unternehmenspraxis. Nach einem 1966 hierzu veröffentlichten Umfrageergebnis setzten von 2 658 antwortenden Unternehmen 60 v. H. Rentabilitätskennzahlen zur Steuerung von Kapitalbereichen ein, nur 266 Unternehmen (10 v. H.) lehnten das System ab[48].

Dieses insgesamt positive Ergebnis beruht wohl darauf, daß das System auch eine ganze Reihe äußerer Vorteile aufweist, die es für die Anwendung im Rahmen eines umfassenden Kontrollprozesses als geeignet erscheinen lassen:

[46] Dazu ausführlich: *John J. Mauriel, Robert N. Anthony,* Misevaluation of Investment Center Performance. In: „HBR", Jg. 1966, Heft 2, S. 98ff. (zitiert: S. 103).

[47] *Bruce D. Henderson, John Dearden,* New System for Divisional Control. In: „HBR", Jg. 1966, Heft 5, S. 144ff. (zitiert: S. 144).

[48] Ausführliche Ergebnisse: *John J. Mauriel, Robert N. Anthony,* Misevaulation of Investment Center Performance. S. 100.

(1) ROI-Kennzahlen sind ein Erfolgkriterium, das sich auch bei Großunternehmen auf alle Bereiche in gemeinsamer Weise anwenden läßt, d. h. auch bei Conglomerates können die verschiedenartigen Unternehmensaktivitäten in ihrem Ergebnis so auf einen Nenner gebracht werden.
(2) ROI-Kennzahlen lenken die unternehmensinternen finanziellen und personellen Ressourcen in jene Bereiche, die die höchste Rentabilität erwirtschaften.
(3) ROI-Kennzahlen stellen zwar hohe Ansprüche an das Rechnungswesen, vereinfachen dafür jedoch für die Unternehmensleitung die Erfolgskontrolle und ersparen aufwendige, sonst unabdingbare Steuerungsmaßnahmen.

2.2.5 Rentabilitätskennzahlen: Residual Income

Auch wenn man die Berechnungs- und Abgrenzungsprobleme von ROI-Kennzahlen auf Erfolgsbereichsebene für grundsätzlich lösbar hält, so bleibt doch zu fragen, ob die Rentabilitätsrate hinreichend dazu geeignet ist, um als Steuerungsinstrument für den Kapitaleinsatz verwendet zu werden, und ob sie auch tatsächlich das mißt, was für das Unternehmen insgesamt als entscheidend anzusehen ist. Zur Erläuterung das folgende Beispiel[49]:

	Projekt A	Projekt B
Investiertes Kapital	1000 DM	5000 DM
Jährlicher Nettogewinn	200 DM	750 DM
ROI	20%	15%

Nach dem ROI-Verfahren (ROI = G/V) wäre das Projekt A ohne Zweifel dem Projekt B vorzuziehen; aber wäre dem Unternehmen insgesamt tatsächlich mit dieser Entscheidung gedient? Ist es Ziel des Unternehmens eine Rate zu maximieren, oder soll der höchstmögliche Gewinn erwirtschaftet werden? Die Frage erscheint zunächst suggestiv, doch hängt die jeweils gültige Lösung davon ab, zu welchem Preis das zu investierende Kapital zur Verfügung steht. Wenn das Kapital nämlich knapp und relativ teuer ist, so kann es durchaus sinnvoll sein, nur die Projekte zu verwirklichen, die den höchsten ROI versprechen. Steht dagegen Kapital in reichlicher Menge und zu relativ günstigem Preis zur Verfügung, so wäre es unsinnig, sich den absolut erheblich höheren Gewinn von Projekt B entgehen zu lassen. Genau diese grundsätzliche Überle-

[49] Dazu und zum folgenden: *David Solomons,* Divisional Performance. Measurement And Control. Homewood (Illinois), sixth printing 1972, S. 61 ff.

gung hat die amerikanische *General Electric Company* dazu veranlaßt, abweichend vom ROI-Verfahren eine Zielgröße vorzugeben, die man als „Nettogewinn nach Abzug der Kapitalkosten" („excess of net earnings over the cost of capital") definieren könnte. *General Electric* nennt diese Größe „Residual Income"[50]. Synonym zu dieser Bezeichnung wird im folgenden auch der Begriff „Residualgewinn" eingesetzt. Zur rechnerischen Ermittlung dient die Formel[51]:

$$RI = G - p \times V,$$

wobei die Symbole bedeuten:

G = Gewinn nach Ertragsteuern (net income)

V = Vermögen, wobei das Anlagevermögen zu Buchwerten angesetzt wird (investment)

p × V = Mindestrentabilität auf das eingesetzte Vermögen (capital charge)

Die nachfolgende Abbildung veranschaulicht die Zusammenhänge der Einflußfaktoren[51].

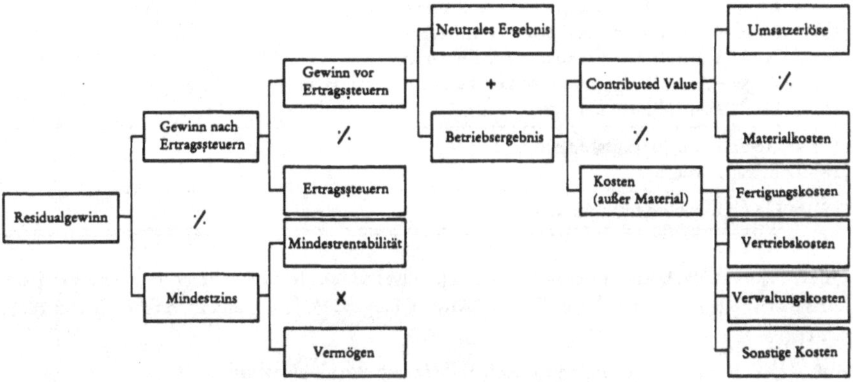

Quelle: *Klaus Lüder*, Investment-Center-Kontrollverfahren. In: Rechnungswesen und Betriebswirtschaftspolitik. Festschrift für *Gerhard Krüger*, hrsg. v. M. Layer und H. Strebel, Berlin 1969, S. 310.

Abb. 31: Verursachungsfaktoren des Residualgewinns

Es zeigt sich, daß viele der Vorbehalte, die für die Ermittlung der ROI-Kennzahl galten, auch hier nicht ausgeräumt werden können. Die Art der gewählten Bewertungsmethode für das Anlagevermögen spielt ebenso wieder eine Rolle wie auch das Problem einer „gerechten" Zuordnung von Ertrags-, Aufwands- und Vermögensanteilen auf die einzelnen Erfolgsbereiche nach wie vor unge-

[50] Ebenda, S. 63.

[51] Vgl.: *Klaus Lüder*, Investment-Center-Kontrollverfahren. S. 309.

klärt bleibt. *Lüder* schlägt hierzu in Anlehnung an ein Beispiel bei *Solomons* eine interessante Kombination von Vollrechnung und Teilrechnung vor[52], in die auch einige der in der vorliegenden Arbeit für die Erfolgsrechnung von Profit- und Investment-Center gemachten Vorschläge (vgl. Kapitel 2.1.2) mit eingehen könnten.

(1)	+	Verkaufserlöse
(2)	+	Erlöse aus innerbetrieblichen Lieferungen
(3)	=	Gesamterlöse
(4)	./.	Variable Aufwendungen
5)	=	Deckungsbeitrag
(6)	./.	Abschreibungen auf kontrolliertes Anlagevermögen
(7)	./.	Vermögenssteuer und Versicherung auf kontrolliertes Anlagevermögen
(8)	./.	Kontrollierte Fixkosten der Division
(9)	=	Kontrollierter Betriebsgewinn
(10)	+	(./.) Kontrolliertes neutrales Ergebnis
(11)	./.	Mindestzins auf kontrolliertes Vermögen
(12)	=	Kontrollierter Residualgewinn vor Steuern
(13)	+	Mindestzins auf kontrolliertes Vermögen
(14)	./.	Nicht kontrollierte Fixkosten der Division
(15)	./.	Zugerechnete Aufwendungen zentraler Einrichtungen
(16)	+	Nicht kontrollierte Erträge
(17)	=	Gewinn vor Ertragssteuern
(18)	./.	Ertragssteuern
(19)	=	Gewinn nach Ertragssteuern

Quelle: *Klaus Lüder*, Investment-Center-Kontrollverfahren. In: Rechnungswesen und Betriebswirtschaftspolitik. Festschrift für *Gerhard Krüger*, hrsg. v. M. Layer und H. Strebel, Berlin 1969, S. 311.

Abb. 32: Voll- und Teilrechnung für Rentabilität und Residualgewinn

Zu beachten ist dabei vor allem die Unterscheidung zwischen „kontrollierten" bzw. „nichtkontrollierten" Größen. Entsprechend der eingangs aufgestellten Forderung nach „Fairness" des Management-Kontroll-Systems sollen auch hier nur solche Größen in den Beurteilungsansatz eingehen, die der tatsächlichen Entscheidungsmacht des Produkt-Managers als Leiters eines Kapitalbereichs unterliegen. Demzufolge wäre als Divisionsergebnis zur Beurteilung der Managementleistung die Größe (12) anzusehen, wogegen die Größe (17) als „Auslöserinformation"[53] für Steuerungsmaßnahmen der Unternehmensleitung dienen kann.

[52] Ebenda, S. 310.

[53] Siehe dazu und zum folgenden: *Klaus Lüder*, Investment-Center-Kontrollverfahren. S. 311 und ebenso: *David Solomons*, Divisional Performance. S. 82.

Zum Abschluß der Kapitel über Rentabilitätskennzahlen sollen die Zusammenhänge zwischen beiden Methoden, aber auch die unterschiedlichen Ergebnisse, zu denen sie führen können, anhand einer graphischen Darstellung diskutiert werden[54].

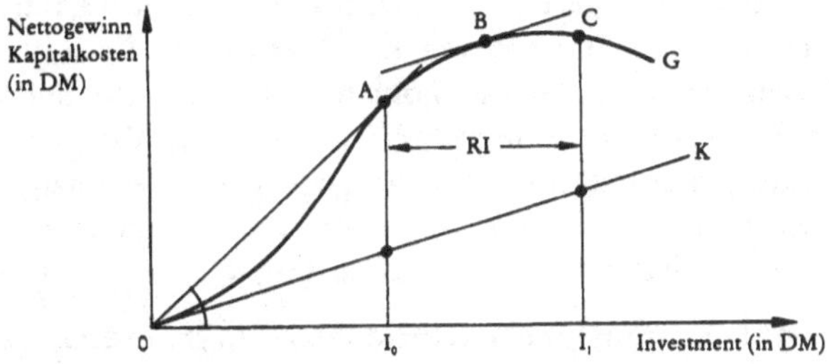

Abb. 33: Return-on-Investment und Residual Income im Vergleich

In der Abbildung zeigt die S-förmige Kurve, wie sich der Nettogewinn (G) in Abhängigkeit von der Höhe des eingesetzten Kapitals (I = Investment) entwickelt. Und zwar ergeben sich zunächst progressiv steigende und dann allmählich abnehmende Gewinnzuwächse, d. h. die Grenzleistungsfähigkeit des Kapitals verhält sich entsprechend. Diesen Zusammenhang zwischen Gewinn und Kapitalinvestition gibt der Fahrstrahl vom Koordinatenanfangspunkt an die Gewinnkurve wieder, der Tangens entspricht dem Verhältnis von Gewinn zu Kapital und damit dem ROI. An dem Punkt A wird der Fahrstrahl zur Tangente, d. h. der maximale ROI-Wert ist dort erreicht. Die lineare Funktion (K) kennzeichnet die Entwicklung der vorgegebenen Kapitalkosten (capital charge). Die Steigung ist konstant, weil ein gleichbleibender Zinssatz auf das eingesetzte Kapital angenommen wird. Der Abstand zwischen dieser Kostenfunktion und der Gewinnkurve stellt das Residual Income dar. Dort, wo dieser Abstand am größten ist, hat auch das RI sein Maximum (B) erreicht.

Die unterschiedliche Entwicklung von ROI und RI läßt vor allen Dingen zwei wesentliche Schlüsse auf das wahrscheinliche Verhalten der Kapitalbereichsleiter zu:

(1) Bei Vorgabe einer (vermuteten) größtmöglichen ROI-Relation als Zielgröße wird der betreffende Manager seine weitere Kapitalinvestition sofort abbrechen, sobald er erkennt, daß sein ROI-Wert fällt, d. h. nach Punkt A. Damit werden aber offensichtlich die Gewinnmöglichkeiten noch keineswegs ausgeschöpft, da das absolute Gewinnmaximum (B) damit nicht erreicht wird. Liegt der vorgegebene ROI unter dem maximal Realisierbaren, so wird die Investition möglicherweise noch nicht einmal bis zum Punkt A ausgedehnt.

[54] *Klaus Lüder*, Investment-Center-Kontrollverfahren. S. 312.

(2) Wird dem Kapitalbereichsleiter dagegen die Realisierung eines Residual Income in absoluter Höhe vorgegeben, d. h. als DM-Betrag, so entfaltet sich ihm ein Investitionsspielraum (in der Abbildung gekennzeichnet durch RI), der den von ihm in dieser Position erwarteten unternehmerischen Aktivitäten voll gerecht wird. Der vorgegebene Residualgewinn (RI) wird bereits bei einer Investition von I_0 erreicht, da die Gewinngröße aber bei fortgesetztem Kapitaleinsatz noch weiter steigt, sieht der Manager auch bei Punkt B keinen Anlaß, seine Strategie vorzeitig abzubrechen, da er bis Punkt C auf jeden Fall noch den vorgegebenen Residualgewinn erwirtschaften kann. Selbst Punkt B wäre aber für das Gesamtunternehmen immer noch vorteilhafter als die ROI-Lösung.

Was bedeutet dies alles nun für einen Produkt-Manager in einer vergleichbaren Situation? Es liegt nahe, anzunehmen, daß eine Erfolgsbeurteilung, der als Kriterium die Realisierung des größtmöglichen ROI zugrunde liegt, den Manager dazu veranlassen wird, mit kurzfristig wirksamen Effekten einen Produktmarkt „aufzureißen", um möglichst rasch einen hohen ROI zu erreichen. Die Festigung der langfristigen Stellung des Unternehmens am Markt, die Sicherung von Marktanteilen durch Kundenpflege, die Entwicklung einer Markentechnik zur Absatzstabilisierung – alles dies sind Faktoren, die weit hinter dem Drang zu schnellen Erfolgen zurücktreten werden. Es gibt in der Unternehmenspraxis genügend Beispiele für solche „Abschöpfungstaktiken" – nur sind sie zumeist nicht nachahmenswert.[55]

Außerdem ist die beim ROI-Verfahren erreichte Penetration des Produktmarktes (wie beschrieben) höchst unbefriedigend. Die Absatzchancen werden ganz offensichtlich nicht voll ausgeschöpft. Ein Produkt-Manager, der solchermaßen Marktanteile „verschenkt", wird auf Dauer den Bestand des Gesamtunternehmens gefährden – und wenn er auch den höchsten ROI in seinem Bereich ausweisen kann. Bei Vorgabe einer absoluten Residualgewinngröße steigt der Handlungsspielraum des Produkt-Managers beträchtlich. Er kann sich nun vorsichtig an ein Optimum zwischen Marketingaufwand und Umsatzzuwächsen herantasten, wobei ihm aber eine gewisse Bandbreite „zum Probieren" zur Verfügung steht, ohne daß er sogleich befürchten muß, die vorgegebene Gewinngröße nicht mehr realisieren zu können. Dies ist aber angesichts der Ungewißheit, mit der bei ständig wechselnden Käuferwünschen und Konkurrenzreaktionen so ziemlich jede Marketingmaßnahme getroffen werden muß, eine wichtige Voraussetzung dafür, daß ein Produkt-Manager überhaupt selbständig Entscheidungen wagt und Eigeninitiative entwickelt.

[55] Ausnahmesituationen können dann entstehen, wenn es darum geht, kurzfristig entstandene und nur vorübergehend wirksame Wettbewerbsvorteile auszunutzen, bevor die Konkurrenz „nachziehen" kann, so z. B. beim Übergang auf neue Produktionsverfahren, bei Produktinnovationen und dergleichen.

2.2.6 Budgetierungsmethoden

Wie die beiden Kapitel über Rentabilitätskennzahlen gezeigt haben, treten durch die Kumulation der einzelnen erfolgsbeeinflussenden Faktoren zu einer gesamten Maßgröße eine ganze Reihe von Problemen auf. Zwar könnte der zeitliche und personelle Aufwand für den Kontrollprozeß durch ein solches Verfahren wohl auf ein Mindestmaß begrenzt werden, doch bleibt zu fragen, ob solche Kennzahlen für eine wirksame Kontrolle im Sinne von Überwachen ausreichend sind und ob sie für eine Kontrolle im Sinne von Steuern auch tatsächlich dahin führen, wo es für das Gesamtunternehmen dienlich ist. Insbesondere das Problem, daß der Produkt-Manager durch Manipulation seiner Investment-Basis unter Umständen sehr viel leichter „Erfolge" erringen kann als durch Intensivierung seiner Marketinganstrengungen, läßt an der Rationalität der Anwendung dieses Verfahrens auf Produkt-Manager als Leiter von Kapitalbereichen erhebliche Zweifel aufkommen. Es liegt daher nahe, die Erfolgsbeurteilung wieder in einzelne Bestandteile dahingehend aufzulösen, daß in dem hier interessierenden Zusammenhang vor allem zwischen den Aufwendungen für das Marketing, den direkten Produktionskosten und den allgemein anfallenden administrativen und sonstigen fixen Kosten unterschieden werden kann.

Da in der wissenschaftlichen Literatur zur Budgetierungsproblematik eine Vielzahl an Lösungsmethoden angeboten wird und zudem in der Unternehmenspraxis dann noch wieder ganz eigentümliche Abarten durch Anpassung an die jeweiligen Erfordernisse entstehen[56], erscheint es als aussichtslos, hier mehr als einige Grundstrukturen aufzeigen zu wollen, die für unsere spezielle Fragestellung Anwendung finden könnten. Das vorgeschlagene Budgetsystem umfaßt sechs Bestandteile:

1. Die Umsatzprognose: Der Produkt-Manager als Geschäftsbereichsleiter hat auf Grund seiner persönlichen Einschätzung der Marktsituation und (eventuell) mit Unterstützung von Marktforschungsinstituten eine Prognose der von ihm antizipierten Absatz- bzw. Umsatzentwicklung für die ihm zugeordneten Produkte oder Produktgruppen abzugeben. Häufig wird dabei eine Gesamtplanungsperiode von fünf Jahren zugrunde gelegt, wobei dann immer wieder revolvierend die letzten beiden Jahre als Ist-Werte und die folgenden drei Jahre als Soll-Werte angesetzt werden. Zur empirischen Ermittlung der Umsatzvorhersage befragt man gewöhnlich die Sales Manager der regionalen Produktmärkte nach den Absatzzahlen, die sie in der nächstfolgenden Periode

[56] Da in der angloamerikanischen Literatur besonders häufig mit Fallstudien gearbeitet wird, sei zu diesem Problemkreis empfohlen: *Adolph Matz, Othel J. Curry*, Cost Accounting. Planning and Control. Vor allem das Kapitel 15, S. 405 ff. Ebenso: *David Solomons*, Divisional Performance, Measurement and Control. Vor allem das Kapitel VII, S. 233 ff.

für die einzelnen Produkte als realistisch ansehen. Diese Einzelergebnisse werden dann kumuliert und – da hier in der Regel „Tiefstapelei" betrieben worden ist – entsprechend der gesamtunternehmerischen Zielsetzung noch ein wenig nach oben korrigiert. Die Bewertung mit den vorgesehenen Produktpreisen ergibt dann die Umsatzprognose.

II. Das Marketing-Budget: Dieses Budget umfaßt alle laufenden Aufwendungen für Marketingmaßnahmen (z. B. für Werbung, Sales Promotion, Marktforschung u. dgl.) und bildet die Grundlage für die gesamte Marketing-Planung, wie sie vorangehend bereits ausführlich beschrieben worden ist. Die Zusammensetzung dieses Budgets und der Vergleich mit der angestrebten Umsatzentwicklung ergibt dann einen brauchbaren Maßstab für die *Marketing-Effizienz*, die der Produkt-Manager erreicht hat, so daß sich auch an dieser Stelle wieder ein Ansatzpunkt zur Verknüpfung mit anderen Elementen des Management-Kontroll-Systems anbietet.

III. Das Produktionskostenbudget: Hier sollen alle bei der laufenden Produktion direkt anfallende Kosten, die nicht dem Marketing zuzuordnen sind[57], erfaßt werden. Da der Produkt-Manager als Divisionsleiter in diesem Bereich relativ großen Einfluß ausüben kann und soll, zeigt die Entwicklung innerhalb dieses Budgets, ob er die direkten Kosten in seinem Bereich wirksam zu kontrollieren vermag, und ist somit ein Maßstab für die *Kosteneffizienz*.

IV. Das Ergebnis von Umsatzerlösen minus Marketingbudget minus Produktionskostenbudget wird in einer *Deckungsbeitragsrechnung* festgehalten. Die erwirtschafteten Deckungsbeiträge je Produkt bzw. je Produktgruppe kennzeichnen das Divisionsergebnis und damit den Bereich, der dem Produkt-Manager den größten Aktionsspielraum bietet, und der daher für eine Beurteilung seiner Managementleistung insgesamt primär in Frage kommt.

V. Das Fixkostenbudget: In dieses Budget gehen all jene Kosten ein, die durch die Investment-Basis verursacht werden, wobei man – je nach Umfang der Entscheidungsdelegation – noch zwischen vom Divisionsleiter kontrollierbaren und nichtkontrollierbaren Bestandteilen der Investment-Basis unterscheiden könnte. Die Bewertungsproblematik für das Anlage- bzw. Umlaufvermögen kann zwar auch hier nicht umgangen werden, doch besteht wenigstens nicht mehr jene unglückliche Verquickung mit der Marketingleistung, so daß sich weniger Anlaß zur Manipulation bietet, da dieses Budget ja nicht mehr direkt in die Erfolgsbeurteilung des Produkt-Managers als Geschäftsbereichsleiter eingeht. Damit würde dann auch der in Kapitel 2.2.2 des zweiten Hauptteils geforderten definitorischen Trennung der Positionen „Divisions-Manager" und „Produkt-Manager als Leiter einer Division" besser entsprochen, als

[57] Die Abgrenzung wird mitunter schwierig sein. Ein eindeutiges Beispiel: Wenn Produkten Beigaben, z. B. Abziehbilder, Plastikfiguren für Kinder, zugefügt werden, die man im eigenen Bereich produziert, so sind die dafür anfallenden Produktionskosten dem Marketing zuzurechnen.

dies bei der Differenzierung der Position von Kapitalbereichsleitern möglich gewesen ist. *Endgültige Autorität* kann der Produkt-Manager hier nur für den Einsatz des zuvor genehmigten Marketing- und des Produktionskostenbudgets geltend machen, für die Gestaltung der anderen Bestandteile besitzt er nur *primäre Autorität*, d. h. er kann auf Grund seines Fachwissens Vorschläge unterbreiten und gegebenenfalls sein Veto gegen Direktiven der Unternehmensleitung einlegen.

VI. Der Divisionsgewinn: Insgesamt ergeben die Bestandteile dieses Budgetsystems dann den Divisionsgewinn, der nicht zur Beurteilung der Managementleistung herangezogen wird, sondern der Unternehmensleitung als Signal für Steuerungsmaßnahmen dient, indem er die Bereiche aufzeigt, die besonders gewinnintensiv sind, wobei dann wieder aus Divisionsgewinn und anderen Bestandteilen des Gesamtbudgets für diesen Zweck Rentabilitätskennzahlen gebildet werden könnten.

Abschließend muß zur Budgetierung als Element des Kontrollprozesses noch einmal kritisch darauf hingewiesen werden, daß der Aufwand für das Erstellen und Überprüfen der Einzelabrechnungen ganz erheblichen Umfang annehmen kann. Auch werden damit große Ansprüche an die Beweiskraft und Genauigkeit des betrieblichen Rechnungswesens (und des eventuell angeschlossenen Controlling) gestellt; denn jede einzelne Kostenstelle muß getrennt erfaßt und zugeordnet werden. Die dafür erforderlichen sachlichen und personellen Ressourcen nehmen leicht ein Ausmaß an, das möglicherweise die Popularität von einfachen Kennzahlen erklärt. In der Unternehmenspraxis ist eben häufig die „Second-best-Lösung" zwar nicht die eigentlich angestrebte – aber dafür diejenige, die man sich gerade noch leisten kann.

2.2.7 Ausblick

Nachdem nun einige Ansätze zur Bewältigung des mit steigender Entscheidungsdelegation sehr rasch in den Vordergrund tretenden Kontrollproblems dargestellt und kritisch beurteilt worden sind, sei nochmals daran erinnert, daß dem eigentlichen Kontrollprozeß die Zielvorgabe vorgeschaltet ist und somit von dieser Voraussetzung her die Auswahl der anwendbaren Kontrollmaßnahmen begrenzt wird. Ein umfassendes System ließe sich schon von daher und auch wegen der jeweils völlig unterschiedlichen unternehmensspezifischen Erfordernisse und Gegebenheiten wohl nur für einen ganz speziellen Fall entwickeln und würde dann sicherlich aus einer Kombination verschiedener Kontrollelemente zu bestehen haben. Entsprechend wurde auch tunlichst vermieden, von vornherein bestimmte Ansätze spezifischen Organisationsstrukturen zuzuweisen, obwohl dies in einigen Fällen ohne weiteres möglich gewesen wäre. Vielmehr entsprach es der Absicht des Verfassers, hier durch (in dieser Hinsicht) kommentarloses Aneinanderfügen einen Gestaltungsspielraum zur freien Ausformung entstehen zu lassen, um so die Anpassungsfähigkeit des Management-Kontroll-Systems unbedingt zu erhalten.

LITERATURVERZEICHNIS

Adler, Lee: Systems Approach to Marketing. In: Harvard Business Review (HBR), Band 45 (1967), Nr. 3, S. 108f.

Ames, Charles B.: Dilemma of product-market management. In: HBR, Band 49 (1971), Nr. 2, S. 67.

Ames, Charles B.: Payoff from Product Management. In: HBR, Band 41 (1963), S. 142.

Andresen, Günter A.: Artikel Produkt-Management. In: Management-Enzyklopädie, Band 4, München 1971, S. 1214.

Ansoff, Igor: Management-Strategie. München 1966.

Anthony, Robert N.; John Dearden, Richard F. Vancil: Management Control Systems. Text, Cases, and Readings. Homewood (Illinois), revised edition 1972.

Berg, N. A.: What's different about conglomerate management? In: HBR, Jg. 1969, Heft 6, S. 112.

Berg, Norman: Strategic Planning in Conglomerate Companies. In: HBR, May–June 1965, S. 79ff.

Berger, K. H.: Unternehmensgröße und Leitungsaufbau. Berlin 1968.

Berth, Rolf: Produktmanagement – Wesen und Form einer neuen Institution. In: Der Markenartikel, Jg. 26 (1964), Heft 2, S. 668.

Budde, Rainer: Return on Investment. Rentabilitätsstrategie als Zielsystem. Berlin 1973.

Buskirk, Richard: Principles of Marketing. New York 1961.

Capol, Marco: Leistungsbeurteilung als integriertes Führungsmittel. In: Industrielle Organisation. Jg. 1974, Nr. 5, S. 217ff.

Clark, Ch. H.: Brainstorming. 2. Auflage, München 1967.

Clewett, Richard M.; Stanley F. Stasch: Shifting role of the product manager. Three empirical studies provide clues for executives in applying the product management concept. In: HBR, Jan.–Feb. 1975, S. 69ff.

Cox, Donald F.; Robert Good: How to Build a Marketing Information System. In: HBR, Band 45 (1967), Nr. 3, S. 149f.

Deutsche Unilever GmbH: Firmenunterlagen, Hamburg 1978.

Deyhle, Albrecht: Gewinn-Management. Gewinnerzielung durch richtige Artikelstrategie, Verkaufspolitik und Kostensenkung mit Hilfe von Planung und Deckungsbeitragsrechnung. München 1971, 3. Auflage.

Dhalla, Nariman K.; Sonia Yuspeh: Forget the product life cycle concept! In: HBR, Jg. 1976, Jan.–Febr., S. 102ff.

Diller, Hermann: Produkt-Management und Marketing-Informationssysteme. Tätigkeitssysteme. Tätigkeitsbild und Informationsbedarf des Produkt-Managers als Determinanten der Ausgestaltung von Marketing-Informationssystemen. Berlin 1975.

Diller, Hermann: Das Selbstverständnis der Produkt-Manager. In: Zeitschrift für Organisation, Jg. 1975, Heft 2, S. 86ff.

Dominguez, George S.: Praxis des Produkt- und Marken-Management. New York 1971, übersetzt von Eberhard E. Scheuing, Heidelberg 1974.

Dusenburry, Warren: CPM for new product introductions. In: HBR, Band 45 (1967), Nr. 4, S. 124ff.

Eisenführ, Franz: Zur Entscheidung zwischen funktionaler und divisionaler Organisation. In: Zeitschrift für Betriebswirtschaft, Jg. 1970, S. 725.

Eldridge, Clarence E.: The role of the product manager. In: Printer's Ink, Jg. 1967, April 18th, S. 40.

Frese, Erich: Kontrolle und Unternehmensführung. Entscheidungs- und organisationstheoretische Grundfragen. Wiesbaden 1968.

Fulmer, Robert M.: Reading 4: Product Management: Panacea Or Pandora's Box. In: Systems, Analysis, Management: A book for readings. Ed. by D. J. Cleland and W. R. Davies, New York, Toronto, London 1969.

Fulmer, Robert M.; Lothar Brunner: An Analysis of U. S. And German Practice of Product Management. In: Management International Review, Jg. 1968, Heft 2/3, S. 25ff.

Galbraith, John Kenneth: Die moderne Industriegesellschaft. München und Zürich 1968.

Gewald, Klaus: Artikel Netzplantechnik. In: Management-Enzyklopädie, Band 4, München 1971, S. 839f.

Grüneberg, Nicolaus: Das Produkt-Management. Seine Funktionen im Marketing. Diss. Berlin 1973.

Hagemann, Helmut: Artikel Organisation. In: Management-Enzyklopädie, Band 4, München 1971, S. 953f.

Hardung-Hardung, Heimo: Matrix Organisation: Die horizontale Linie. In: Plus, 1970, Heft 8, S. 28.

Hartmann, Heinz: Funktionale Autorität. Systematische Abhandlung zu einem soziologischen Begriff. Stuttgart 1964.

Hegi, Othmar: Projekt-Management, ein Fremdkörper in der Stab-Linien-Organisation. In: Industrielle Organisation, Jg. 40 (1971), Nr. 9, S. 381ff.

Henderson, Bruce D.; John Dearden: New System for Divisional Control. In: HBR, Jg. 1966, Heft 5, S. 144ff.

Höfner, K.: Der Markttest für Konsumgüter in Deutschland. Stuttgart 1966.

Hoffmann, Klaus: Der Produktlebenszyklus. Eine kritische Analyse. Freiburg 1972.

Hüttner, Manfred: Produkt-Management. In: Wirtschaftsdienst, 46. Jg., Mai 1966, S. 277.

Hummer, Wolfgang: Artikel Brainstorming. In: Management-Enzyklopädie, Band 1, München 1971, S. 1216ff.

Keller, Markus: Kontrolle auf Führungsebene. In: Industrielle Organisation, Jg. 1975, Nr. 2, S. 69ff.

Keller, Markus; Eduard von Moos: Motivation und Führungsleistung. In: Management-Zeitschrift, Jg. 1976, Nr. 1, S. 13ff.

König, R.: Artikel Netzplantechnik. In: Handwörterbuch der Organisation. Hrsg. Erwin Grochla, Stuttgart 1969, S. 1025ff.

Kotler, Philip: Marketing-Management. Analyse, Planung und Kontrolle. 2. Auflage, Stuttgart 1974.

Law, Philip; Charles Weinberg; Peter Doyle; Kenneth Simmonds: Product-Management. London, New York, Evanston, San Francisco 1974.

Linnert, Peter: Die neuen Techniken des Marketing. 5. Auflage, München 1974.

Linnert, Peter: Produkt-Manager, Aufgaben und Stellung im Unternehmen. Freiburg 1974.

Loh, Dieter: Die Bedeutung der Marktforschung im Marketing. In: Schriften zur Unternehmensführung, Band 14, Wiesbaden 1971, S. 51ff.

Luck, David J.; Theodore Nowak: Product Management – Vision Unfulfilled. In: HBR, Band 43 (1965), Nr. 3, S. 148.

Lüder, Klaus: Investment-Center-Kontrollverfahren. In: Rechnungswesen und Betriebswirtschaftspolitik. Festschrift für Gerhard Krüger, hrsg. von M. Layer und H. Strebel, Berlin 1969, S. 306.

Lutz, Theo: Artikel Management-Informationssystem (MIS). In Management-Enzyklopädie, Band 4, München 1971, S. 297.

Märkte. Informationen für die Werbeplanung. Hrsg. v. Zentralen Anzeigen-Marketing Axel Springer Verlag AG.

Mahler, Walter R.: Structuring the Organization. In: Handbook of Business Administration, ed. by H. B. Maynard, New York 1969.

Martino, R. L.: Projekt-Management and Control. New York 1964/65, Vol. I.

Mauriel, John J.; Robert N. Anthony: Misevaluation of Investment Center Performance. In: HBR, Jg. 1966, Heft 2, S. 98ff.

Matz, Adolph; Othel J. Curry: Cost Accounting. Planning and Control. 5th ed., Cincinnati (Ohio) 1972.

McGregor, Douglas: An uneasy look at performance appraisal. Wiederabdruck in: HBR, Jg. 1972, Sept.–Oct., S. 133ff.

McFarlan, Warren F.: Problems in planning the information system. In: HBR, Band 49 (1971), March–April, S. 86.

McFarland, Dalton E.: Management Principles and Practices. 3rd ed., New York 1970.

Mee, John F.: Reading 3: Matrix Organization. In: Systems, Organizations, Analysis, Management: A book of readings, ed. by D. J. Cleland and W. R. Davies, New York, Toronto, London 1969, S. 24.

Meffert, Heribert: Artikel Marketing. In: Management-Enzyklopädie, Band 4, München 1971, S. 409f.

Middleton, C. J.: How to Set Up a Project Organization. In: HBR, Band 45 (1967), March–April, S. 78.

Murphy, Robert W.: Corporate Divisions vs. Subsidiaries. In: HBR, Jg. 1956, Heft 6, S. 85f.

Odiorne, George S.: Management mit Zielvorgabe. Management by Objectives. München 1971.

P & G: what explains its success? In: Printer's Ink, 1962, Sept. 28th, S. 30.

Phelps, Maynard D.; Howard I. Westing: Marketing Management. 3rd ed., Homewood (Illinois) 1968.

Poensgen, Otto H.: Geschäftsbereichsorganisation. Opladen 1973.

Poth, Ludwig: Produkt-Management in der deutschen Markenartikelindustrie. In: Die Absatzwirtschaft, Jg. 11 (1968), Band 2, Sept., S. 5ff.

Procter & Gamble Co.: Firmenunterlagen. Cincinnati (Ohio).

Roscow, Ivonne S.: Product managers: Just what do they do? In: Printer's Ink, 1966, October 28th, S. 16.

Runge, Gerd: Unternehmensorganisation – ein Überblick über den gegenwärtigen Stand. In: Neue Betriebswirtschaft, Jg. 22 (1969), Heft 8, S. 23.

Shillinglaw, Gordon: Guides to Internal Profit Measurement. In: HBR, March/April 1957, S. 82ff.

Solomons, David: Divisional Performance: Measurement and Control. Homewood (Illinois) and Nobleton (Ontario) 1965.

Solomons, David: Divisional Performance. Measurement and Control. Homewood (Illinois) 1972, 6th printing.

Smith, Stewart A.: Research and pseudo-research in marketing. In: HBR, March/April 1974, S. 73ff.

Scheuing, Eberhard E.: New Product Management, Hinsdale (Illinois) 1974.

Schröder, Harald J.: Artikel Projekt-Management. In: Management-Enzyklopädie, Band 4, München 1971, S. 1315ff.

Steiner, George A.: Top Management Planning. New York 1969.
Steiner, George A.; William G. Ryan: Industrial Project Management. New York 1968.
Stellwagen, Heinrich Otto: Die Organisation und Arbeitsweise einer Marketinggruppe. In: Schriften zur Unternehmensführung, Band 14, Wiesbaden 1971, Kapitel V.
Stritzky, Otto v.: Artikel Netzplantechnik im Marketing. In: Management-Enzyklopädie, Band 4, München 1971, S. 861.

Timmermann, Manfred: Matrix-Management. In: Industrielle Organisation, 40. Jg. (1971), Nr. 7, S. 316.
Timmermann, Manfred: Systeme der Strukturorganisation. In: K. M. Schöttle (Hrsg.), Jahrbuch des Marketing, Essen 1971, S. 80.

Vancil, Richard F.: What kind of management control do you need? In: HBR, Jg. 1973, March/April, S. 77.

Weber, H.: Funktions- und produktionsorientierte Organisation der industriellen Unternehmen. In: Zeitschrift für Betriebswirtschaft, Jg. 1968, S. 596.
Wild, Jürgen: Product-Management. Ziele, Kompetenzen und Arbeitstechniken des Produktmanagers. 2. Auflage, München 1973.
Wille, Friedrich: Management mit Profit-Centers. Moderne Unternehmensführung mit Erfolgsbereichen. München 1970.

Zarth, Hans Rudolf: Artikel Verkaufsförderung. In: Management-Enzyklopädie, München 1971, Band 6, S. 37.

Namen- und Sachregister

MIX
Papier | Fördert gute Waldnutzung
FSC® C083411

Kolibri 360 GmbH
Ferdinand-Jühlke-Straße 7
99095 Erfurt, Deutschland
produktsicherheit@kolibri360.de